2017年度

十大无罪辩护

经典案例

朱明勇 主编

Ten innocent defense Classic Cases

中国政法大学出版社

2021·北京

图书在版编目（ＣＩＰ）数据

2017年度十大无罪辩护经典案例/朱明勇主编. —北京:中国政法大学出版社,2021.4

ISBN 978-7-5620-9837-9

Ⅰ.①2⋯　Ⅱ.①朱⋯　Ⅲ.①刑事诉讼－辩护－案例－中国

Ⅳ.①D925.210.5

中国版本图书馆CIP数据核字(2021)第058029号

出 版 者　　中国政法大学出版社

地　　址　　北京市海淀区西土城路 25 号

邮寄地址　　北京 100088 信箱 8034 分箱　　邮编 100088

网　　址　　http://www.cuplpress.com (网络实名：中国政法大学出版社)

电　　话　　010-58908441(编辑室) 58908334(邮购部)

承　　印　　北京中科印刷有限公司

开　　本　　880mm×1230mm　1/32

印　　张　　10.5

字　　数　　250 千字

版　　次　　2021 年 4 月第 1 版

印　　次　　2021 年 4 月第 1 次印刷

定　　价　　66.00 元

序 言
PREFACE

　　刑事辩护，这个领域不只有魅力，更充满惊险和挑战。

　　刑事辩护被我们称为律师职业的高峰，而无罪辩护的成功更是律师职业桂冠上的那颗最为璀璨的明珠，很多人也许毕其一生之力，最终也不可遇、不可求。

　　在中国，每年能够被判"无罪"的案例比例约是万分之一，这万里挑一的经典案例中，每一起都付出了辩护律师艰辛的努力和辛勤的汗水乃至辛酸的泪水。

　　我们为你呈现的这本"年度十大无罪辩护经典案例"就是在每年数十万起刑事案件中积淀和升华出来的充满着辩护律师智慧和力量的典范之作。

　　这是心灵的挣扎，这是良知的呼唤。

　　我们相信正义或许会迟到，但绝不会缺席，而辩护律师所能做的就是让这一切早点到来。

　　每一起案件里都有舍弃尊严、丢掉自由乃至生命的当事人，更有不忘初心、勇往无前的刑辩律师，他们坚守着对法治的信仰、对正义的追求，为那些饱受冤屈的人争来自由、赢回尊严，让公平正义落到具体的个案之上，维护了司法的神圣和权威。

但是我们却鲜少见到刑事辩护律师凭借自己办理的具体个案受到社会的认可和行业的褒奖。

由中国政法大学刑事辩护研究中心独家推出的"年度十大无罪辩护经典案例"评选活动，就是通过给那些经典案例的辩护律师颁发"刑事辩护杰出成就奖"，向他们致以崇高的敬意。这是以一种纯粹、专业、权威的视角，无须领导提名，无须名人推荐，只需要凭借你的努力、智慧和坚韧而最终赢得无罪判决，就有可能获得的荣誉。这个奖杯可能很小，但它无疑是沉甸甸的，因为它是律师出色辩护的见证。

刑辩律师，没有权杖所依、利剑加持，法律是他们唯一的武器。他们戴着荆棘的王冠而来，即使道路崎岖坎坷，也不畏艰险，百折不挠。在实现国家的法治大梦时，我们乐见他们的身影；在共筑公平正义的社会里，我们当展现他们的风采。

他们从一次次惊心动魄的执业经历中勇敢地冲破藩篱和羁绊，从一轮轮闪耀着思想火花的唇枪舌剑中探索实现正义的合理路径。他们的风采需要铭记，他们的智慧需要传承。

镁光灯、鲜花和掌声都不重要，我们需要的就是这些凭借实力和潜心付出换来无可争议的无罪裁判的律师。在刑事辩护这个专业领域里，你们才是真正的英雄。

太多的心酸故事中压抑着我们的愤怒；

太多的悲欢离合中演绎着生命的顽强；

太多的恐惧中我们承载着正义的力量；

太多的风险中我们见证着阳光。

刑事辩护，这项充满着光荣与梦想的职业，它担负着人们对生命的嘱托和对自由的渴望，有幸投身，自应勇于担当。

在这个领域，

我们必怀有仁慈之心，因为仁者无忧；

我们必拥有智慧之心，因为智者无惑；

我们必秉持勇者之心，因为勇者无惧。

未来的日子里，我是否还能凭借自己的实力、努力与心血，凭借自己的勇气和智慧，再次问鼎这个奖项？这是我们每一位辩护律师都应有的思考。

让我们共同期待每一年的"年度十大无罪辩护经典案例"评选活动都如约而至。

让我们共同来书写刑事辩护这个神圣职业未来的的辉煌与璀璨。

朱明勇

2018 年 12 月 北京

目 录
CONTENTS

缪氏五口身陷囹圄 十四年终昭雪
——福建缪新华故意杀人、缪德树等四人包庇案

■ 回 顾

    福建省宁德市的东北部是柘荣县。2003 年 4 月 6 日晚上，26 岁怀有身孕的杨某辉从娘家离开后，再无踪迹。4 月 19 日，一位村民到柘荣县城郊乡福基岗村的石楼坪山采茶，在山上一处废弃民房里发现散发出腐臭气息的尸块。通过散落在附近的衣服和尸体手臂上的胎记，警方辨认出死者是 13 天前失踪的女子杨某辉，她的尸体被解剖成 7 块，腹中胎儿已有 8 周。

    柘荣县是福建省一个只有 10 万人口的小县城，这起孕妇被杀分尸抛尸案震惊了整个县城。案件发生后，缪新华成为警方的头号怀疑对象。

    彼时 27 岁的缪新华与杨某辉认识七八年，曾是恋人关系，二人后来各自结婚成家。缪新华与杨某辉的哥哥关系甚好。在杨某辉失踪当天中午，缪新华去找杨某辉的哥哥杨某仕玩，偶遇了回娘家的杨某辉，两人短暂寒暄，分别时，杨某辉随口说了句"晚上再跟你说"。就因这样一句客套话，警方将目光锁定至缪新华。尽管杨

某辉的兄嫂和表兄说过杨某辉离家之前打算去买药之类的话，缪新华也在 2003 年 4 月 14 日的询问笔录中称当晚杨某辉并未去找他，但是这些并不能洗清缪新华的嫌疑。

2003 年 4 月 19 日，缪新华被警方带走，4 月 21 日被刑事拘留，5 月 24 日被逮捕。缪新华的父亲缪德树、弟弟缪新容和缪新光、叔叔缪进加先后被刑事拘留、逮捕。

"我们整个家庭的命运，整个幸福，还有本来美好的家，在那一刻就被彻底摧毁了，搞得我们人不像人，鬼不像鬼。"——缪新华

2004 年 3 月 30 日，福建省宁德市人民检察院以缪新华犯故意杀人罪，缪德树、缪新容、缪新光、缪进加犯帮助毁灭证据罪，向宁德市中级人民法院提起公诉。同年 10 月 18 日，福建省宁德市中级人民法院作出判决，以故意杀人罪判处缪新华死刑，剥夺政治权利终身，以包庇罪分别判处缪德树、缪新容、缪新光、缪进加有期徒刑 4 年、3 年、2 年、2 年。经过上诉、发回重审后再上诉，福建省高级人民法院于 2006 年 4 月 21 日作出生效判决，改判缪新华死刑，缓期 2 年执行；维持以包庇罪判处缪德树、缪新容、缪新光、缪进加有期徒刑 8 年、6 年、3 年、3 年的判决。

此后，五人开始了漫长的申诉之路。一向身体不好的缪德树不幸于 2016 年 6 月 13 日去世，死前也没能看到此案平反昭雪，他交代儿子，此案一日不平，他一日不入土……

案件平反前，这个"冤"在缪家院子里挂了 14 年

■ 控　诉

福建省宁德市人民检察院
起诉书

宁检起诉（2004）25 号

被告人缪新华，于 2003 年 4 月 21 日被柘荣县公安局刑事拘留，同年 5 月 24 日被逮捕。

被告人缪德树，系被告人缪新华父亲，因本案于 2003 年 4 月 23 日被柘荣县公安局刑事拘留，同年 5 月 24 日被逮捕。

被告人缪新容，系被告人缪新华大弟，因本案于 2003 年 4 月

24 日被柘荣县公安局刑事拘留，同年 5 月 24 日被逮捕。

被告人缪新光，系被告人缪新华二弟，因本案于 2003 年 4 月 24 日被柘荣县公安局刑事拘留，同年 5 月 23 日被逮捕。

被告人缪进加，系被告人缪新华叔叔，因本案于 2003 年 4 月 24 日被柘荣县公安局刑事拘留，同年 5 月 23 日被逮捕。

本案由柘荣县公安局侦查终结，以被告人缪新华涉嫌故意杀人罪，缪德树、缪新容、缪新光、缪进加涉嫌帮助毁灭证据罪向柘荣县人民检察院移送审查起诉。

经依法审查查明：

2003 年 4 月 6 日中午，缪新华得知其前女友杨某辉从政和县回到柘荣县，便来到杨某辉母亲租住处，见杨某辉与其表哥刘某荣商量联系女青年外出打工事宜，便约其晚上来自己住处。当晚 10 时许，杨某辉来到缪新华住处，并在二楼卧室与缪新华一起坐在床上边看电视边聊天，后因缪新华不满杨某辉介绍女青年外出打工的生意没有让其合伙，两人发生争执，被告人缪新华恼怒之下用手掐住杨某辉的颈部，顶在墙壁上数分钟致其机械性窒息死亡。之后，被告人缪新华与被告人缪德树、缪新容决定分尸抛弃。随后，三人将尸体抬至一楼卫生间，由缪新容往厨房取来菜刀、砧板等工具，三人共同将杨某辉尸体肢解成 7 块，并将尸块冲洗后分别装入塑料袋内。被告人缪新光目睹了分尸过程。随后，被告人缪德树指使缪新光叫来被告人缪进加，并告知情况，由被告人缪进加驾驶农用拖拉机伙同被告人缪新华、缪德树、缪新容、缪新光一起将肢解的尸体运往柘荣县城郊乡福基岗村石楼坪山上一废弃的旧房子内抛弃。之后，被告人缪新华将分尸前取下的被害人杨某辉的金戒指、白金项链、金耳环等首饰及杨某辉携带的电话本、钥匙烧毁或丢弃。

认定上述事实的证据有：

1. 缪某珠、王某某（被害人母亲）、杨某仕（被害人兄长）、金某英（被害人嫂子）、刘某荣（被害人表兄）、吴某华、林某、陈某铃、温某全、阮某顺等证人的证言；

2. 案发后从缪新华家中提取的作案工具菜刀、砧板、塑料软管，在抛尸现场提取的包裹尸体的浴巾、塑料袋等物证；

3. 被告人缪新华在侦查阶段的供述及 2003 年 5 月 30 日的亲笔供词，缪德树、缪新容、缪新光、缪进加在侦查阶段的供述；

4. 被告人缪新华、缪德树、缪新光对抛尸路线和抛尸现场的辨认笔录；

5. 现场勘查笔录、现场示意图及现场照片；

6. 关于杨某辉死亡案的法医学检验鉴定报告，关于"浴室下水道污物、卫生间靠门框地面一侧木块、浴室内瓷砖上、卫生间矮木柜木片上血迹"的法医学检验报告，关于"浴室门口下水道残留物中提取毛发"的刑事技术鉴定等书证。

本院认为，被告人缪新华目无国法，胆大妄为，因琐事杀害他人并分尸，其行为已触犯《中华人民共和国刑法》第 232 条之规定，犯罪事实清楚，证据确实充分，应以故意杀人罪追究其刑事责任。被告人缪德树、缪新容伙同缪新华对被害人尸体进行肢解并抛尸，被告人缪进加、缪新光明知搬运、抛弃的是被害人尸体，还予以帮助，情节严重，其行为已触犯《中华人民共和国刑法》第 307 条第 2 款之规定，犯罪事实清楚，证据确实充分，应以帮助毁灭证据罪追究其刑事责任。

根据《中华人民共和国刑事诉讼法》第 141 条之规定提起公诉，请求依法判处。

此致

宁德市中级人民法院

二〇〇四年三月二十九日
福建省宁德市人民检察院

在原一审、重审四次开庭审理中，出庭公诉人均认为：本案事实清楚、证据确实充分，足以认定五名被告人有罪。虽然其中四名被告人均翻供，但没有证据证实各被告人被刑讯逼供，被告人以遭受公安机关刑讯逼供为由推翻以前供述理由不足。缪新华仅因琐事杀害他人并分尸，构成故意杀人罪；其余四名被告人或协助肢解尸体，或帮助抛尸，情节严重，手段残忍，构成帮助毁灭证据罪，请法庭依法判处，以平民愤，以正国纲。

■ 辩 护

在一、二审及再审阶段，五名原审被告人及其辩护人均作无罪辩护。再审开庭时，辩护人认为，原判认定缪新华犯故意杀人罪，缪德树、缪新容、缪新光、缪进加犯包庇罪，事实不清、证据不足，依法不能认定，请求人民法院依法宣告五名原审被告人无罪。

一、本案缺乏能够认定五名原审被告人实施犯罪的客观证据

本案有杀人、分尸、抛尸三个现场，侦查机关收集、提取了一些客观证据，但现有客观证据无一能指向五名原审被告人，并不能证明五名原审被告人实施了杀人、分尸、抛尸行为。

（一）关于杀人

1. 尸检情况并不支持机械性窒息死亡的结论，被害人死因并未

查明。本案中，根据宁德市公安局作出的法医学检验鉴定报告，
"该女（杨某辉）的尸体经检验属生前颈部受外力作用后致机械性
窒息死亡"。除了要符合公安部发布的《机械性窒息尸体检验》
（GA/T 150-1996）中规定的一般征象和内部征象外，还必须结合
现场勘验情况和各类窒息死亡特有的暴力损伤痕迹，经过全身系统
剖检排除其他死亡原因后，方能明确是否属于机械性窒息死亡。

在本案中，法医学检验鉴定报告和同日制作的尸体勘验笔录均
显示被害人尸体呈现一些与机械性窒息死亡不相吻合的征象，甚至
公安机关出具的《关于鉴定的补充说明》也承认"尸体呈晚期高
度腐败，甚至是腐烂，使窒息的体征和征象无法检见"，即鉴定人
系通过排除法推导出被害人机械性窒息死亡结论的。

需要指出的是，该份法医学检验鉴定报告的出具时间是 2003
年 4 月 27 日，是在缪新华于 2003 年 4 月 23 日作出其"掐死杨某
辉"供述之后作出的，系"先供后鉴"。在未检见任何"窒息的体
征和征象"的情况下，得出机械性窒息死亡的鉴定结论，显然受到
了缪新华已经作出的供述之影响，鉴定结论的科学性、准确性明显
不足。因此，被害人的死因并不能排除其他可能性。

2. 认定缪新华"掐死"被害人，仅有缪新华在侦查阶段的供
述，证据明显不足。根据缪新华的供述，其用右手掐住被害人脖
子，顶在床头的墙壁上五六分钟，令其机械性窒息死亡。但尸检
未发现抵抗伤，亦未在被害人的指甲缝内发现缪新华的表皮成分、
组织碎屑等物质。

据一般常识，被害人被掐住脖子后，必然出于求生的本能大声
呼救、奋力挣扎和反抗，双手拼命抓挠缪新华的右手或其他部位，
被害人的后脑和背部也必会撞击墙壁，出现常见伤痕。事实上，缪
新华在侦查阶段的供述中，也供称被害人有反抗："阿燕的双手把

我两手的手腕抓住，想挣开"，"两个人扭打在一起"。但在尸体勘验笔录及法医学检验鉴定报告中，却出现了"头皮无损伤痕迹""头皮下未见出血"等明显相反的描述，这说明被害人并非被顶在墙壁上扼颈窒息死亡，缪新华所供其"掐死"被害人并不真实。

更令人疑惑的是，在没有被捂住口鼻的情形下，被害人完全有条件且必然会大声呼救，但在缪新华隔壁的缪新容、吴某霞、吴某英以及一楼的缪新光等均未听见任何声响。

综上，本案在尸体检验并未发现机械性窒息死亡基本征象的情形下，通过排除法认定被害人系被扼颈致死，过于武断、草率。尸体勘验的情况与死因鉴定之间相互矛盾，死因鉴定明显缺乏科学性、准确性，不能作为定案的根据。

（二）关于分尸

1. 认定被害人在缪新华家中被杀害、分尸，证据不足。被害人于2003年4月6日晚失踪，这是客观事实。但被害人当晚是否去了缪新华家中，是否在缪新华家中被杀害、分尸呢？认定这一事实的证据明显不足。

（1）认定被害人与缪新华约定晚上10时到缪家见面，证据不足。证明这一事实的相关证言，有多种版本。被害人的母亲王某某、同处于四楼阳台的杨某仕和刘某荣等证人听到的都不是相同的对话内容，上述证人的说法并不完全一致，不能证实被害人与缪新华约定晚上见面。

原判认定，晚上10时许，被害人到缪新华家叫门，缪新容下楼开门。认定这一事实的依据，其实只有缪新华和缪新容的供述。对于该事实，当时在一楼的缪新光及在二楼房间的吴某霞、吴某英等均称未听到任何声响，也没有缪新华家周边邻居的证言予以佐证。

同时，缪新华和缪新容的供述之间也存在矛盾：缪新华说是缪新容先回家在缪新华房间看电视，而缪新容说是缪新华先回家在房间看电视；对于被害人在缪家哪个位置叫门，缪新华说在大门，缪新容说在窗户下。

因此，认定被害人当晚如约来到缪新华家的证据存在问题。

（2）认定缪新华家浴室是分尸现场，证据不足。首先，在缪新华家浴室（即所谓分尸现场）的下水道中提取的毛发，mtDNA（线粒体DNA，母系遗传）鉴定认定系被害人所留，不具有科学性、准确性。

当天现场勘验笔录显示，未对毛发提取进行拍照或录像，且未对颜色、长度等作明确记录，此处提取的毛发与后续送检的毛发是否同一也难以确定，因此送检毛发来源不明。送检毛发中，有两根呈黑色，1根呈棕色毛发，长4cm至5cm，鉴定结论是"两根黑色头发是杨某辉毛发的可能性为99.999%"，棕色头发则无法鉴定（母系个体序列不相同）。送检的"两根黑色头发"与尸检发现被害人头发"有染发呈棕红色"，明显不相符。并且，根据法医学原理，mtDNA鉴定一般只能作排除认定，不能作同一认定。因此，该鉴定结论不具有科学可靠性。

其次，原判认定缪新华、缪德树、缪新容在卫生间将杨某辉分尸，但在所谓的分尸现场及缪新华家的其他地方，均未找到任何与被害人头发在长度（26cm）、颜色（棕红色）上一致的毛发。而且，根据现场勘查及现场实验，在作为分尸现场的浴室，既要放置被害人的尸体，又要同时容纳三位成年人蹲下来实施分尸，完全是不可能的。

最后，缪新华直接实施分尸，但在其衣物上未发现任何血迹。根据缪新华的供述，他先将被害人的头部割下，然后分解其他部位，那血液必会喷溅到蹲在被害人头部位置的缪新华的衣服、鞋子上。但在案发当天缪新华穿过的衣服、鞋子上，并未发现和提取到被害人的血迹。这说明缪新华关于分尸的供述不具有真实性。

综上，现有证据根本不能证明被害人系在缪新华家中被害、被分尸，所谓杀人、分尸现场显然系子虚乌有、人为杜撰。

2. 认定菜刀和砧板为作案工具，缪新华、缪德树、缪新容用菜刀分解尸体，证据不足。

（1）作为分尸工具的菜刀和砧板，是公安机关于 2003 年 4 月 24 日在缪新华家的厨房中提取的。也就是说，在案发后的半个多月里，作为分尸工具的菜刀和砧板不仅未被缪新华或其他原审被告人丢弃，还一直在厨房用于切菜。案发后，缪新华及其他原审被告人均有充分的时间和机会丢弃或毁灭作案工具，却一直将其留于厨房日常使用，这显然不符合犯罪心理和生活常理。

（2）如果木质砧板是作案工具，则不可避免地会渗入血迹。从照片看，作为分尸工具的砧板系木质的，中间有一条明显的裂缝。如果真是作案工具，则砧板中间裂缝处难免会渗入血迹、肉沫、骨头渣等微量物质，但实际上并未检出被害人血迹或其他任何微量物质。

（3）从尸体检验情况看，分解尸体的手法较为专业，非缪新华、缪德树、缪新容所能完成。综合尸体检验情况，可知尸体被肢解，均从关节连接处或椎骨连接处分离，未见骨折、砍痕及明显切割痕迹。这是一般人做不到的，操作者必须具备较为专业的解剖知识、手法和较高的心理素质。而在本案中，缪新华、缪德树、缪新容并不具备这样的知识、技能条件。

（4）从尸体检验情况看，提取的菜刀亦不可能完成分尸。公安机关提取的分尸工具菜刀，宽 8.5cm，长 30cm。从照片看，该菜刀宽厚、平角、刃钝，与法医学检验鉴定报告书所分析的"解尸工具属锐器"，并不相符。用这把菜刀，将头颅从第一和第二颈椎处分离，是不可能做到的事情。依据人体关节骨的凹凸衔接原理，要达到所有关节骨分离的分尸效果，更是这把菜刀所不能胜任的。

（三）关于抛尸

从现有证据看，认定五名原审被告人去过抛尸现场的证据不足。

1. 抛尸现场没有发现或提取到任何指向五名原审被告人的脚印、指纹等证据。现场勘查笔录显示，在抛尸现场及周边，并没有发现和提取到能够指向五名原审被告人的任何痕迹、物证：没有发现他们的足迹鞋印、遗留物品，未发现运尸农用拖拉机的车辙、轮胎痕迹，在包装尸块的塑料袋上未提取到他们的手印或指纹，亦未在缪进加的拖拉机上提取到被害人的血迹或者其他原审被告人乘车留下的相关痕迹。

2. 据以认定五名原审被告人抛尸的证据，主要是其有罪供述，但这些供述与现场勘查笔录记载的情况存在诸多不相吻合之处，单凭口供不能认定五人去过抛尸现场。

3. 现场辨认笔录均系违法制作，不能作为定案的依据。据缪新华及缪新光的一致反映，抛尸现场的辨认笔录是侦查人员事先制作好后，再带缪新华去现场"辨认"签名的。尤其是缪新光的辨认笔录，从辨认录像即可看出，辨认笔录在辨认活动开始以前已经制作完毕。而且，见证人的签名也属事后补签，并未现场见证。另外，缪德树、缪新华的辨认笔录在内容上也有明显矛盾，对于缪进加参与抛尸的诸多细节，两人的说法均不一致。

因此，本案现场辨认笔录均不具有真实性、合法性，不能用作认定五名原审被告人去过抛尸现场的依据。

4. 不能认定五名原审被告人用拖拉机运送尸体。抛尸地点附近的村民袁某某证称,案发当晚他听到的是汽车驶来的声音,绝非拖拉机的声音。缪进加的那辆拖拉机,平时停放在自己楼房边的空地上,一旦发动起来,声响震耳欲聋。在凌晨前后,夜深人静之际,缪进加发动拖拉机,其周边邻居不可能听不到声响。可见,缪进加的拖拉机根本就不是本案运送尸体的交通工具。

(四)被害人随身携带的物品,至今下落不明

根据被害人母亲王某某、胞兄杨某仕等人的证言,被害人死亡时佩带有白金项链、金耳环和金戒指,随身携带有一串钥匙、一个电话本。对于白金项链、金耳环、金戒指、钥匙及电话本的下落,缪新华和缪德树的供述前后有多种版本,相互之间并不一致,这些物品至今下落不明。公安机关在 2005 年 8 月 1 日出具的关于"2003.4.19"故意杀人案侦破情况的说明中,最终承认这些物件"经多方寻找,至今无法找到"。

从逻辑上讲,若缪新华及其他原审被告人果为真凶,在其已被公安机关完全制服,对杀人、分尸、抛尸均已供认不讳的情况下,断无隐瞒赃物下落的必要和可能。因此,结论只有一个:缪新华及其他原审被告人并非真凶,根本不知道赃物下落,相关供述纯属胡编乱造。

二、缪新华等五人供述的合法性、真实性存在严重问题,依法不能作为定案的根据

(一)缪新华等五人的有罪供述系侦查人员以刑讯逼供、指供、诱供等非法手段获取,依法应予排除

本案中,有证据证明侦查讯问中存在严重刑讯逼供:

1. 缪新容曾向法院提交过一份看守所民警谈话的录音证据,证

明缪新华等五人在看守所内外均遭受过严重的刑讯逼供，五人做出的有罪供述属虚假供述。

2. 缪新华等五人在审查起诉、法院审判阶段，均向提讯的检察官、法官作无罪辩解，并称有罪供述系在遭受刑讯逼供、指供、诱供的情形下作出的。

3. 辩护律师介入后，缪新华向辩护人（吴敬楚律师）辩称无罪，并称有罪供述均系被侦查人员刑讯逼供、指供、诱供后作出的虚假供述。根据缪新华的二审辩护人（詹晚春律师）于 2004 年 12 月 3 日递交给法院的辩护词，辩护律师会见当时，仍看到缪新华双腿有十多处伤痕未愈。

4. 有证据显示，其他四名原审被告人同样遭受了严刑逼供、诱供、指供。缪德树出狱后的 CT 检查单显示：其右侧第 8、9 及左侧第 8、10 后肋骨陈旧性骨折。证人卓某美、袁某成、缪某旺、袁某清证称，当年缪德树被抓后不久，曾被送到柘荣县医院抢救，他们去给他送衣服，"公安局的人守着病房不让进去，只能站在门口看"，看到"缪德树躺在床上已经不醒人事，腿肿得跟水桶一样，裤角都被剪掉，脸色呈黑紫色"。缪新容、缪新光的上下肢及缪进加的左眼睑处，至今都留有陈旧性疤痕。

5. 缪新华等五人的供述均前后不一，先供后翻。其口供分为三个阶段：第一阶段，五人被传唤到公安机关之初均否认作案；第二阶段，4 月 23 日及以后，五人陆续供认作案，但供述前后不一，相互之间也矛盾重重；第三阶段，进入审查起诉、法院审判阶段后，五人均否认作案，翻供的理由是在侦查阶段被刑讯逼供、指供、诱供。

（二）缪新华等五人的供述不仅前后不一，相互之间存在诸多矛盾，而且与尸体检验、现场勘查等客观性证据不符，虚假性明显

1. 缪新华的供述前后不一，反复无常。矛盾之处表现在被害人如何到缪家，缪新华与其他四名原审被告人如何分尸、抬尸、抛尸以及被害人物品去向等案件细节方面。

2. 五人对于被害人因何死亡，谁提议抬尸到楼下，分尸、装尸块的塑料袋和浴巾由谁、从何处拿来，浴巾的颜色，菜刀和砧板由谁拿来，参与分尸的人数，如何切割和分装尸块，抛尸时每个人在车上的位置，抛尸时谁负责看车等事实和情节的供述，均存在明显矛盾。

3. 缪新华平时用力时习惯性用左手，而其供述中称系用右手掐死被害人杨某辉，供述真实性存疑。缪新华小时候摔跤导致右手脱臼，由于没有得到及时的治疗，导致右手残疾，肘关节变形，且不能伸直，平时右手不能使劲，用力都用左手。原判采信缪新华的供述，认定其用右手掐住被害人脖子五六分钟，致被害人机械性窒息死亡，这与缪新华使用左手的习惯明显不符。

三、原判认定原审被告人具备作案动机和时间，依据不确实、不充分

（一）关于作案动机

原判认定缪新华的杀人动机是"因缪新华不满杨某辉介绍女青年外出打工的生意没有让其合伙，两人发生争执"，进而杀人、分尸。

1. 认定缪新华因"不满杨某辉介绍女青年外出打工的生意没有让其合伙"而杀人，实为牵强。两人关系特殊，曾经谈过多年恋爱，有良好的感情基础，因这种并无较大利害的琐事而杀人，实在

不合常理。而且，并无证据证明有"杨某辉介绍女青年外出打工的生意没有让其合伙"，因而缪新华不满的事实。

2. 法医学检验鉴定报告显示，被害人杨某辉怀有 8 周左右的身孕，其下腹部被垂直剖开、子宫外现、刀口直到阴部。这一刀并不为分尸所必需，是多余的动作，显示真凶对被害人怀孕可能心怀怨恨，以此泄愤，或者被害人有可能遭受性侵，凶手划这一刀是想处理、毁灭证据（精液等）。但缪新华在侦查阶段的供述中完全未涉及这一刀，说明他对这一刀并不明了，真凶并非缪新华。

可见，原判认定的杀人起因、动机，缺乏证据支持，亦不符合常理，不能成立。

（二）关于缪新华的作案时间

1. 证人陈某铃、吴某华、林某、林某的母亲缪某梅的证言能够证实案发当晚缪新华在阳光网吧。陈某铃离开的时间是晚上 9 时之后，其离开时，缪新华仍然在阳光网吧看林某上网，具体离开时间无法确定，但至少在晚上 9 时之后。

2. 缪新容的供述证实其于案发当晚 9 时许关店门，与吴某霞一起回到家中，于 10 时 30 分回到房间时，缪新华不在家。缪新华在 2003 年 4 月 14 日询问笔录、检察院的提审笔录以及辩护人的会见笔录中，均称案发当晚在阳光网吧看林某上网，当时在场的还有吴某华、陈某铃，他当晚 11 时多才回家睡觉。

上述证据可以证明缪新华并无作案时间。

（三）关于其他四名原审被告人的作案时间

1. 缪新容没有作案时间：缪新容的女友吴某霞的证言证实案发当晚近 10 时与缪新容一起回到家中，缪新容去别的房间看新闻，10 时 30 分左右（离开约 20 分钟）回到房间。在 10 时 45 分之前，缪新容没有离开房间，当晚及第二天早上并未发现任何异常。

2. 缪新光没有作案时间：缪新光供称其于案发当晚 9 时 30 分回到家中，一直在自己房间看电视，直到 12 时许才睡觉。晚 10 时许，缪新容与吴某霞回到家中。

3. 缪德树没有作案时间：其妻子吴某英的证言证实案发当晚约 10 时回到房间时，缪德树已经在看电视，他们一起看电视看到十一二时就睡觉了。当晚，没有听到缪新华房间有什么声音，也没有听到有女孩喊缪新华的声音。

4. 缪进加没有作案时间：其妻子魏某滨的证言证实案发当晚 7 时缪进加回家，晚饭后去看别人打麻将，10 时左右回家后关电视睡觉，她中途醒来两次，缪进加都躺在她身边。

综上所述，辩护人认为：原判认定缪新华犯故意杀人罪、其他四名原审被告人犯包庇罪，主要证据是五人在侦查阶段的认罪供述，但这些认罪供述系侦查人员通过刑讯逼供、指供、诱供等非法手段获取的，其合法性和真实性均存在严重问题。除口供外，本案缺乏客观证据证明缪新华及其他四名原审被告人实施了杀人、分尸、抛尸的犯罪事实，且有证据证明，案发时五名原审被告人均无作案时间。

综合分析，原判事实不清、证据不足，不能认定五名原审被告人有罪，应依法宣告五人无罪。

■ 审 判

合议庭法官与再审辩护人合影

福建省高级人民法院
刑事附带民事判决书

（2017）闽刑再4号

……

经再审查明，原审被告人缪新华与被害人杨某辉曾系恋人，后各自成家。2003年4月6日中午，缪新华到杨某辉母亲住所找杨某辉的兄长杨某仕时遇见杨某辉，因杨某辉要与刘某荣下村联系女孩外出打工事宜，双方短暂交谈后各自离开。当晚9时许，杨某辉从其母亲住所外出后失踪，其随身佩带首饰，并携带电话本、钥匙。同月19日在柘荣县城郊乡福基岗村石楼坪山上一废旧房子发现尸块，经被害人亲属辨认并经相关鉴定，确认死者系杨某辉。

上述事实，有证人王某花、杨某仕、金某英、刘某荣的证言及现场勘查笔录、照片等证据证实，上述证据经再审庭审出示，检辩双方无异议，依法予以确认。

原判认定原审被告人缪新华杀害被害人杨某辉，并伙同原审被告人缪德树、缪新容、缪新光、缪进加分尸、抛尸的事实不清，证据不足，本院不予确认。具体评判如下：

一、原判认定的事实缺乏客观性证据证实

原判认定本案有杀人、分尸、抛尸三个现场。经查：

1. 杀人现场，即缪新华卧室，未提取到被害人杨某辉的生物痕迹或者与杨某辉相关联的其他物证。另外，也未从杨某辉尸块上提取到缪新华的生物痕迹。

2. 分尸现场，即缪家浴室，经四次勘查，先后提取了浴室木质物件、厨房和浴池内瓷砖上的可疑斑迹，浴池下水道和浴室门口下水口的泥土毛发粘合物。

可疑斑迹的法医学检验报告结论为"人血，因量少，无法检测出型物质"，原判将该鉴定结论作为定案依据，但与卷内未作为定案依据使用的同年5月6日作出的法医学检验鉴定书结论"瓷砖上提取的血迹不是杨某辉所留"存在矛盾，该矛盾未见合理说明。

从浴室下水道粘合物中提取的毛发，经送检作出的刑事技术鉴定书认定系被害人杨某辉的毛发，但该鉴定书已在鉴定结论前明确标注"mtDNA"。经查，mtDNA系线粒体DNA检测方式，根据法医学原理，很难对两个样本进行同一认定，而只能作出不排除具有相同来源的判断。根据尸体勘验笔录记载，毛发"样本"提取自"被害人头面部，发长26cm，色泽棕红"，但没有相应提取笔录或者物证登记表。对送检"样本"与提取的毛发"样本"在长度上

存在的矛盾、在色泽上存在的疏漏，未见合理解释。同时，送检毛发的"检材"亦没有提取笔录和物证登记表，且对"检材"颜色存在矛盾之处没有合理解释。该毛发系从下水道粘合物中提取，缪新华与杨某辉曾为恋人关系，亦不能排除案发前杨某辉到缪家时所留。

从缪家厨房提取的分尸工具菜刀一把、砧板一块，卷内未见送检的证据材料，其中菜刀宽 8.5cm，长 30cm，宽厚、平角、刃钝，与尸检鉴定报告记载的"尸块断端未见骨折、砍痕及明显切割痕，创缘整齐"等特征不相符。

3. 抛尸现场，提取的包裹尸块的浴巾及塑料袋上没有检见各原审被告人的生物痕迹，在杨某辉尸块上也未提取到各原审被告人的生物痕迹；未提取到车辙、车胎印迹及各原审被告人到过抛尸现场的痕迹，运送尸块的农用拖拉机上亦未提取到杨某辉的生物痕迹。此外，杨某辉佩带的首饰和携带的随身物品始终去向不明，未查扣到案。

综上，经检测系人血的可疑斑迹，无法确定系杨某辉所留，该可疑斑迹与缪新华杀人、分尸行为未能形成关联，且两份鉴定结论之间的矛盾亦未能排除，故对被害一方代理人此节的代理意见，本院不予采纳；毛发的"样本"和"检材"提取程序不规范，存在的矛盾得不到合理解释，原判采信的毛发鉴定结论系线粒体 DNA 鉴定，该鉴定结论不具有排他性、唯一性，送检毛发不能锁定系杨某辉所留，且不能排除系杨某辉案发前所留的可能性；提取的菜刀一把、砧板一块，无法证实与本案相关联；提取的塑料袋、浴巾，也无法证实与各原审被告人相关联；本案亦无其他客观性证据与原判认定的事实相关联。故对各原审被告人的辩护人所提本案缺乏客观性证据以及出庭检察员认为本案杀人、分尸事实不清，证据不足的意见，本院予以采纳。

二、各原审被告人有罪供述的真实性存疑，依法不能作为定案依据

原判认定，各原审被告人有罪供述大部分是关押于看守所时所作，且供述内容能够相互吻合；缪新华亲笔书写供认书，详细供述了杀人及伙同其他原审被告人分尸、抛尸的经过；缪新华、缪德树、缪新光还分别带领侦查人员辨认抛尸的线路和地点，能够证实有罪供述内容的客观真实性。经查：

1. 各原审被告人的供述前后不一致，呈阶段性反复。卷内材料表明，各原审被告人的供述可分为三个阶段：第一阶段是 2003 年 4 月 19 日被害人尸块被发现后，各原审被告人陆续被传唤到侦查机关，均否认作案；第二阶段是 2003 年 4 月 23 日及以后均供述作案，但各原审被告人的首份有罪供述讯问地点为刑警队或者派出所；第三阶段是审查起诉、审判阶段均否认作案或承认后又翻供，翻供理由均为被刑讯逼供、指供、诱供。

2. 各原审被告人的有罪供述前后之间、相互之间存在不一致。关于参与分尸人员、分尸地点、分尸工具、包装尸块的塑料袋和浴巾、何人通知缪进加运尸、参与抛尸人员以及被害人佩带首饰的去向等关键情节均有不同供述，不能相互印证。

3. 各原审被告人有罪供述和现场勘查笔录之间不一致……

4. 各原审被告人的有罪供述不能得到相关证据的佐证……

5. 辨认笔录制作不规范。辨认笔录记载笔录制作地点系用于组织辨认的警车上，而在辨认录像中无侦查人员记录的画面，不能排除事先制作的可能性。缪新华、缪德树、缪新光均辩解被带至现场是指认而非辨认。

综上，各原审被告人对侦查机关通过勘查抛尸现场已掌握的被害人衣着、抛尸地点等情况，供述基本稳定、一致，面对侦查机关没有掌握的参与分尸人员、分尸地点、分尸工具、何人通知缪进加运尸、参与抛尸人员、被害人遗物去向等情况，供述前后之间或者相互之间均存在矛盾。在有罪供述中，各原审被告人承认杀人、分尸、抛尸的主要事实，但又对分尸地点、被害人佩带首饰去向等事实情节供述不清，不合常理，且有罪供述与现场勘查笔录之间的矛盾亦未得到排除，有罪供述的重要事实不能得到口供以外相关证据证实。故各原审被告人的有罪供述及辨认笔录的真实性存疑，不能作为定案的依据。对检辩双方所提有罪供述真实性存疑的意见，本院予以采纳。对辩护人所提有罪供述系采用刑讯逼供、指供、诱供方式取得，不具有合法性的意见，因无证据证实，本院不予采纳。对原审附带民事诉讼原告人暨被害人的代理人所提缪新华曾供认过失致被害人死亡，不能排除过失杀人可能的意见，因缺乏其他证据印证，本院亦不予采纳。

三、原判认定的其他证据亦存疑，证明力明显不足

原判认定，各原审被告人的有罪供述与其他证据形成完整的证据锁链，足以认定各原审被告人故意杀人和包庇的犯罪事实。经查：

1. 缪新华有作案时间不能确定。经查，缪新华 2003 年 4 月 14 日首次被侦查机关传唤时曾辩解 4 月 6 日晚在阳光网吧看林某、陈某铃等人上网，该辩解与同年 4 月 15 日侦查机关在阳光网吧提取的陈某铃在 4 月 6 日 17 时 50 分至次日零时 12 分的上网记录能够相互印证。此外，阳光网吧 2003 年 4 月 5 日、6 日上网记录中有关上网人员、机号及费用出现涂改和添加，其原因未见合理解释。原判

认定缪新华有作案时间的证据存在矛盾、疑点，认定缪新华有作案时间的证据不足。

2. 证人阮某顺的证言不能采信。经查，证人阮某顺系与缪新光同监房的在押人员，其作证称听缪新光说他哥哥杀了前女友。该证言系传来证据，无其他证据相印证，原判将该证人证言作为定案依据明显不当。

3. 柘荣县气象局的证明不具有证明力。原判认定柘荣县气象局出具2003年4月6日下半夜有小雨的证明，与缪新光、缪进加供述抛尸当晚下雨相吻合，证明有罪供述真实、可信，可作为定案证据。因2003年4月6日下半夜下小雨属于客观事实，为众人所感知，不属于先供后证，且两原审被告人该节供述并不必然证实有罪供述的真实性，该证明不能作为定案依据。

4. 杀人动机存疑。原判认定缪新华因对杨某辉介绍女孩外出打工的生意未让其参与不满，发生争执，进而杀人、分尸。经查，杨某辉和缪新华曾是恋人，后虽各自成家，但仍有来往，关系良好，且证人王某花证实杨某辉有邀请缪新华参与该笔生意。从缪新华供述看，发生争执后，亦仅供称"心里有点气"，而没有激情杀人的表现。原判认定缪新华杀人的原因有悖常理。

5. 被害人死因存疑。法医学检验鉴定报告及相关说明显示被害人没有机械性窒息死亡的征象，仅是排除被害人系锐器及毒物致死，据此推断被害人系生前颈部受外力作用致机械性窒息死亡，依据不足。

6. 被害人死亡时间存疑。法医学尸体检验报告记载2003年4月19日发现尸块，经合拼属一具完整尸体，并提取了胃内容物。但卷内未见对胃内容物检测的材料，法医学尸体检验鉴定报告亦未见死亡时间的分析材料，作出死亡时间的结论是发现尸块前10天至15天，该死亡时间的认定缺乏依据，且过于宽泛。

7. 分尸地点、分尸工具不符合常情常理。原判认定的分尸地点为浴室地板，据现场勘查笔录、尸体勘验笔录和各原审被告人供述，在如此狭窄的空间多人实施分尸，且未提取到任何与被害人相关联的生物痕迹，不符合常理；原判认定的分尸工具菜刀和砧板，系侦查机关2003年4月24日从缪家厨房提取，距案发时间2003年4月6日已有18天，而缪家人仍将菜刀和砧板置于厨房使用，与日常生活忌俗相悖。

综上，本案其他证据与原审被告人有罪供述不一致，真实性、可靠性存疑，证明力明显不足，依法不能作为定案依据。故对检辩双方所提原判认定缪新华有作案时间、被害人死因依据不足，分尸地点事实不清、证据不足，辩护人所提原判认定缪新华作案动机依据不足及部分事实与证据不符合常理、常情的意见，本院予以采纳。

本院认为，原判认定原审被告人缪新华杀害被害人杨某辉，并伙同原审被告人缪德树、缪新容、缪新光、缪进加分尸、抛尸的事实缺乏客观性证据证实，原审被告人的有罪供述相互之间、前后之间，有罪供述与现场勘查笔录之间均存在无法合理排除的矛盾和疑点，有罪供述得不到其他证据的佐证，且其他定案证据亦存疑。故原判认定缪新华犯故意杀人罪，缪德树、缪新容、缪新光、缪进加犯包庇罪的事实不清，证据不足，不能认定五名原审被告人有罪，依法应予纠正。辩护人、出庭检察员所提原判认定犯罪事实不清、证据不足的意见成立，予以采纳。缪新华依法不承担民事赔偿责任，原审附带民事诉讼原告人的诉讼请求，依法不予支持。原审附带民事诉讼原告人暨被害人的诉讼代理人关于本案可能存在过失杀人的意见亦不能成立，不予采纳。依照《中华人民共和国刑事诉讼法》第245条第1款和《最高人民法院关于适用〈中华人民共和国刑事诉讼法〉的解释》第389条第2款的规定，判决如下：

一、撤销本院（2005）闽刑终字第644号刑事附带民事判决和宁德市中级人民法院（2005）宁刑初字第22号刑事附带民事判决。

二、原审被告人缪新华、缪德树、缪新容、缪新光、缪进加无罪。

三、原审被告人缪新华不承担民事赔偿责任。

本判决为终审判决。

审判长　许寿辉

审判员　臧建山

审判员　沙　晶

审判员　李风林

审判员　刘建明

二〇一七年九月十一日

书记员　张柱芹　李清山

附：本案适用的法律条款

《中华人民共和国刑事诉讼法》（2012年修正）

第245条 人民法院按照审判监督程序重新审判的案件，由原审人民法院审理的，应当另行组成合议庭进行。如果原来是第一审案件，应当依照第一审程序进行审判，所作的判决、裁定，可以上诉、抗诉；如果原来是第二审案件，或者是上级人民法院提审的案件，应当依照第二审程序进行审判，所作的判决、裁定，是终审的判决、裁定。

人民法院开庭审理的再审案件，同级人民检察院应当派员出席法庭。

《最高人民法院关于适用〈中华人民共和国刑事诉讼法〉的解释》

第389条　再审案件经过重新审理后，应当按照下列情形分别处理：

（一）原判决、裁定认定事实和适用法律正确、量刑适当的，应当裁定驳回申诉或者抗诉，维持原判决、裁定；

（二）原判决、裁定定罪准确、量刑适当，但在认定事实、适用法律等方面有瑕疵的，应当裁定纠正并维持原判决、裁定；

（三）原判决、裁定认定事实没有错误，但适用法律错误，或者量刑不当的，应当撤销原判决、裁定，依法改判；

（四）依照第二审程序审理的案件，原判决、裁定事实不清或者证据不足的，可以在查清事实后改判，也可以裁定撤销原判，发回原审人民法院重新审判。

原判决、裁定事实不清或者证据不足，经审理事实已经查清的，应当根据查清的事实依法裁判；事实仍无法查清，证据不足，不能认定被告人有罪的，应当撤销原判决、裁定，判决宣告被告人无罪。

■ 律师手记

2017年9月12日上午9时许，福建省高级人民法院在南平市建阳区人民法院宣判，改判缪新华、缪德树、缪新容、缪新光、缪进加无罪。至此，这起一家五口蒙冤达14年之久的重大冤案，终于平反昭雪。

宣判后，福建省高级人民法院召开了由院领导、合议庭法官、原审被告人、被害人亲属、诉讼代理人、辩护人参加的座谈会。座谈会一开始，福建省高级人民法院的一名副院长代表法院向原审被告人郑重致歉。

座谈会结束后，缪家人踏上了回家之路。身陷囹圄达 14 年之久的缪新华，走出了建阳监狱，重获新生。2016 年 6 月 13 日因病不幸离世的缪德树，终于可以瞑目了……

宣告无罪后重获新生的缪家人与辩护团队

一、初识冤情，案件被纳入"蒙冤者援助计划"

最早知道缪新华一案，是在 2016 年 1 月 15 日。那天下午 3 时许，我的邮箱收到一封求助信，标题是"一宗世纪冤案（死刑案）恳请得到你们的关注、重视、援助"，署名是缪新容。

信中简要介绍了案情，最后说："蒙冤人数多，案件重大，且推翻定案证据需要技术、科学层面的专业知识，单靠一个律师（备注：是指福州的詹晚春律师）援助力量薄弱、影响力不足。因此恳请得到你们的法律援助。"附件中发来了一审、二审判决书及辩护词等基本材料。

虽然经常收到类似的鸣冤、求助信，大多都是一看了之，但这封信的一些内容还是触动了我。信中说，这起案件导致"一家五口齐冤，堪称满门抄斩，其悲惨境地实在难以用言语形容。历经十几年艰难伸冤，被高院两次驳回"。果真如此，可谓天下奇冤！于是，我拨通了邮件中所留缪新容的电话。

简单了解案情后，我又仔细研究了缪新容发来的案件材料，逐渐得出了一个基本判断：这是一起高度疑似冤案，缪家五口极可能确系蒙冤。其一，此案缺乏能够认定缪新华及其他四名原审被告人实施犯罪的客观证据；其二，有证据证明缪新华无作案动机和作案时间；其三，从侦查学的角度分析，本案应当另有真凶。

根据我多年的观察，以上几点是中国大多数冤案的一些共同特征。如果同时具备了这几点，基本可以判定为高度疑似冤案。得出这一结论后，我毫不犹豫地作出了决定：援助这起案件，推动冤案平反。在与尚权律师事务所的几名合伙人沟通后，大家一致同意将此案纳入"蒙冤者援助计划"，由尚权律师事务所无偿提供法律帮助，代为申诉。

二、精研案情，对原审定罪证据进行逐一分析，以无可辩驳的逻辑证明此案冤错

援助行动启动后，第一要务，是尽快去法院复制全部案卷材料。任务落到尚权律师事务所深圳分所的青年律师陈国庆、刘平身上，两位律师将案卷整理、打包分发给其他参与此案申诉代理的律师，并约定大家分头阅卷。春节一过，2016 年 2 月 22 日，正月十五，北京总所与深圳分所视频连线，尚权律师事务所举行了第一次缪新华案专题研讨会。陈国庆全面介绍了案情和证据情况，然后大家进行了热烈讨论。经过研讨，大家提出了需要进一步研究论证的案件事实和重要证据，包括口供的合法性、真实性，死因鉴定和毛发 mtDNA 鉴定，原审被告人在案发当晚的活动情况等，决定进一步深入研究，继续修改、完善刑事申诉状。

3 月 21 日，尚权律师事务所举行了第二次专题研讨会，参与此案申诉代理的顾永忠教授也前来参加了研讨，并对该案证据方面存在的问题发表了具体意见。经过研讨，此案存在的问题被归纳为 9 个方面：其一，五名原审被告人有罪供述的合法性、真实性均存在严重问题，依法不能作为定案的根据；其二，认定被害人杨某辉系机械性窒息死亡的依据不足，不能排除其他可能性；其三，认定菜刀和砧板为作案工具，申诉人用菜刀分解尸体，依据不足；其四，认定被害人杨某辉在申诉人家中被杀害、分尸的证据不足；其五，认定五名原审被告人去过抛尸现场的证据不足；其六，有证据证明五名原审被告人均无作案时间；其七，缪新华不具有杀人动机；其八，被害人随身携带的物品至今仍然下落不明；其九，案发后，五名原审被告人无一人潜逃，亦未见任何异常。

根据上述 9 个方面的问题，大家一致认为：原一审、二审在缺乏合法、有效证据的情况下，仅凭五名原审被告人被刑讯逼供后形成的漏洞百出的口供，就认定他们实施了杀人、分尸、抛尸的犯罪行为，并判处较重的刑罚，违反了我国刑事诉讼法的相关规定。依法应对本案立案再审，纠正原一审、二审的错误判决，洗清缪家五口的不白之冤。

4 月 11 日，我和巩志芳律师从北京赶往建阳监狱，顺利会见了缪新华，就案件的一些重要疑点，我逐一进行了询问、核对，包括被害人是否去过他家、他右手能否用力、公安机关带其辨认抛尸现场的经过、其供述的发展变化过程、是否有其他怀疑的真凶等。经过半天的会见交流，我进一步坚定了本案系冤错案件的判断。最后，我告诉他：我相信你是被冤枉的，你要坚定信心，我们一定会帮你伸冤到底。我和巩志芳律师准备离开时，他突然跪地不起，我急忙让民警拉起他，再次安慰他：请你放心，我们会竭尽全力为你伸冤！

第二天，我们专门去拜访了原二审法律援助律师、辩护人詹晚春律师。詹晚春律师表示愿意与我们共同代理缪家五口申诉一案。

4月13日，我和巩志芳律师来到福建省高级人民法院，约见了负责此案复查的刘建明法官，递交了刑事申诉状，并重拍了现场勘查、尸体检验、菜刀等物证的细目照片，以备下一步求教物证技术及法医专家。4月15日，我只身一人前往柘荣县，走访在柘荣县的原审被告人缪德树、缪新光、缪进加，并考察杀人、分尸、抛尸现场。

此次走访，进一步确证了我之前对此案的判断，这个案件系冤错案件无疑。而且，一家五口被冤，对缪家而言几乎是灭顶之灾。缪家人十多年来，一直生活在冤案的阴影之下，惨不忍睹。感叹之余，我更加坚定了为缪家伸冤到底的决心和信心。

回京后，我开始全力以赴地研究本案，围绕原审判决书据以定罪的21项证据，逐一开展专项研究，每完成一项，就及时地共享给其他律师，并发到刘建明法官的信箱，供法官们参阅。

10月10日，我和界面新闻的记者一起，第二次前往柘荣县，进一步考察了现场、询问了原审被告人。缪德树已经不在人世（2016年6月13日因病去世），原由缪新光居住的房间已陈设成缪德树的灵堂。缪新光说，缪德树临终前告诉他们，冤案不昭雪，不要将其下葬，不然他会死不瞑目。因此，缪德树的骨灰一直寄放在陵园，未予安葬。

但这两次的调查、采访，新闻成稿都没能发出来，案件复查似乎停滞不前，律师和原审被告人一样感到压抑。

三、柳暗花明，冤案平反进入快车道

胶着状态持续了数月，直到 2016 年 12 月 7 日，方才柳暗花明。那一天我来到福建省高级人民法院，了解到该院领导非常重视此案，也一直在推进此案的复查工作，只是不方便向原审被告人、代理律师透露，让我们多给他们一些耐心和时间。

此后，案件复查进入快车道。2017 年 3 月 23 日，负责复查此案的合议庭法官去建阳监狱提审了缪新华。6 月 20 日，合议庭法官集体去缪家，走访了原审被告人，勘查了现场。7 月 17 日，根据福建省高级人民法院通知，我和刘平、詹晚春律师一起前往法院，见到了负责复查此案的合议庭的五名法官，他们集体听取了代理律师的意见，最后表态赞同律师的意见。

听取意见结束后的第二天上午，我们从沙晶法官手中拿到了再审决定书。当我把这个消息告诉顾永忠教授和其他代理律师时，大家一片欢欣鼓舞，一年多的努力终于修成正果，冤案平反就在眼前了。

返回北京后，我立即召集律师团队，安排大家抓紧准备庭审工作。由于黄湘萍律师已于 2017 年 5 月 19 日去世，蔡华律师主动要求接替她，出庭为缪德树辩护。另外，由于谢燕娜律师正休产假，改由高文龙律师接替，出庭为缪进加辩护。顾永忠教授继续为缪新容辩护，我和詹晚春律师继续搭档为缪新华辩护。10 名律师组成的

辩护团队，整装待发。

7月25日，接到福建省高级人民法院的通知：缪新华再审一案，将于27日下午在南平市建阳区人民法院召开庭前会议，28日再审开庭，请各位律师克服困难，按时参加。法官还特地给我打来电话，说再审决定书之前已经送达给缪新华，为保证庭审顺利，请律师尽快前往会见缪新华。时间紧迫，开庭通知就是战斗命令，律师们纷纷调整之前的工作安排，通过飞机、高铁等方式，前往建阳汇集。

我在7月26日中午和从深圳赶来的蔡华律师会合后，一起去建阳监狱会见了缪新华。除了正常的庭审辅导和沟通外，我还有个重要的任务，就是要告诉他一个已经瞒他一年多的噩耗：他父亲缪德树已在2016年6月13日去世。在此之前，无论是家属来会见还是法官来提审，都没有告诉他这个消息。但开庭在即，如果不及时告诉他，等到庭审时他发现父亲不在，可能会情绪失控，影响庭审正常进行。在辅导完庭审事项后，我利用最后几分钟的时间，把这个消息告诉了他，他听了之后，一下就懵住了，脸上一直洋溢着的笑容顿时消失，眼泪夺眶而出，开始抽泣起来。我继续安慰他，告诉他冤案即将平反，他父亲九泉之下也可以瞑目，请节哀顺便；同时，与前来陪同会见的狱政科民警沟通，请他们继续安抚缪新华的情绪，防止出现意外。

截至7月26日晚，10名辩护律师从四面八方汇聚建阳，大家连夜开会，沟通了第二天庭前会议可能涉及的事项。第二天上午，庭前会议在南平市建阳区人民法院顺利召开，辩护律师、诉讼代理人、出庭检察员等就庭审程序性事项，很快达成了共识。7月27日中午，缪新容、缪新光、缪进加及他们的十多名亲属也赶到了建阳。当天下午和晚上，辩护律师分别与各原审被告人进行了沟通和庭前辅导，大家挑灯夜战，为第二天的庭审做了充分准备。

7月27日，庭审从上午8点持续到下午3点，10名辩护人均做无罪辩护，出庭检察员也认为本案证据存在问题、不足以认定有罪。经过一天的庭审，法庭宣布择期宣判。

一个半月之后的9月12日，终于等来了再审宣判，缪新华被当庭释放。建阳——宋代《洗冤集录》作者宋慈的故里，成为这起重大冤案平反的福地。

一起祸及一家五口的重大冤案，终于平反昭雪。短暂的欢欣和兴奋褪去，我们应该有更多的反思和检讨；在为法治进步、勇于纠错的法院点赞的同时，我们还需要进一步总结此案的成因、教训，以镜鉴司法、昭示未来。

缪新华案再审辩护人：毛立新律师

■ 评 议

2017年9月19日晚，中国政法大学刑事辩护研究中心在科研楼B209举办"冤案平反与律师参与——以福建缪新华案为例"专场讲座，中国政法大学教授顾永忠及尚权律师事务所律师毛立新、高文龙、巩志芳应邀参加。

毛立新律师介绍了缪新华案的具体案情后，顾永忠教授作了如下评述：

顾永忠教授

今天听了毛律师说的这些，大家可能觉得这个案子明摆着是冤错案件。其实我们听起来容易，做起来可不是那么简单。被告人所认为的冤错案件，能够最终被法院确认为冤案或错案，极其困难。那么在这个极其困难的环境下，律师发挥什么作用？我就从这个角度切入今天的话题。

律师在申诉案件中的作用

律师的作用受到很多方面的制约，今天我主要谈案情条件。现在不管是讨论再审程序中律师的作用，还是一审、二审程序中律师的作用，都习惯说律师"选择"做无罪辩护还是有罪辩护，我认为这个说法是不准确的，因为实际上律师没得选择。最近尚权律师事务所编了一本书，叫《胜辩：尚权无罪辩护案例选析》，我很荣幸受邀作序，其中我就写了这个问题：无罪辩护或者有罪辩护是律师可以选择的东西吗？如果律师可以选择无罪辩护或者有罪辩护，那没有哪个律师不会选择无罪辩护。这就是很重要的一个基本问题。在任何案件中，不是律师有权选择做什么辩护，而是这个案件给了他能做什么辩护的空间，给了他能做什么辩护的条件。这个空间、条件才是律师能发挥作用的平台，更何况律师能不能找到这个空间和条件也是一个问题。对于一般律师来说，要发现这一点很难。所以，从来都不是律师选择了无罪辩护，而是这个案件给律师提供了做无罪辩护的条件和空间。

律师通过对事实和证据的分析与研究，认为应该做无罪辩护，那就不是选择，而是必须要做无罪辩护。反过来说，不具备做无罪辩护的条件和空间，而律师选择做无罪辩护，这是不负责任的辩护，对当事人不负责、对自己不负责、对社会不负责。所以，我一直都在强调，律师发挥作用的空间，首先受制于案情条件和空间；在同一事实、同一条件下，律师是可以发挥主观能动性去选择恰当的辩护的。有的律师能发现问题，有的律师不能发现问题，就这个意义而言，律师的能力是有高低之分的。

在一个已经作出了生效裁判的再审案件里，律师能够发挥作用的空间和在一审、二审程序中发挥作用的空间又有很大不同。再审案件有三个特点：

第一，法院作出生效裁判了，排除人为干扰的因素，这就意味着经过了一审、二审这样非常严格的程序，最后认定被告人有罪。这与在一审、二审中说一个人无罪完全不同。在一审或者二审案件中，100个案件里可能有5个甚至10个是无罪的案件，但在申诉程序里绝不会有这么高的比例。为什么我说的是"申诉程序"而不是"再审程序"？因为现实中，法院决定启动一个案件的再审，就说明这个案件基本上是决定要纠正的；如果不启动再审，那基本是没希望翻案的。

第二，经历了一审、二审，法院已经作出了生效裁判，启动再审程序，那就是把法院也扯入本案中，使法院成为"利害关系人"了。各位请注意，再审案件中，法官已经不是中立的了。我们常说，"任何人不能成为自己案件的法官"，可是再审案件中，法院就是自己案件的法官，因为当时的错案是法院判出来的，你现在要纠正此案，在法院心里是很抵触的。这种抵触就会影响他们客观、理性地处理问题。

第三，现今我们发现有很多冤错案件，这也不是法院或法官能决定的，背后还有很多领导、很多机关的博弈，当初他们批示过、研究过的案件，你现在说他们认定的是错的，可不是一件简单的事情。如此种种，律师在申诉案件中能发挥的作用已经很小了。但即使如此，我们也不能轻视律师的作用。我只是说律师在申诉案件中会遇到很多难题，但面对这些难题，我们律师还是有发挥的空间的。

对申诉律师提出了更高的要求

不是随便哪个律师都能做好冤案平反的，这对申诉律师提出了更高的要求：

第一，要有正义感。没有正义感，很难做好一个再审案件。现在有些律师也参与这些冤案平反，但动机不纯。有些案件明摆着要纠正了，部分律师就扑上去，还声称"我给你免费做"，这些律师都是想借着案件的热度让自己出名。律师应该维护法律的正确实施，维护当事人的权益，维护司法公信力，不应该有私心。

第二，要具备高水平的专业能力。我前面说过，经过一审、二审的案件都判定有罪，说明其中有很多复杂的因素，不是那么简单的。本案有几个关键问题，第一个就是毛发的问题。庭前以及庭审时都多次问了被告人及其家属，被害人有多久没来被告人的家里了，他们的回答都是好多年没来了。这不得不让法官思考"好多年都没来了，为什么在你家下水道里发现了被害人的毛发呢"？这就意味着最近来过。第二个就是作案时间。被告人不知出于什么原因前后供述不一致，自己都说不清案发当晚自己在哪里、做了什么，他说自己在网吧，法院就去网吧查记录，把最近几天的记录都看了，也没有他的上网记录，这就强化了法官的认识——这个人在撒谎。被告人自己乱说一套，按照被告人所说的，法官都一一去核查了，要么是没做这个事，要么就是时间对不上，这不得不让法官再次起疑心。第三个是五个人在分别关押期间各自作出了他们杀了人、分了尸、抛了尸的供述，说法基本一致，给司法人员的认识就是一起干过才能说得基本一致。这些在一审、二审中是法官敢于判定有罪的依据。因此，律师要做好再审案件，必须具备高水平的专业能力。

第三，要有谋略，善于减少对立面，化解案件的阻力。再审案件有强大的对立面，阻力是非常大的，办案中要学会减少阻力。比如这个案件中，我们并没有将刑讯逼供作为一个辩护重点。再审案件，光讲刑讯逼供，能解决问题吗？解决不了。再审案件重点关注实体上犯罪是否成立，这就要求分析案件事实和证据。在再审程序中，说被告人缺胳膊少腿就是冤案，远远不够，你还要用事实和证据证明法院的裁判思路是有问题的，而不能只关注刑讯逼供问题。

第四，要有毅力、有耐心。我认为缪新华案是比较顺利的，从我们介入到最终改判无罪，经历了一年多的时间。大多数案件，极其艰难，聂树斌案、呼格吉勒图案平反经历了十年之久。所以，决心去帮助当事人进行申诉的律师要坚持，要有毅力和耐心。

司法机关要敢于负责

要有敢于负责、勇于担当的司法机关和司法人员。律师永远只是发现问题并提出问题，而没有决定权，需要由司法机关解决问题。我们可以看出纠正一个错案真的不容易。福建省高级人民法院把自己办的错案纠正了，而且近几年每一年平反一个重大冤案，可谓敢于担当，真的是了不起！

完善再审程序

从未来发展的角度看，我们还需要有完善的再审程序。前面我说了那么多申诉的难题，说明现行再审程序存在很多问题，需要立法者改进和完善相关法律和制度。我列举几个现行再审程序的不足：

第一，案件的申诉，首先是到原审法院申诉，而不能越级申诉，原审法院维持或驳回了，才能到上级法院申诉。对于原审法院来说，当然不想启动再审程序，不愿意主动纠正自己的错误。

第二，申诉审查仅有书面审查方式，没有面对面的多方交流形式，不利于保护当事人的合法权益。

第三，申诉审查原则上由原审法院审查，从再审程序上讲也是如此。理论上称再审程序为特别救济程序。我们想一下，这个特别救济程序"特别"在哪儿？其实程序本身没有体现"特别"，就是启动的时候体现了"特别"——经过极其艰难的申诉，或者由检察院提出抗诉，或者由法院决定启动再审，一旦启动了，就毫无"特别"可言了，原来是一审的就适用一审程序，原来是二审的就适用二审程序。所以，有些再审案件又进入怪圈，经历一审、二审、发回重审……部分案件经历这几个轮回，十几年就过去了。所以我们的再审程序是有很多问题的。

可喜的是，最近几年有重大的变化，我说以下三点：

第一，异地审查。聂树斌案是河北的案件，申诉了多年后仍然未启动再审，最后最高人民法院指定由山东省高级人民法院再审。

第二，申诉案件公开听证，这算是开了一个先河，是过去没有的。

第三，过去通常都是原审法院审查后启动再审，有一个先例就是聂树斌案由最高人民法院直接启动再审程序，这在我国历史上都是屈指可数的。

这一系列的进步，都值得我们仔细研究，将来把它们吸收到再审程序中，一定会很有成效。

上海滩风云再起　煮豆燃萁家族之争
——上海丁小红诈骗案

■ 回　顾

关于丁氏家族

江西人丁勉（于1999年病逝）养育有4个亲生子女，按顺序是，本案被告人丁小红（女，1955年10月生）、丁蔚（男，1958年生）、丁育（男，1963年生）、丁钢（男，1968年生，后改为1965年）。

20世纪80年代初，丁小红次弟丁育在家乡江西上饶经营钢铁、建材等生意，业务涉及山西、内蒙古、福建、江苏、浙江、广东、上海等地。80年代末至90年代初，丁育携哥哥丁蔚将生意做到海南和上海。丁小红被丁育接到上海帮助打点生意，受丁育委派，先后担任多家公司股东和法定代表人。案发时，丁小红是该案"被害单位"——丁育创办的上海顺通进出口有限公司（以下简称"顺通公司"）——占51%股权的大股东。

丁育的公司后来发展得很快，1992年底，丁钢也被丁育带在身边。1997年，丁育开始购买地块。2002年，丁育出资建造花旗集团大厦，该大厦后来成为丁氏家族财富的标志。丁钢没有学历和经商背景，跟在丁育身边拎包跑腿，并逐渐挂名担任一些由丁育出资注册、投资的公司的董事和经理。在相当长的一段时间内，丁钢伪造董事会决议、股权交易协议、家人和亲戚的签名，将公司的股权和巨额资产转移到自己和儿子名下，并寻求当地有关官员的庇护，非法控制丁育在国内的公司、资产长达10年。

▪ 关于千万"债务"

丁育于2010年4月下旬电话通知丁钢，要求根据股东会决议，从顺通公司账面上提取人民币1000万元（以下未注明币种的均为人民币），作为投资回报款。丁钢应允说找财务办理即可。2010年4月28日下午，丁育去顺通公司提取款项，财务开了一张1000万元的支票给丁育，丁育就写了一张"收到顺通公司人民币一千万元"的收据。丁育打电话给银行，银行说支票进账较慢，最好带贷记凭证划账。财务听了就填写贷记凭证。该笔款项本应注明为股东分红款，但顺通公司未制作股东分红账册，财务称只能以代还款名义支付分红给丁育。故在顺通公司银行票据上明确标明"代还款"，以此代替支付丁育投资回报款。

2010年4月29日，丁钢要求丁小红以顺通公司股东身份签下了一份"指定向外支付人民币一千万元"的支付申请书，并将日期倒签一天至4月28日，即丁育从顺通公司财务领取1000万元的同一天。

2012年2月2日，丁钢以其实际控制的顺通公司的名义，一纸诉状将姐姐丁小红起诉至上海市徐汇区人民法院，要求丁小红支付前述支付申请书中载明的指定向外支付的1000万元款项。丁小红懵了，她怎么也没有想到，自己亲手拉扯大的小弟，会把自己送上法庭，一场煮豆燃萁的悲剧拉开序幕。

丁小红辩称自己没有收到这 1000 万元，并向法庭递交了股东会决议等书证复印件，证明自己没有还款义务。

2012 年 8 月，丁钢以顺通公司名义向公安机关报案，称丁小红涉嫌诈骗公司 1000 万元，要求追究丁小红的刑事责任。

2012 年 11 月 5 日，丁小红被上海市公安局宝山分局刑事拘留，12 月 11 日取保候审。2013 年 9 月 5 日，检察机关决定逮捕丁小红，丁小红经历了长达 4 年的牢狱之灾，这场煮豆燃萁的悲剧升级到极端……

■ 控　诉

上海市宝山区人民检察院
起诉书

沪宝检诉刑诉（2014）821 号

被告人丁小红，女，汉族，初中文化，系上海巴鼎房地产发展有限公司（以下简称"巴鼎公司"）员工……2012 年 11 月 5 日因涉嫌诈骗罪被上海市公安局宝山分局刑事拘留，同年 12 月 11 日被取保候审；2013 年 9 月 5 日经本院批准，由上海市公安局宝山分局执行逮捕。

本案由上海市公安局宝山分局侦查终结，以被告人丁小红涉嫌诈骗罪，于 2014 年 3 月 26 日向本院移送审查起诉。本院受理后，已依法告知被告人有权委托辩护人，告知被害人有权委托诉讼代理人，依法讯问了被告人，审查了全部案件材料。

经依法审查查明：

2010年4月间，涉案人丁育（现在逃）为骗取钱款，以对外投资为由，向顺通公司的实际经营人丁钢提出借款1000万元，但遭丁钢拒绝。为使丁育骗得上述款项，被告人丁小红向丁钢保证该款作为其本人借款，并由其本人归还。在丁小红的游说下，丁钢同意借款。同月28日，顺通公司将1000万元通过贷记凭证划入丁育在华夏银行杨浦支行的账户内。次日，丁小红办理了该1000万元的支付申请书公证手续，并明确表示上述款项为其"全款收悉"，并由其承担清偿责任。

2012年2月2日，顺通公司起诉被告人丁小红，要求丁小红归还上述借款。在法院审理期间，丁小红伙同丁育通过委托的律师，向法院提供二人伪造的支付指定书、股东会决议等，否认由其代丁育向顺通公司借款及丁育已收到该1000万元借款的事实。

经查，丁育骗得上述借款后，通过银行转账、提取现金等方式用于支付其起诉丁钢的律师费及旅游费等，并未用于对外投资。被告人丁小红通过为丁育骗取上述借款、伪造证据、消灭债务和拒不归还借款等方式，实现了其与丁育共同非法占有顺通公司1000万元的目的。

上述事实，有以下主要证据证明：

1. 证人丁钢、曹某华、徐某、宋某、朱某等人的证言，顺通公司提供的丁育书写的收条，丁小红签名的支付申请书、支票、情况说明、记账凭证、贷记凭证、账册，上海市宝山区国家税务局稽查局出具的情况说明，公证处公证书等证据证实，被告人丁小红帮助丁育，以投资借款为名骗取顺通公司1000万元的事实。

2. 证人汪某、周某的证言，上海市徐汇区人民法院移送的支付指定书、股东会决议，丁育签名的情况说明，周某签名的证明，上海市公安局浦东分局案（事）件接报回执单，印章明细表、《解放日报》、印铸刻字准许证，上海市浦东新区人民法院民事裁定书及查封、扣押财产笔录、工作记录等证据证实，顺通公司起诉被告人丁小红后，丁小红伙同丁育通过律师向法院提供伪造的证据，否认由其代丁育向顺通公司借款及丁育已收到该1000万元借款的事实。

3. 证人陈某、田某、苏某、栾某、幸某、余某、罗某、曹某军、蒋某、戴某、鲍某、郑某、陈某等人的证言，公证处公证书、授权委托书、经营合同书，上海公信中南会计师事务所司法鉴定意见书，顺通公司工商登记资料及上海市公安局物证鉴定中心笔迹鉴定书等证据证实，顺通公司系由丁钢一人出资注册成立，由丁钢实际控制并经营；丁小红、周某均系顺通公司挂名股东，顺通公司的经营活动、公司资产均与丁小红、周某无关；丁育与顺通公司无任何关系。

4. 证人强某、殷某、陶某的证言，委托代理合同、聘请律师合同、律师费发票、银行凭证等证据证实，丁育骗取顺通公司1000万元后，通过银行转账、提取现金等方式用于支付其起诉丁钢的律师费及旅游费等，并未用于对外投资。

5. 被告人丁小红否认诈骗犯罪。

上述证据来源及收集程序合法，内容客观真实，足以认定指控事实。

本院认为，被告人丁小红伙同他人诈骗顺通公司1000万元，数额特别巨大，其行为已触犯《中华人民共和国刑法》第25条、第266条之规定，犯罪事实清楚，证据确实、充分，应当以诈骗罪追究其刑事责任。根据《中华人民共和国刑事诉讼法》第172条的规定，提起公诉，请依法审判。

此致

上海市宝山区人民法院

上海市宝山区人民检察院

2014 年 4 月 10 日

2017 年 3 月 9 日，经两次开庭审理、最高人民法院七次延期，上海市宝山区人民法院一审判决丁小红无罪。2017 年 3 月 17 日，上海市宝山区人民检察院以此案"事实认定、定性及适用法律均有错误"为由抗诉至上海市第二中级人民法院。

上海市宝山区人民检察院
刑事抗诉书

沪宝检诉刑抗（2017）2 号

上海市宝山区人民法院于 2017 年 3 月 9 日以（2014）宝刑初字第 679 号刑事判决书对被告人丁小红诈骗一案作出一审判决：被告人丁小红无罪。

本院依法审查后认为，该判决认定被告人丁小红无罪，事实认定、定性及适用法律均有错误，具体理由如下：

1. 一审判决没有认定被告人丁小红伙同丁育借款的犯罪目的。现有证据足以认定丁育以投资房地产为由多次向丁钢的顺通公司提出借款，但遭丁钢拒绝的事实。被告人丁小红为帮助丁育达到骗取借款的目的，以自己作为借款债务清偿人，使得丁钢同意借款给丁育；丁小红还在公证人员面前亲笔签署支付申请书，要求将 1000 万元借款划入丁育指定的账户，而非要求顺通公司将

1000 万元支付给香港某公司。对此，一审判决未予认定。

2. 一审判决没有认定被告人丁小红伙同丁育骗得顺通公司钱款后的犯罪用途。现有证据足以认定丁育为了达到侵吞丁钢名下资产的目的，骗得顺通公司 1000 万元后并未用于投资房地产，而是通过银行转账、提现等方式，伙同被告人丁小红将该 1000 万元用于对丁钢提起争夺资产的诉讼（香港法院已判决丁钢胜诉）。对此，一审判决亦未予认定。

3. 一审判决没有认定被告人丁小红伙同丁育伪造证据的犯罪行为及目的。2012 年 2 月 2 日，顺通公司向上海市徐汇区人民法院起诉被告人丁小红，要求丁小红归还上述借款。在法院审理期间，丁小红伙同丁育通过委托的律师，向法院提供二人伪造的支付指定书、股东会决议，否认丁小红代丁育向顺通公司借款 1000 万元的事实，意图欺骗法院，从而非法占有顺通公司钱款。对此，一审判决也未予认定。

综上所述，被告人丁小红伙同丁育采用虚构事实的方式，骗取顺通公司 1000 万元钱款；为达到非法占有的目的，被告人丁小红还伙同丁育伪造证据、指使相关证人作伪证，欺骗法院，严重干扰法院的审理活动。上述行为符合《中华人民共和国刑法》第 266 条、第 25 条的规定，应当以诈骗罪追究被告人丁小红的刑事责任。

本院认为，上海市宝山区人民法院（2014）宝刑初字第 679 号刑事判决书没有准确认定被告人丁小红伙同丁育实施犯罪行为的全部事实，导致错误认定被告人丁小红无罪，适用法律不当。为维护司法公正，准确惩治犯罪，依照《中华人民共和国刑事诉讼法》第 217 条的规定，特提出抗诉，请依法判处。

此致

上海市第二中级人民法院

上海市宝山区人民检察院

2017 年 3 月 17 日

■ 辩　护

我主要针对上海市宝山区人民检察院刑事抗诉书当中的错误展开我的辩护意见。抗诉内容分为三段，但均不能成立。

我首先支持被告人的当庭自辩和我尊敬的同行陈光武律师的全部代理意见。同时我宣布我们仍然坚持一审的全部辩护意见。

一、第一段抗诉内容，即"一审判决没有认定被告人丁小红伙同丁育借款的犯罪目的"的认定不能成立

这一认定没有任何证据予以支持。理由如下：

1. 丁育作为顺通公司的实际投资人，并未向起诉书上认定的"实际经营人丁钢"提出借款的要求。

（1）顺通公司的两位合法登记股东是丁小红（51％的股权）和丁育的岳母周某（49％的股权）。她们两人一致主张是为丁育代持股权，否认是为丁钢代持股权。

（2）起诉书中很勉强地认定丁钢是"实际经营人"，并非所有权人。这也是客观正确的认定。即使丁钢伪造了签名和董事会决议、股权交易等文件，秘密将丁育岳母名下的顺通公司49％的股权转移到自己儿子名下，丁钢仍然不是顺通公司的股东，所以他根本就无权对这一案件提出控告，本案的立案都是错误的。

（3）本案一审庭审中提交法庭的顺通公司注册资金来源图当庭被双方确认，足以证明当时投资顺通公司的资金来自于巴鼎公司从中国农业公司的贷款，然后划到上海鼎兴实业有限公司（以下简称"鼎兴公司"），然后又经过丁小红的儿子朱某当时任法定代表人的上海浦鼎房地产咨询有限公司（以下简称"浦鼎公司"），划到了具体的股东丁小红、周某的账户用于出资。

根据民法中的"优势证据原则"，依据有证据支持的法律事实，足以认定丁育是顺通公司的实际控制人，两位合法的股东丁小红、周某为丁育代持股权，丁育是顺通公司的实际控制人，丁钢仅仅是被委托的行政管理人员。

2. 一审控方没有出示任何证据证明丁育曾经向丁钢借款，一次都证明不了，更没有多次之说，并且这种说法毫无事实证据。除了丁钢的说法，其他人的说法均属无事实根据的无效证据。

（1）事实上，所谓丁育"以对外投资为由"向丁钢借款也是没有任何证据予以支持的完全虚构的案件事实。丁钢不是顺通公司的注册出资人，丁育如果需要用款，无须丁钢批准，所谓丁育借款"但遭丁钢拒绝"的说法不能成立。

（2）丁育收回款项发生在丁小红签字的前一天，这一点也被原告和一审判决认定。这是按照丁钢的意见往前写一天的，而丁育收回款项是直接和公司财务联系的，他是持股东会决议取得的投资回报款。这笔款项是无须丁育偿还的，所以财务曹某华亲笔在做账的贷记凭证底联上清晰写明向丁育汇款 1000 万元的资金用途是"代还款"，同时丁育签署的不是借条，而是收条。所谓丁育向丁钢要求借款的说法在当年白纸黑字的证据面前完全站不住脚。这一白纸黑字的证据十分清楚地表明了该笔款项的性质，顺通公司和丁育之间的债权债务关系由于该还款和签收的行为而归于消灭。

（3）没有任何客观证据可以证明丁育收回款项的行为发生时丁小红知晓，丁小红也从未承认自己知晓。那么，"丁小红为帮助丁育达到骗取借款的目的，以自己作为借款债务清偿人，使得丁钢同意借款给丁育"这种说法也不能成立。

（4）丁小红的支付申请书中找不到和丁育收回的款项有任何关联的事实和证据，连丁育的名字都没有出现过。不能认定丁小红是在为丁育的借款提供担保，并且丁育当时并无相关借款的事实。

（5）支付申请书并没有"债权文书"的法律效力。

首先，支付申请书中的"本人以上海顺通进出口有限公司股东的名义向公司要求，请公司按照本人指定向外支付人民币一千万元"这句话意味着款项尚未支付，而"以上款项自本人签署本书时即为本人全款收悉"意味着这笔款项已经得到，两句话明显相矛盾。按理说，设定金钱债务的法律文件不允许出现这种连是否发生了金钱转移的基本事实都没弄清的错误。如果另有证据证明出借方向借款方支付了款项，则还必须有相应证据来证明原先设定的支付申请书当中的内容发生了变化。

其次，对于支付申请书为何不是"借据"或者专门用来设立债权债务的法律文书，以及这1000万元到底如何产生、何时支付、如何支付、支付给谁、丁小红是否收到、丁钢是否是债权人等一系列问题，都没有证据能解答，公诉机关根本拿不出任何证据证明丁小红实际收取了这笔1000万元的巨额。根据丁小红的陈述，她签署支付申请书是由于弟弟丁钢的诱骗，并不明确具体内容。

3. 丁育领走的钱和丁小红涉及本案争议的钱不是同一笔钱，公诉机关刻意将两笔钱毫无依据地混为一谈。

（1）丁育领走的钱根据当年的财务文书可以认定是一个债权债务关系的消灭。顺通公司出具的汇款凭证上写的是还款的内容，丁育给顺通公司签署的文书是收到还款的内容，是收条，而不是借条。丁小红签署的支付申请书本身就不是债权债务的设立文书，就算是的话，也是设立新的债权债务关系，与丁育和顺通公司之间的债权债务关系毫无关联。

（2）支付申请书当中的"向外支付"是支付到境外，和丁育在境内获得 1000 万元的案件事实明显不符或者可以说存在矛盾。公诉人无法就两笔款项存在如此大的差异的事实作出合理的解释，并且从来就没有相关的证据证明顺通公司向丁小红支付了这笔款项，或者向境外支付过这笔款项。

（3）丁小红签署支付申请书的日期是 4 月 29 日，她当时应丁钢的要求把日期往前写了一天，而丁育领走钱是在 4 月 28 日。这一事实说明，丁育领走钱的时候根本就没有丁小红为他担保偿还，这与公诉人所说"丁小红向丁钢保证该款作为其本人借款，并由其本人归还。在丁小红的游说下，丁钢同意借款"绝对相互矛盾。

综合以上全部事实和证据，都不能够得出丁小红签署的文书当中谈及的 1000 万元就是丁育收走的 1000 万元的结论，也得不出丁小红是为了自己或者和丁育共同诈骗的结论，公诉机关在无合理依据和客观证据的情况下，将两笔款项合为一笔，实为混淆事实。

4. 抗诉书第一部分内容关于"丁小红在公证人员面前亲笔签署支付申请书，要求将 1000 万元借款划入丁育指定的账户，而非要求顺通公司将 1000 万元支付给香港某公司"的认定是完全错误的。

（1）支付申请书的公证程序完全违反《公证程序规则》，不具有法律效力。实际上的公证仅仅是公证"复印件与原件内容一致"的公证，2012 年该债务纠纷在上海市徐汇区人民法院诉讼的时候，律师在公证处调查取证后给法院的复函内容显示："该公证是在2010年5月17日提交公证材料和受理的，受理当天进行了公证。"公证书的日期写的也是2010年5月17日，不是4月29日。这表明公证不是丁小红签字当天进行的。

（2）公证的申请人是顺通公司的法定代表人曹某军。他没有资格申请这样的公证，因为他不是涉及巨额财产的公证内容的当事人。《公证程序规则》明确规定涉及债权债务的设立以及人身关系方面的内容时，必须由当事人本人亲自到场申办。本公证明显违背了这一规定。仅仅对这一规定的违背，就足以导致公证无效。

公证笔录也是由公证员向曹某军询问制作的，公证员根本就没有见到丁小红当面签署文件，公证的日期也不是4月29日。所谓"是丁小红当我们的面签的"是彻头彻尾的假话。无论是丁钢还是丁小红的证言，都没有提到曹某军在场。

二、第二段抗诉内容，即"一审判决没有认定被告人丁小红伙同丁育骗得顺通公司钱款后的犯罪用途"的认定不能成立

1. 抗诉书中关于"现有证据足以认定丁育为了达到侵吞丁钢名下资产的目的"的认定并无依据，且它涉及的内容也根本不是一审法院审理的内容。财产权利的归属根本就不是刑事法院的审理内容。本案审理的是诈骗行为，而不是财产的归属。

我们前面已经论证了，丁钢在该公司当中没有任何财产，他窃取了丁育岳母周某的股权以后也没有落实到自己的名下，而是落实到了自己儿子名下。抗诉书当中的"丁育为了达到侵吞丁钢名下资产的目的"完全没有出处。顺通公司的注册资金来自于丁育的公司，根本就不是丁钢投入的注册资金，从法律上讲也不是丁钢的资产。

2. 抗诉书当中认定的"骗得顺通公司1000万元后并未用于投资房地产"也无依据，没有证据证明谁承诺了这笔钱是要用于投资房地产的，法庭上并未出示相关证据。后面认定的"通过银行转账、提现等方式，伙同被告人丁小红将该1000万元用于对丁钢提起争夺资产的诉讼"也毫无证据支持。丁育得到的1000万元是他自己的合法财产，他有权自行使用。没有证据证明丁小红收到了这笔巨款，丁小红根本就没有得到这笔钱，一审公诉机关也没有出示过相关证据证明钱款流向。

3. 抗诉书认定的"香港法院已判决丁钢胜诉"完全不符合现实。香港法院是三审终审制，仅有尚未生效的一审判决并不能对案件盖棺定论，更不可以像内地的司法判决一样作为有既判力的证据存在。

三、第三段抗诉内容，即"一审判决没有认定被告人丁小红伙同丁育伪造证据的犯罪行为及目的"的认定不能成立

面对着丁钢设计陷害自己的亲姐姐，然后故意对自己的哥哥姐姐滥用虚假证据提起虚假诉讼的行为，当事人的抗辩是为了维护司法公正，防止出现错案，防止丁钢虚假诉讼得逞。这些民事诉讼当中发生的行为不能够被指控为刑事犯罪。这一虚假诉讼是丁钢事先与个别公安人员"协调"好以后，使用伪造的董事会决议，将公司迁址到宝山区，然后利用其在宝山区的人脉进行的。

丁小红在2010年4月29日签署了支付申请书，几天后丁钢告知丁小红丁育签署了1000万元债务凭证，丁小红才知道自己受骗了。由于支付申请书中没有指定汇款地址，自己无法收到这1000万元，才制作了支付指定书并且交给丁钢，由丁钢盖章确认。丁钢盖章的事实也确认了支付申请书后面的一段内容是虚假的，是设计

陷害丁小红的，丁小红根本就没有拿到 1000 万元。为了对抗虚假诉讼，提交这些证据，是正常的对抗原告的行为，支付申请书约定的行为不应当是伪证行为。

同时，股东会决议的原件在顺通公司保管，原因如下：①这份文件形成于 2008 年 5 月 30 日，其上有丁小红、周某两位股东签字，并且盖有顺通公司公章，而这个公章由公司董事会委托丁钢保管。丁小红和周某两个人是没有公章的。以此推断，这份文件是真实存在的。②在顺通公司没有对相关文件进行备案的情况下，顺通公司的财务不可能毫无依据地向丁育支付这笔款项，能够顺利支付这笔款项的事实也说明这份文件是存在的。③如果没有这份文件，财务人员为什么能够顺利地支付这 1000 万元呢？合理的解释就是：公司员工把丁育当作真正的投资老板。④这份文件的制作和使用也清楚地说明了，对公司是否支付给丁育款项，丁小红、周某有实质性的决定权，丁钢没有，他只有盖章确认董事会决议的资格。

事实上，民事法律行为的一些文件是可以后补签字的，签字的时间按照需要书写也是正常的，只要签字人是正确的意思表示即可。比如支付申请书的实际签字时间是 2010 年 4 月 29 日，但按照丁钢的要求签署为 4 月 28 日，公诉机关却始终不否定这份文件的虚假性，不指控丁钢指挥丁小红伪造关键证据涉嫌刑事犯罪。这样的做法显然违反了形式逻辑的思维同一性原则。

四、从犯罪构成上看，丁小红的行为完全不符合诈骗罪的犯罪构成，诈骗罪不能成立

丁小红是因办理捐赠给丁钢六套房产以及公证等相关事宜而被丁钢叫到办公室去的，丁钢虚构了往境外公司汇款增资的目的，要大股东丁小红签字，拿出了打印好的支付申请书，丁小红看都没有看就在该份文件上签字了，并不知道其中有个人借款承担债务的内容。为了增强这份文书的法律效力，丁钢背着丁小红做了一个"复印件与原件内容一致""原件上的丁小红签名属实"的虚假公证，对外则称丁小红当着公证员的面签署了这份借款协议，欺骗社会。

1. 从主观方面看，丁小红根本就没有骗取他人财产的故意。她是在被告知要往境外汇款后，才作为大股东签支付申请书的。

2. 从客观方面看，丁小红不可能诈骗自己名下的巨额财产。丁小红是顺通公司的注册大股东，怎么可能骗取自己的财产？首先，从丁小红被丁钢要求在向境外支付款项的文件上签字这个事实来看，丁钢不是公司的投资人，而是聘用的管理人，他要动款还需要丁小红签字批准。这也同时说明了丁小红是自己公司的真正所有人，有权支配自己公司的财产，用不着骗取。其次，丁小红是应管理人丁钢的要求过去签字的，而不是自己主动地虚构事实骗取丁钢准备文件进而签字的。本案中，丁小红根本就没有虚构任何情节。再次，丁小红如果真的签署了债权文书，也不构成诈骗，而仅仅构成债权债务法律关系。丁小红在这样的情况下也是"合法占有"，不是"非法占有"。如果这份文书就是债权文书的话，顺通公司就没有损失，债权同样是等额资产，公司的账面是平衡的。最后，丁小红根本就没有收到这笔款项，没有任何证据证明丁小红获得了这笔款项，诈骗罪的"非法占有"要件不能成立。

综上，公诉机关指控丁小红构成诈骗罪不能成立。

从丁钢制作虚假的股权交易协议，伪造股东签名，秘密窃取注册股东丁育岳母周某名下的顺通公司49%的股权到自己儿子名下（丁钢的儿子也从未支付288万元的股权对价），到伪造董事会决议，将顺通公司注册地从浦东新区迁移到宝山区，再到警方刑事立案，逮捕关押丁小红和红色通缉丁育，迫使丁育无法管理自己实际拥有的资产，这一系列有预谋行动的终极目的，就是拖延时间，便于丁钢掏空、侵吞和转移公司资产，实施隐瞒外国国籍、虚构贷款用途、骗取银行贷款、骗取巨额外汇、偷税、洗钱、卷款跑路等一系列不法行为。丁钢私自抵押公司名下的不动产，骗取银行14.14亿人民币、4000万欧元、1.1亿美元贷款。其卷款外逃的行为给国家造成巨额外汇流失。

五、我们的最终辩护意见

整个抗诉书的内容基本上是依据起诉书当中虚构的诈骗故事写成的，完全没有顾及法庭审理当中展现的各种证据和查明的事实。

"支付申请书不能够作为债权文书使用"，这是本案经过审理得出来的最重要的结论。从法律上讲，支付申请书在文字上充满不确定性和矛盾，不能作为债权文书使用。相对于是否支付，支付申请书文字上有完全相反的语言，且没有任何证据证实有过支付行为。

我们的观点是：第一，丁小红是被骗签的支付申请书。第二，丁小红根本就没有收到这笔巨款，控方没有任何证据指控她收到这笔款项，控方将丁育前一天领取的自己的投资收益1000万元认定为支付申请书中的1000万元，实际上是混淆了两种法律关系。消灭的债权债务关系和新设立的债权债务关系是完全不同的法律关系，两者完全不能融合。第三，支付申请书并没有经过公证，到案的公证书因违反公证程序而无效，并且能够从反面证明丁钢设计陷害丁小红。综上，抗诉书当中的全部内容没有一条是正确并有法律和证据依据的。

　　本案是刻意针对丁小红进行诬告陷害的案件，法官们的高尚道德和职业素养拦住了这个错案，一审宣判丁小红无罪，是完全正确的。

　　我们认为应当驳回检察机关的全部抗诉内容。请法庭采纳我们的意见！谢谢！

辩护人：李肖霖律师

本案辩护人李肖霖（左）、陈光武（右）律师

■ 审 判

上海市第二中级人民法院
刑事裁定书

（2017）沪 02 刑终 416 号

抗诉机关上海市宝山区人民检察院。

原审被告人丁小红，女，汉族，初中文化，系巴鼎公司员工，户籍地本市普陀区。因涉嫌犯诈骗罪于 2012 年 11 月 5 日被刑事拘留，同年 12 月 11 日被取保候审，2013 年 9 月 5 日被逮捕，2017 年 3 月 9 日被取保候审。

辩护人李肖霖，北京市炜衡律师事务所律师。

辩护人陈光武，山东晨浩律师事务所律师。

上海市宝山区人民法院审理上海市宝山区人民检察院指控原审被告人丁小红犯诈骗罪一案，于 2017 年 3 月 9 日作出（2014）宝刑初字第 679 号刑事判决。上海市宝山区人民检察院提出抗诉。本院受理后依法组成合议庭，公开开庭审理了本案。上海市人民检察院第二分院指派检察员出庭履行职务，被害单位顺通公司的诉讼代理人北京市大成（上海）律师事务所律师翟建、上海市联合律师事务所律师江宪，原审被告人丁小红及其辩护人李肖霖、陈光武均到庭参加诉讼。在本院审理期间，上海市人民检察院第二分院先后两次申请延期审理，本院均予以同意。现已审理终结。

上海市宝山区人民法院判决认定：

丁小红与丁育、丁钢系同胞姐弟关系。

2002 年 12 月，顺通公司成立，注册资本 1200 万元，股东上饶市三清房地产有限公司（以下简称"上饶公司"）出资 612 万元、占 51% 股份，丁小红出资 300 万元、占 25% 股份，周某出资 288 万元、占 24% 股份，法定代表人罗某。2006 年，公司注册资本变更为 588 万元，丁小红占 51% 股份，周某占 49% 股份。2009 年 4 月，周某的股份转让给丁翔。上述股东均为挂名，未实际出资，顺通公司实际由丁钢控制经营。

2010 年 4 月，丁育多次向丁钢提出借款被拒。后由丁小红出面向丁钢借款，丁钢表示同意借款。同月 28 日，顺通公司将 1000 万元通过贷记凭证划入丁育在华夏银行杨浦支行的账户内。次日，丁小红到顺通公司，在支付申请书上签字确认其收到顺通公司 1000 万元，该款为私人用款，与公司公务无关，并由其本人承担清偿责任。

2012 年 2 月 2 日，顺通公司向上海市徐汇区人民法院起诉丁小红归还借款 1000 万元。在法院审理过程中，丁小红与丁育通过委托的律师汪某向法院提供由丁小红签署的伪造的支付指定书、股东会决议（复印件），并提供丁育签名的情况说明、周某签名的证明，用于证明丁育收到的 1000 万元是股东会决议确定的顺通公司应付给丁育的投资回报款，与支付申请书的 1000 万元无关；丁小红在支付申请书上要求顺通公司按其指定向外支付的 1000 万元款项应该支付至香港某公司，该款并未支付。

上海市宝山区人民法院认为，原审被告人丁小红为丁育向丁钢实际控制经营的顺通公司借款 1000 万元，双方办理了借款手续，后在顺通公司向法院起诉丁小红归还借款 1000 万元时，丁小红通过委托的律师向法院提供伪造的证据，逃避债务。上述事实尚不足以认定丁小红的行为构成诈骗罪，遂依照《中华人民共和国刑事诉讼法》第 195 条第 3 项之规定，判决丁小红无罪。

上海市宝山区人民检察院抗诉认为，原审被告人丁小红伙同丁育采用虚构事实的方式，骗取顺通公司钱款 1000 万元，且为达到非法占有的目的，两人又伪造证据并指使相关证人作伪证，严重扰乱法院民事审判活动，应当以诈骗罪追究丁小红的刑事责任。上海市宝山区人民法院既没有认定丁小红伙同丁育借款的犯罪目的，也没有认定两人骗取顺通公司钱款后的犯罪用途，更没有认定两人伪造证据的犯罪行为及目的，导致作出了丁小红无罪的错误判决，依照《中华人民共和国刑事诉讼法》第 217 条的规定提出抗诉。

上海市人民检察院第二分院支持抗诉意见认为：①丁小红出面向丁钢借款 1000 万元时已经知道丁育投资房地产的理由是虚假的，故丁小红、丁育实施了虚构事实或隐瞒真相的欺骗行为；②丁育获取借款后在长达两年的时间内不予归还，在丁钢向法院提起民事诉讼时又伪造证据彻底否认借款事实，在本案一审、二审中丁小红仍然否认借款事实，这充分证明了丁小红与丁育具有非法占有该款项的主观故意；③即使认定丁小红犯诈骗罪的证据不足，对丁小红也应以妨害作证罪追究其刑事责任。因此，原判宣告丁小红无罪确系错误，导致适用法律和量刑不当，提请二审依照《中华人民共和国刑事诉讼法》第 225 条的规定予以纠正。

被害单位顺通公司诉讼代理人除提出原审被告人丁小红不仅构成诈骗罪，还构成妨害作证罪，原判宣告丁小红无罪系错误外，还以一审合议庭的组成不合法为由，恳请二审撤销原判，发回重审。

原审被告人丁小红及其辩护人认为，原判宣告丁小红无罪正确。其中，丁小红辩称：①顺通公司实际由丁育投资，丁育从顺通公司获得 1000 万元系投资回报，不是借款；②丁小红既没有向顺通公司借款，也没有代丁育向顺通公司借款。辩护人除同意丁小红的辩解外，还认为：①认定丁小红、丁育以投资房地产的虚假名义向丁钢借款1000万元的证据不足；②不能以丁育收到顺通公司1000万元后的实际用途来推定丁小红具有非法占有的目的；③即使事后丁小红在民事诉讼中提供了伪证，根据相关规定也不能以诈骗罪认定。

本院经审理查明，上海市宝山区人民法院（2014）宝刑初字第679号刑事判决认定事实的证据，均经一审当庭出示、辨认、质证等法庭调查程序查证属实，应予确认。二审审理期间，检察员补充出示的上海市出入境管理局提供的出入境记录和航空公司提供的旅客信息、电子客票行程单等证据证明：2008年5月30日当天及此前，丁钢、丁小红、丁育均不在上海，丁钢于同年6月4日才回到上海；2010年5月17日，丁小红也不在上海。以上证据均经丁小红及其辩护人当庭辨认、质证等法庭调查程序查证属实，应予确认。此外，根据现有证据还查明：2010年初，丁育以投资房地产的名义向丁钢借款被拒。同年4月28日，丁育通过其华夏银行杨浦支行的个人账户收到顺通公司借款1000万元后，于当天即将该款划到由其负责经营的上海西澳资产管理有限公司（以下简称"西澳公司"）账户内，并在同年5月至2012年3月间，将该款主要用于还债、提现、划入丁育个人银行账户、支付律师代理费和西澳公司管理费、差旅费等。

本案中，控辩双方主要就原审被告人丁小红的行为是否构成诈骗罪、能否以妨害作证罪追究丁小红刑事责任、一审合议庭的组成是否合法三个问题发表了不同观点。本院结合审理查明的事实、证据和法律规定，分别发表评判意见如下：

1. 关于丁小红的行为是否构成诈骗罪的问题。经查：①虽然工商登记资料记载，顺通公司的股东先后是上饶公司、丁小红、周某、丁翔，但该公司的注册资金实际由丁钢控制的巴鼎公司出资，上述四人均未出资，也不参与顺通公司经营和管理；而巴鼎公司最终被香港某公司收购，后者又是丁钢持有99%股份且系唯一董事的澳门某公司投资，故丁钢是顺通公司实际控制人和主要投资者。②证人丁钢、陈某、曹某华、徐某等多名证人证言，公证员宋某、朱某、金某的证言，相关的支付申请书、银行凭证、支付凭证、收据、分户账明细、支票、电汇凭证、历史交易明细清单等书证，有关单位出具的公证书、司法鉴定意见书、笔迹鉴定书等证据，分别证明丁育曾以投资房地产的名义向丁钢借款被拒后，由丁小红出面向丁钢控制的顺通公司借款1000万元，以及该1000万元的实际用途和事后丁小红等人提供伪证否认借款等的事实。

本院认为，现有证据虽然能够证明丁育曾以投资房地产的名义向丁钢借款被拒，后由丁小红出面向丁钢借款1000万元且没有用于投资房地产项目，再后来丁小红提供伪证否认借款等事实，但认定丁小红在向丁钢借款时具有帮助丁育欺骗丁钢并非法占有该款的主观故意，证据不足。故对丁小红及其辩护人关于丁小红的行为不构成诈骗罪的辩解和辩护意见，可予采纳。

2. 关于能否以妨害作证罪追究丁小红刑事责任的问题。经查，从提起公诉到一审开庭审理，公诉机关均对丁小红构成诈骗罪以及在民事诉讼活动中提供虚假证据的行为提出指控，庭审中控辩双方也是围绕上述指控的事实举证、质证并发表观点的。

本院认为，在公诉机关没有对丁小红指使他人作伪证的事实及构成的罪名指控的情况下，法院不可就其行为是否构成妨害作证罪作出判决。

3. 关于一审合议庭的组成是否合法的问题。本院认为，上海市宝山区人民法院受理该案后，依法组成合议庭，公开开庭审理了本案，且本案的审理和评议均由同一合议庭进行，故一审合议庭的组成符合法律规定。

综上，本院认为，原判认定的主要事实和适用法律正确，判决内容并无不当，且诉讼程序合法。上海市宝山区人民检察院的抗诉理由不能成立，对上海市人民检察院第二分院的意见不予支持，对丁小红及其辩护人关于丁小红的行为不构成诈骗罪的辩解和辩护意见可予采纳。据此，依照《中华人民共和国刑事诉讼法》第225条第1款第1项之规定，裁定如下：

驳回抗诉，维持原判。

本裁定为终审裁定。

审判长　费　晔

审判员　沈　燕

审判员　沈　言

二〇一七年九月二十八日

书记员　刘　伟

附：相关法律条文

《中华人民共和国刑事诉讼法》（2012 年修正）

第 225 条　第二审人民法院对不服第一审判决的上诉、抗诉案件，经过审理后，应当按照下列情形分别处理：

（一）原判决认定事实和适用法律正确、量刑适当的，应当裁定驳回上诉或者抗诉，维持原判；

（二）原判决认定事实没有错误，但适用法律有错误，或者量刑不当的，应当改判；

（三）原判决事实不清楚或者证据不足的，可以在查清事实后改判；也可以裁定撤销原判，发回原审人民法院重新审判。

……

■ 律师手记

2014 年 6 月底，很长时间未联系我的杨金柱律师打来电话，邀我急赴上海，为一起诈骗案做辩护。我坐当天的飞机在上海虹桥国际机场降落时，已是夜晚 10 点。当事人亲属仍在酒店等候，我未及歇息即展开工作，辩护团队还邀请了京城大律师李肖霖和上海的几位法律界同仁。

欲加之罪

上海市宝山区人民检察院起诉书认定：2010 年 4 月，为骗取钱款，丁育多次向丁钢借款遭拒，后由丁小红出面向丁钢借款，丁钢表示同意。同月 28 日，顺通公司将 1000 万元划到丁育在华夏银行杨浦支行的账户上。次日，丁小红在一份支付申请书上签字……

2012 年 2 月 2 日，顺通公司向法院起诉，追索上述 1000 万元。审理期间，针对丁小红向法院递交的股东会决议等复印件的真实性，双方意见产生分歧，但谁都没有充分证据证明其真伪。

仅依卷宗，就能明显看出丁小红是被冤枉的：①丁小红向法院递交的相关证据系复印件，对方当事人不认可，不能作为有效证据使用，并不会造成社会危害。没有危害结果，如何入罪？②在债务纠纷的民事诉讼中，即使当事人为逃避债务提供了虚假证据，在法庭查证属实后承担的也不过是败诉结果，这起典型的民事纠纷何来诈骗？而且最高人民检察院早以司法解释明确规定，通过诉讼骗取财物的行为可按妨害民事诉讼处理，不宜按诈骗立案。③本案诸多证据显示顺通公司系丁小红二弟丁育投资设立，案发时丁小红系代丁育持股，占顺通公司51%的股权，难道丁育伙同丁小红诈骗自己的巨额财产？丁钢在顺通公司没有一分钱的股权，他怎么成了顺通公司的所有者？

山重水复

会见丁小红的手续特别严格，历经了多重身份核实程序。首次会见时，丁小红已被羁押一年多。这个年过半百的孱弱妇人和所有在押人员一样，第一个问题就是问自己的案件前景如何。我缓缓而坚定地对她说：只要法院实事求是，依法审理，你的无罪只是时间问题，要保重身体。

案件性质确定，辩护方向明确，辩护方案的制定却困难重重。综合分析之后，我们认为查清顺通公司财产归属，是阻止冤案的重中之重。但是，顺通公司实际由丁钢掌控，要想从顺通公司财务拿到公司注资账单，完全是不可能的。所以只能从银行流水、工商登记等途径寻求突破。

查询结果却令人失望，顺通公司1200万元注册资金是从浦鼎公司账户转来的，而浦鼎公司也由丁钢掌控。如果这1200万元注册资金确是浦鼎公司自有资金，那顺通公司系丁钢投资的谎言就难以揭穿，丁育或丁小红从顺通公司拿走1000万就难以说清。证明不了顺通公司归丁育所有，仅靠其他事实和理由，为丁小红脱罪几乎是不可能的，而案件开庭在即，顺通公司财产归属调查没有突破性进展，前景暗淡。

本案承办法官是上海市宝山区人民法院刑一庭副庭长徐敏芳，一位资深刑事女法官，态度亲和、工作认真，敢于、善于和律师交流。被害单位顺通公司（准控方）的代理律师，是曾任中国律师协会刑事委员会副会长、号称上海滩第一刑辩律师的翟建和上海市知名大律师江宪。

庭前，控方和被害单位反对我们主张法庭查明丁氏家族财产结构及顺通公司财产归属。他们认为法庭只要查明被告人丁小红是否虚构事实、隐瞒真相，是否试图逃避顺通公司债务就足够了。其实，关于是否要查明丁氏家族发家史及顺通公司财产归属，我此前曾约见主审法官，一再谈及，徐法官开诚布公地说："肯定要查，我不能判决丁小红诈骗了自己的财产。"法官的坦诚让我平添了几分底气。

柳暗花明

2014 年 9 月 3 日，上海市宝山区人民法院召开丁小红诈骗案庭前会议，诉讼各方交换证据。2014 年 11 月 3 日、4 日及 2014 年 12 月 4 日、5 日两次开庭，庭审中，双方举证质证，对方证据目录中的主要证据之一竟然是顺通公司注册资金来源图及相关附件。我欣喜若狂，真是"踏破铁鞋无觅处，得来全不费工夫"。

该组证据明确显示顺通公司注册资金虽然来源于丁钢管理的浦鼎公司，但并非浦鼎公司自有资金，而是通过浦鼎公司和鼎兴公司过桥，最初来源于由丁育一手创立的巴鼎公司。

我在庭审中表扬诉讼代理人大公无私、实事求是，出示了本案关键证据，证实顺通公司注册资金并非顺通公司自有，也不是浦鼎公司财产，更不是丁钢提供，而是来源于丁育投资创办的巴鼎公司。至此，所有的诉讼实体障碍彻底解决，我们泰然自若地迎接丁小红诈骗案的最后一战。

我们本来顾虑江宪大律师曾全程参与了之前香港法院审理的丁氏家族财产纠纷案，掌握的证据资源比我们多，更有优势，然而关于顺通公司财产来源和归属，除了之前出示的顺通公司注册资金来源图及相关附件外，并没有充分组织其他相关证据。他们自己也认为顺通公司注册资金最初来源于巴鼎公司，但巴鼎公司究竟属于谁，并没有提供充分证据证实。对我们递交的关于巴鼎公司财产归属于丁育的大量证据，他们要么避而不谈，要么转移话题，要么随意解释。

庭审中，对方的王牌证据是公安机关委托上海公信中南会计师事务所出具的司法鉴定意见书，他们想要以此证实顺通公司系丁钢投资设立。

但这份所谓的司法鉴定意见书是上海市公安局宝山分局委托上海公信中南会计师事务所作出的，委托事项是顺通公司的"股东、股权和实际控制人"，这一委托显然超出了法律规定的范围。

根据《司法鉴定执业分类规定（试行）》（司发通〔2000〕159号）第9条，司法会计鉴定系运用司法会计学的原理和方法，通过检查、计算、验证和鉴证对会计凭证、会计账簿、会计报表和其他会计资料等财务状况进行鉴定。

司法会计鉴定的范围及对象仅是"财务状况"，指一定时期的企业经营活动体现在财务上的资金筹集与资金运用情况，而企业股东及经营主体的归属不是司法会计鉴定的对象。在我国，经济活动主体常由工商管理机关的审查、经济仲裁机构的裁定和人民法院的民事裁判来确定。

因此，该司法鉴定意见书依法不具有证据效力，其不仅未能成为支撑丁小红诈骗假案的"救命"稻草，反而显漏出侦查机关、会计师事务所违法操作、炮制假案的嫌疑。

法庭上，对方另一个撒手锏证据是丁小红签字的支付申请书及其相关的公证书。但公证书档案显示，该起公证的证明对象是支付申请书的复印件与原件一致，而公证书内容却成了丁小红在公证书上签字的真实性，完全偷换概念，转移了公证对象。而且，现有证据足以证实丁小红在这份支付申请书上签字时，公证人员并未在场。公证支付申请书复印件与原件一致，和公证支付申请书当事人签字属实，性质完全不同。质证过程中，我对该证据的荒谬性提出了异议。

好事多磨

两次庭审顺利结束，但一年过去了，宣判仍遥遥无期……我对承办法官及一审法院的信任开始动摇。这是我十分不情愿的。《中华人民共和国刑事诉讼法》（2012 年修正）第 202 条第 1 款规定："人民法院审理公诉案件，应当在受理后二个月以内宣判，至迟不得超过三个月。对于可能判处死刑的案件或者附带民事诉讼的案件……经上一级人民法院批准，可以延长三个月；因特殊情况还需要延长的，报请最高人民法院批准。"

一审法院一而再，再而三地向最高人民法院申请延期，辩护人等来的是最高人民法院一张又一张延期审理批准决定书。万般无奈之际，我一次又一次冒昧拨通主审法官的电话询问情况，语气中夹带着不满。可徐法官总是委婉、耐心又小心翼翼地向我解释。作为承办法官，她也一样着急，可案件已经逐级上报至最高人民法院。

经最高人民法院 7 次延期，庭审两年多后，2017 年 3 月 6 日，上海市宝山区人民法院通知辩护人丁小红诈骗案将于 3 月 9 日公开宣判。

案结事未了

2017 年 3 月 9 日，遭遇自己亲人的构陷，锒铛入狱的丁小红被宣告无罪，走出了看守所，这场令人痛心的煮豆燃萁之诉终于落下了帷幕。身后那座外方内圆，象征着法律的庄严和肃穆，但室内几乎见不到阳光的看守所，囚禁无辜的丁小红共计 1321 天。走出高墙的丁小红，已是满头白发……

就在丁小红获得自由的当天，我和李肖霖律师兴奋之余在酒店创作了小文《丁小红诈骗案遇到中国最棒的法官》，简述丁小红案无罪判决情况，由四川卓安律师事务所创办的"为你辩护网"代发；10 天后，我撰写《一位法官的坚守——上海丁小红诈骗案速写》一文，赞扬丁小红案主办法官和上海市宝山区人民法院，发表于本人的新浪博客。

一个月后，丁钢分别在上海市静安区人民法院和浦东新区人民法院就上述两篇文章对我和李肖霖律师以及四川卓安律师事务所提起名誉侵权诉讼，诉请法院判令我和李肖霖律师以及四川卓安律师事务所停止侵害、赔礼道歉、承担诉讼费等，要求法院判令我本人支付诉讼费等经济损失 40 余万元。案件正在审理中。

丁小红恢复自由，原来因刑事案件暂时中止的多起关于丁氏家族的财产纠纷，相继恢复审理。

对于我和李肖霖律师来说，帮助被告人赢了官司，自己却因此成为被告；对于丁小红来说，刚刚从刑事诉讼漩涡中解脱，又陷入民事诉讼的泥潭，而且泥潭深不可测……好在，丁小红活着出来了。

2017 年 3 月 17 日，上海市宝山区人民检察院以此案"事实认定、定性及适用法律均有错误"为由抗诉至上海市第二中级人民法院，经二审开庭审理，上海市第二中级人民法院于 2017 年 9 月 28 日作出终审裁定，驳回抗诉，维持丁小红无罪的判决。

生命和自由重于泰山，金钱和财富轻若鸿毛，就如那座耸立在陆家嘴、象征丁氏家族财富帝国的花旗集团大厦，无论其价值几许，任凭在谁的名下，都只不过是地球上一个钢筋水泥的永久堆砌物，与任何人的生命及自由都无关，日后谁也带不走一砖一瓦。

祝丁小红好运，愿这起煮豆燃萁的家族之争早日终结……

陈光武 于 2018 年 6 月 8 日

■ 评 议

本案是一个典型的家族财产争夺案，从根本上讲就是一个标准的民事确权纠纷，属于民事诉讼的典型案由，应由民事法庭审理。刑事法庭不能够代行民事法庭的职责，进行复杂的民事确权的审理，因为无论从程序法还是从实体法上讲，刑民法律都有重大的区别，刑事法庭审理民事案件在法律上处于无法可依的状态。

诈骗罪是指以非法占有为目的，用虚构事实或者隐瞒真相的方法，骗取数额较大的公私财物的行为。本案现有证据只能证实被告人丁小红与丁育、丁钢系同胞姐弟关系，丁育曾以投资房地产的名义向丁钢借款被拒，后丁小红为丁育向丁钢实际控制经营的顺通公司借款 1000 万元，双方办理借款手续。顺通公司向法院起诉丁小红归还借款 1000 万元，在法院审理过程中，丁小红通过委托的律师向法院提供伪造的证据，逃避债务。经查，该款主要用于还债、提现、划入丁育个人银行账户、支付律师代理费和西澳公司管理费、差旅费等。

虽然该款并未像丁育先前说的用于投资房地产，但此 1000 万元借款是丁小红所借，现有证据并不能证明她借款时有欺骗丁钢并将该 1000 万元非法占有的主观故意，因此诈骗罪在本案中并不能成立。

本案中，抗诉机关上海市宝山区人民检察院认为，丁小红和丁育借款时虚构事实，借款后用于其他用途，且在民事诉讼中伪造证据否认借款事实，企图将 1000 万元非法占有，即成立诈骗罪。事实上这是混淆了刑事诈骗和民事确权纠纷的界限。

丁钢和丁育的母亲方美华向法庭出示了这样一份书面证言：

面对着我的两个亲生儿子，我内心的痛楚和煎熬，外人是难以想象和感觉到的。但即使如此，我仍然十分坚定地要求向法庭作证，我要向法庭陈述事实，还事实以本来面目，将真相告白于天下。我也希望，能够用我的母爱和亲情唤回丁钢的良知，同时，也用事实劝诫丁钢如何做人，立足社会。

我是一个佛家弟子，多年来信奉行善积德，慈悲为怀。现在为了我的两个亲生儿子，不得不在我 80 岁高龄的时候，将过去我所经历的一些事说出来。我也犹豫过，因为手心手背都是肉。无论最终的结局如何，对我来说都是一件痛心的事。但是，外人在不了解事情经过的情况下，编造故事欺骗公众，如果我再不说出一些事情的真相，对不住我一直坚守的信仰和良心。

不管是佛教还是政府，都是讲事实的！事物都讲因果报应，做人也应该知恩图报，我相信公道自有人心。我真切地希望能在我有生之年看到他们两兄弟和好如初。

可以说，作为抚养二人长大的亲生母亲，在丁育和丁钢两兄弟之间发生的财产争夺诉讼当中，方美华的证词效力非凡。

不可否认的是，本案的审理有一个较为复杂的背景，从一审庭审结束后经最高人民法院七次延期，经过了两年多的时间才予以宣判就可以看出。但令人欣慰的是，本案一审的徐敏芳法官在该案拖延不决的时候，面对辩护人一次又一次的催促，总是耐心解释，并直言从来没有接到领导对这个案件的任何指示，并向辩护人保证，只要是她签字的判决书，就一定是经其内心确信依法公正的。一个法官敢于向辩护人作出这样令人信服的承诺，无疑是值得钦佩的。

终于，一审无罪判决于 2017 年 3 月 9 日正式到来，但原公诉机关上海市宝山区人民检察院于 3 月 17 日抗诉至上海市第二中级人民法院。面对这样一份经得起检验的无罪判决，上海市第二中级人民法院经开庭审理很快作出了驳回抗诉、维持原无罪判决的终审裁定。

"一次错误的判决，有甚于十次犯罪"，这是英国哲学家培根的著名论断。该原则的关键在于，一次犯罪仅仅是一次犯罪，而一次错判必将动摇法律以及道德的准星，模糊人们的是非观念，从而留下严重的后遗症，造成极为恶劣的社会后果。它牺牲的不仅仅是当事人的人身自由或生命，还有社会的公平正义以及人民群众对国家法律的信仰。这个代价是无法估量的。

万幸的是，丁小红案并未遭遇错误的判决，被有良知的法官和敢于坚守的律师挡住了。所以，辩护律师拯救的不仅仅是当事人的自由或生命，还有公众对法律的信仰和社会的公平正义。本案漫长的诉讼进程中暴露出来的种种问题，恰恰说明依法治国的道路还很长，刑辩律师肩上的责任很重。

被禁锢的十五年　如何寻回原本的自由
——新疆伊宁周远故意伤害、强制猥亵案

■ 回 顾

1991 年起，伊宁市不断发生妇女被侮辱事件，案犯夜潜民宅或学校，在猥亵女性后再用利器刺伤其下体，手段残忍、情节恶劣，此案被领导批示，要求从快侦破，从重惩处犯罪分子，但伊宁市公安局迟迟未能破案。

1997 年 5 月 17 日凌晨，距离周远一家居住的伊宁市三中家属院仅 30 米的三中女生宿舍再次发生伤害案，警方认定待业青年周远具备重大作案嫌疑。当天晚上 11 点，周远被办案人员带走调查，五天后被转入看守所。

周远称，从家里被带走后，他遭遇了连续四天的刑讯逼供。他说他被关进了一间"像地下室"的封闭办公室，被五六个警察轮流看守，隔壁甚至传来了清晰的审问犯人的声音。"他们想让我害怕。"周远猜测。他说，第二天起，刑罚就开始了：大背拷、用膝盖顶裆部、疲劳战……到了第四天，手段更是变本加厉。"想死的心都有了。"周远说刑讯从上午持续到午后，他承受不住，就认罪

了。后来意识到情节严重，他曾试图吃掉一份笔录，结果又换来一顿拳打脚踢……

周远就这样失去了未来。

伊犁哈萨克自治州人民检察院伊犁分院于 1997 年 12 月 5 日提起公诉，指控从 1994 年 9 月至 1997 年 5 月发生的八起伤害女性事件是周远所为。

新疆维吾尔自治区高级人民法院（以下简称"新疆高院"）和新疆维吾尔自治区高级人民法院伊犁哈萨克自治州分院（以下简称"伊犁分院"）曾两次以"事实不清，证据不足"发回重审，但周远两次都被判了重刑——第一次是死缓，第二次则改判为无期徒刑。2011 年新疆高院再审，又将无期徒刑改为有期徒刑 15 年，认定的事实也从起诉书中指控的八起减至两起。

2012 年 5 月 22 日，失去自由 5482 天、已经 42 岁的周远办完所有出狱手续，花了将近 200 块钱为狱友们买了方便面、瓜子和可乐，然后和他们握手道别，走出监狱大门。

刑满释放的周远回到家，母亲李碧贞将他带至父亲周佩的遗像前，说："你和你爸说一下吧。"周远想起最后一次见到父亲是 2006 年 6 月，与往常并无不同，而这久违的又一面让周远站在遗像前憋了五分钟都说不出话来。"这个孩子傻掉了！"李碧贞笃定地想。

大概不能用"傻了"来形容周远。再见到外面的世界时，他才发现早已"换了人间"，时代的迅速变化使周远完全无法应对，但申诉仍要继续。

2016 年 11 月 18 日，经过多方努力，最高人民法院以"据以定罪量刑的证据不确实、不充分"为由指令新疆高院对周远案进行再审。2017 年 11 月 30 日上午，伊犁州分院第二次再审宣判，以该案事实不清、证据不足改判周远无罪。

　　宣判无罪那几日，伊宁上空开始飘起稀稀拉拉的小雪。城市沉浸在冬日的肃杀气氛里，天空昏暗，树木枯黄。那些最终掉落到地上的雪，有些化为了流淌的水，有些则混着泥土结成了冰。如果留下脚印，那么在下个晴天来临之前，痕迹都不会消失。

　　"如果没有自由的话，生命就没有意义了，活着就等于是会活动的肉。"

——周远

■ 控　诉

伊犁哈萨克自治州人民检察院伊犁分院
起诉书

伊地检刑诉字（1997）第 71 号

　　被告人周远，男，汉族，现年 27 岁，中专文化程度，无业，住伊宁市三中家属院。1997年5月22日因流氓伤害一案被伊宁市公安局刑事拘留，同年8月5日经伊宁市人民检察院批准逮捕。无前科，现在押。

被告人周远流氓、伤害一案业经伊宁市公安局侦查终结，于1997年8月15日移送伊宁市人民检察院审查起诉，伊宁市人民检察院根据案件管辖，于1997年9月26日移送我院审查起诉。经审查查明：

1996年12月6日晚，被告人周远潜入伊宁市三中女生宿舍，用刀割烂女生李甲短裤，用刀刺伤李甲阴部。经医生诊断，李甲阴道侧壁裂伤深达穹隆部，最终失血性休克。

被告人又将同宿舍的女生赵某某穿的毛裤、线裤、短裤割烂后，用刀子刺伤赵某某的阴部，伤情长达2cm，伤口周围可见2.5cm×3.5cm陈旧性血肿。

1996年4月21日晚，被告人周远携带作案工具窜入伊宁市三中女生宿舍，把灯拉灭后，用刀子捅女学生李乙的阴部，捅伤后，李乙拼命反抗，十分钟后，李乙痛得晕了过去，同宿舍的女生吴某发现后，用凳子砸了周远，被告人还用刀子逼吴某后才离去。

1995年11月11日晚，被告人周远携带作案工具进入伊宁市三中校内女生宿舍，割烂女学生张某英的内裤，用刀子刺伤其阴部，被同宿舍女生发现后，被告人翻窗逃走。

1994年9月28日晚，被告人周远携带作案工具窜到农四师一中院内，潜入女生宿舍，用刀子捅伤女学生张某的阴部，经医生鉴定诊断，共有5点裂伤，左侧小阴唇有0.5cm破口，阴道后壁撕裂伤，创口长3cm，缝合三针。

1995年9月底，被告人周远潜入方某所住农四师一中106女生宿舍，用刀子割破其内裤，将其阴部捅伤后逃跑，经军区医院及农四师一中医务所诊断，其阴道创伤约 1.5cm，创伤边缘整齐。

1996 年 12 月 25 日晚，被告人周远窜入伊宁市三中女生宿舍，手持匕首，双手按住女生朱某玲的胳膊，用刀子刺进了朱某玲的手臂，朱某玲踢了周远一脚，被告人周远被踢后碰在房内的炉子上，发出了响声才离去。

1996 年 1 月和 6 月，被告人周远携带作案工具进入伊宁市三中女生宿舍，撬门骚扰，被发现后逃离现场。

1997 年 5 月 17 日晚，被告人周远携带 40cm 长螺纹钢筋、匕首、手电筒等作案工具，潜入伊宁市三中女生宿舍内，摸女学生王某的上身及阴部，并割烂其短裤，为达到其性快感，用刀子捅伤王某阴道、外阴、膀胱等，造成其尿失禁，经法医鉴定，其伤情为重伤。

上述事实有现场勘查图、勘查笔录，录像带，被害人的证言，辩认笔录，被告人作案时所画地图在卷为证，被告人也供述在案，事实清楚，证据确实充分，足以认定。

本院认为，被告人周远无视国家法律，流氓成性，惨无人道，多次摧残无辜女青年，其行为已触犯了《中华人民共和国刑法》第 234 条、第 237 条关于伤害罪及猥亵、侮辱妇女罪的规定，且情节严重、手段残忍。为打击犯罪，维护公民的人身权利和妇女的身心健康，特向你院提起公诉，请依法判处。

此　致

伊犁地区中级人民法院

伊犁哈萨克自治州人民检察院伊犁分院

一九九七年十二月五日

■ 辩　护

2015 年 10 月，王兴律师开始介入周远的案件，他曾说在参与此案的两年多时间里，除了反复查阅案卷资料、找原来的当事人调查取证、和法院承办人沟通外，其实没有做更多的工作。"我的主要作用还是陪伴，陪李碧贞阿姨还有周远一起忍受时间的碾压。"

事实上，辩护人所付出的努力远远不止这些，仅仅是再审程序的启动就耗费了诸多心血。2015 年 11 月 16 日，为周远代理申诉的王兴律师给新疆高院审判委员会写了一封公开信。

尊敬的木太力甫·吾布力院长并各位审判委员会委员：

本人系贵院受命复查的周远故意伤害、强制猥亵妇女案当事人周远的申诉代理人，北京泽博律师事务所王兴律师。这一已经再审过一次的案件自最高人民法院 2013 年 6 月再次指定贵院复查至今已经两年有余，而今已近形成复查结论上报最高人民法院的关键时刻。虽然不是法律明确规定的申诉程序，而是所谓法院内部的复查程序，但作为代理人，仍深感有必要于此时向各位法官陈言如下，恳请以当事人的自由和清白为念，拨冗一阅。

因为伊宁市从 1994 年至 1997 年接连发生的多起中学女生夜间在宿舍内被凶手潜入猥亵、伤害案件，家住伊宁市三中家属院的周远（实际上，其所有身份证明上的名字始终是"周易"，只是日常生活中以"周远"称呼）于 1997 年 5 月 17 日因涉嫌猥亵妇女、故意伤害被抓，并于 1998 年 5 月 20 日一审判处死刑，缓期 2 年执行；1998 年 12 月 2 日二审发回重审；1999 年 4 月 8 日二次一审判处无期徒刑；1999 年 5 月 13 日二次二审发回重审；1999 年 11 月 12 日三次一审判处死刑，缓期 2 年执行；2000 年 11 月 9 日第三次二审终审改判无期徒刑，将认定的犯罪事实改为五起。

判决后，周远及其亲属不服，申诉两次均遭驳回。2010 年 12 月，在中央政法委及国家信访局批转申诉材料后，新疆高院决定再审，并于 2011 年 12 月 13 日做出再审判决。但再审并未认定周远无罪，依然认定周远故意伤害罪、强制猥亵妇女罪成立，只是认定的犯罪事实又由五起减为两起，量刑则由无期徒刑改为 15 年有期徒刑。此时距其服刑期满已不足半年。

周远案已经引起了公众及媒体的广泛关注，财新网、凤凰卫视等权威媒体均有报道。该案成为与呼格吉勒图案、聂树斌案等一样的焦点案件。这几个案件所反映出来的如出一辙的冤案形成过程让人唏嘘不已，不同的是，周远还活着，这是呼格吉勒图和聂树斌所没有的幸运。

但这份幸运对周远而言却非常沉重，已经刑满出狱的他，要面对自己已经毁掉的人生，要面对为帮自己伸冤而奔波十几年、吃尽苦头的老母亲，要怀着对伸冤路上病逝的老父亲的歉疚，顶着"流氓""罪犯"的帽子艰难地度过余生。

往事不愿再提，现实却很残酷。生活所迫，现在周远只能去很远的地方打小工，干些力气活，还要麻烦老母亲继续帮自己申诉喊冤，在等待和无奈中煎熬，守望那份遥不可及的正义。

此案已在贵院辗转多年，三次二审，三次申诉审查，一次再审审判，而今又第四次因最高人民法院的指令而复查。作为代理人，我有理由相信，以贵院法官的专业素养和审判经验，对案件中存在的诸多严重问题应该比代理律师还要清楚。此案纠错的障碍不在案件本身。

周远案和其他冤案没什么区别，问题都是那么几条：严重的刑讯逼供；没有被害人和证人的指认；没有毛发、血迹、指纹、脚印……没有作案工具；没有起获赃物；仅凭口供定案。就连一直被公诉机关拿来作为说辞的所谓周远指认现场的录像，也存在着许多侦查人员或明示或暗示的各种引诱。所谓的"口供"，与被害人、证人的陈述有许多矛盾，与现场有许多不一致。对此，每一次庭审时各位辩护律师均有论述，就不在此赘述了。

周远案与呼格吉勒图案有相同的地方。呼格吉勒图案"真凶"出现，最终呼格吉勒图沉冤得雪。周远案也有一个"真凶"。周远案涉及的犯罪，是一种少见的类型化的连环犯罪，凶手在深夜以年轻女性特别是年轻女学生为特定目标，以猥亵、伤害女性下体为手段实施犯罪，间有盗窃行为。这种连续发生在一地的极具个性化特点的犯罪基本上都是一人所为，而且行为人呈现精神病态。但是，在周远1997年5月17日被抓之后，伊宁市仍然不断有类似案件发生。1997年7月就发生了一起，还导致了受害女性死亡。据当地电视台的报道，仅1998年6月至8月就有五起猥亵、伤害妇女的案件发生，而且手法雷同。直到1998年8月24日，曾因流氓罪被判过刑的男子霍勇被抓获以后，这类案件才绝迹。警方在霍勇住处搜出了各式剪刀20余把，手电筒17个，刀具3把，以及BP机等大量赃物（在周远家却一无所获）。当时警方的消息是霍勇供述其自1991年以来共实施作案30余起。两个案件由同一批侦查人员侦办。但最终法院判决霍勇死刑所认定的犯罪事实全都是发生在周远被抓之后的。当然，霍勇是否是周远案的真凶，因为掌握信息的局限，代理人无法从逻辑上做出确定的判断，但是，这至少能让人对周远案产生巨大的疑问。被害人所在学校（周远住所所在的学校）的副校长龙某在再审法庭上作证说，周远案侦查人员余某向其承认"哪有不打就招的"。在周远被抓后又有类似案件发生，龙某问公安人员是不是抓错人了，当地公安局刑警队长关某又让其转达周远父母赶紧申诉。这些足以让我们形成一个难以排除的合理怀疑——周远案另有真凶。

霍勇的出现，极大地增加了周远案的疑问。但是，从法律上讲，即便霍勇不出现，我们也完全有理由说周远案是一个错案，是一个冤案。本案定罪证据是完全达不到确实充分的标准的，也是违反了"仅凭口供不能定案"的基本原则的。

因为家属持续不断的申诉喊冤，并且向时任中央政法委书记写信反映情况，该案得到了中央政法委和国家信访局的批转，才促成了2010年的再审。之前，贵院已经两次驳回了当事人及家属的申诉请求。

但很遗憾的是，这次的再审，无疑是应付上级压力的无心之作，交差了事，无心纠错。如此宝贵的机会，却用来以新的错误掩盖旧的错误。

首先，这次再审完全对刑讯逼供视而不见。虽然侦查人员在侦查过程中存在严重的违反程序行为，周远能详细具体地陈述刑讯逼供的过程及细节，证人龙某也出庭作证，证明警察曾向其亲口承认审讯过程中存在暴力殴打等刑讯逼供行为，但法院在再审判决中对刑讯逼供问题进行了回避，依然采信周远的庭前供述，认定其构成犯罪。

其次，对于原判认定的五起犯罪事实，再审判决称"本院终审判决所认定被告人周远实施的五起犯罪事实，没有收集到指纹、脚印、毛发、作案工具等直接证据"，以证据不足为由否定了三起，却话锋一转，"认定的第三起犯罪事实……第五起犯罪事实为周远所为"，认定了其中的两起，依据的证据却没什么两样，还是拿周远的庭前供述作为依据。可周远庭前供述里对这五起全部进行了

"供认"，甚至供认了更多。这样的判决能让谁信服？法院做出这样判决的勇气何在？

为什么没有改判无罪？肯定不是法官业务水平差，而是他们顾虑多，他们顾虑作出无罪判决后"法院的名誉怎么办"，"原来的审判委员会领导怎么办"，"原来判案的法官怎么办"，"那边的公诉机关怎么办"。考虑得周到全面，唯独不在乎不改判无罪"冤枉了周远怎么办"。此次贵院复查，承办法官肯定又要多些顾虑——"上次再审判决的法官怎么办"，"上次再审判决的审委会领导们怎么办"，"再审之后再再审，法院的名誉怎么办"。相较之下，"蒙冤一辈子的周远怎么办"依然是个无足轻重的因素。恻隐之心偶尔会动一下，但难以撼动法官们的"大局观"。

可是，这些顾虑真有那么沉重吗？真的重到可以战胜法律、正义和良知吗？无罪判决真的会是贵院不可承受之重吗？浙江省高级人民法院平反"张氏叔侄"案，天塌了吗？内蒙古自治区高级人民法院平反呼格吉勒图案，地陷了吗？福建省高级人民法院平反吴昌龙案、念斌案、陈夏影案，法院关门了吗？司法系统地震了吗？都没有。这些法院得到了社会的赞许，这些法院更加让民众信赖。知错就改，无论何时何地都不会是缺点，有错不改、错上加错才是最为透支司法公信力的下下策。请不要再有任何推脱的想法，守土有责，在其位就当谋其政，现在周远案纠错的责任落到了各位法官的肩上，不能再拖下去了。

代理人不再多言，再次恳请各位法官，尽快向最高人民法院汇报周远案应当再审的复查意见，并尽快依职权启动审判监督程序，再审周远案，还其清白。谢谢！

致法律人的敬礼！

左起：辩护人刘征、周远、母亲李碧贞、辩护人王兴

　　所幸这封公开信还是起到了令人意想不到的积极作用，经过多方的不懈努力，2016 年 11 月 18 日，最高人民法院终于启动对周远案的再审。2017 年 8 月 25 日上午，周远案在新疆高院进行第二次再审，辩护人王兴发表如下辩护意见。

　　今天我们终于等到了周远案再审的日子，为了纠正这个明显存在错误的案子，当事人付出了巨大代价，司法资源、社会资源也消耗甚巨。这个案子需要我们的司法制度和司法机关认真检讨。

　　在周远服刑期间，其母亲一直为其奔走呼吁，不断喊冤求告，也有一茬一茬的律师接力帮助她为周远辩护。本辩护人在其申诉的后期感念其异乎常人的坚守，更坚信该案确实存在无法回避的证据和事实认定的严重错误，而义务帮其申诉，在最高人民法院指令再审后，继续接受周远的委托而担任其再审阶段的辩护人。当然，我们要为周远做无罪辩护。理由简述如下：

一、本案指控证据存在致命的缺陷，无法形成完整的证据链，达不到认定标准

虽然本案看上去有被害人陈述、证人证言、现场勘验笔录、法医鉴定等证据，品类齐全、证据充分，和被告人供述一起构成了完整的证据链，但是，只要知道这些证据的内容，就不难发现，本案实质上完全是凭口供定案的荒唐案件，除了被告人口供之外，没有任何证据是能和被告人周远联系上的。

1. 没有任何能证明或者印证周远作案的物证，特别是指纹、脚印、毛发、唾液、DNA 等包含周远生物信息的证据。原再审出庭检察员解释说是现场没有发现。但是，如果被告人供述、被害人陈述、证人证言是真实的，则犯罪嫌疑人并不是一个非常小心、严谨的"完美犯罪"实施者，其不戴手套、不脱鞋、不戴口罩、不穿鞋套、用手摸受害人、用工具弄破被害人的内裤、用手翻包、在房间内摸捡东西扔砸等，其行为是很随意、随机的。虽然侦查机关在当时技术手段有限，但所有指控的这么多起犯罪活动一无所获，这本身不就是问题吗？所有的犯罪工具全都扔掉了，也全都找不到，这也正常吗？这不足以让办案人员警惕吗？这不足以让法院在认定被告人有罪的时候感到心虚吗？

2. 所有被害人陈述、证人证言均无法指向被告人周远。不管是原起诉书指控的八起犯罪事实还是原再审认定的两起犯罪事实的被害人及证人，都没有对周远进行辨认指认。被害人对嫌疑人的指认在国内外都存在可靠性严重不足的问题，是冤错案件发生的重要原因之一。本案中没有进行任何辨认，即便 1997 年 5 月 17 日那起案件案发到周远被羁押的时间相隔很短，即便卢某等证人还与嫌疑人

发生过近距离搏斗，但是，在案证据里一次辨认也没有，是侦查机关疏忽还是组织辨认但是失败了，这大概只有当年的侦查人员最清楚了。另外，这些证人证言中虽然都多多少少、准确或不准确地提到了嫌疑人所具有的一些特征，但这些说法无一能锁定嫌疑人是周远，而不是其他人。倒是有证人提到嫌疑人有狐臭、嫌疑人像食堂王师傅、嫌疑人有大胡子等特征，是明显排除周远嫌疑的证据。

3. 周远的庭前供述存在无法排除的非法获取的严重怀疑，不能作为定案依据。实际上，支撑公检法机关这么多年来反反复复认定周远有罪的就是周远的所谓认罪供述。虽然 1997 年还没有明确的非法证据排除制度，但 1996 年修改后的《中华人民共和国刑事诉讼法》明文规定"严禁刑讯逼供和以威胁、引诱、欺骗以及其他非法的方法收集证据"。

（1）侦查机关在没有任何证据指向周远的情况下就违法限制周远人身自由，对其实施刑讯逼供。在案指控证据中没有体现侦查机关锁定周远为嫌疑人的缘由。是证人龙某的证言证实，公安机关在伊宁市三中调查时有人反映周远有偷偷摸摸的习惯。这些信息可不可以成为公安机关将周远列入怀疑对象的理由？辩护人认为是可以的，可以把他列入潜在嫌疑人。但是，这些线索并不足以将周远与案件联系起来，更不能证明周远实施了犯罪，侦查机关只能进一步进行外围排查，搜集其他可以证明周远实施了犯罪的证据，而绝不能直接对周远采取强制措施。侦查机关的做法不仅违反了认知规律，更直接违反了法律规定。这种粗暴的违法办案方式，注定了冤案的结局。本案中，在只是捕风捉影地了解到一些并不确定的周远的所谓劣迹的时候，侦查机关就在 5 月 17 日急不可耐地直接将周远带到公安机关地下室非法审讯，直到 5 月 22 日才出具刑事拘留的手续。

（2）周远自己对讯问过程的陈述，非常明确具体地说明了对其实施刑讯逼供的人员、时间、地点、方式以及对其指供、诱供的方式和过程，真实可信，没有违背逻辑的不合理之处，更得到了证人龙某证言的印证。侦查机关在没有证据支持的情况下恶意违反法定程序、没有合法手续、不在合法羁押场所办案，本身就表明他们没想依法正常讯问，加之周远对刑讯逼供的陈述以及证人证言的佐证，我们完全可以认定本案侦查机关对周远的刑讯逼供是确定的事实，而不仅仅是一种怀疑。

（3）所谓侦查人员的出庭作证以及侦查机关出具的情况说明并不能排除刑讯逼供的怀疑。

（4）从供述的客观性看，周远在侦查阶段的供述完全不能排除掌握案情的侦查人员指供的可能。原再审出庭检察员提出周远供述用螺纹钢筋捅被害人后，又于1997年5月21日自行改为用匕首，且侦查人员在5月20日还曾问周远为什么用螺纹钢筋伤害被害人，试图说明这完全是周远自行供述而非侦查人员诱导。可综合本案证据，检察员的这一说法并不能成立。被害人王某的证言中并未提及自己的伤是被什么凶器所致，明确是锐器伤的伤情鉴定作出时间为1997年7月14日以后。这也就意味着在5月19日、20日，侦查人员无从知晓作案工具，而20日之后随着受害人接受治疗，侦查人员完全有条件从医护人员那里了解到受害人受伤的情况。

（5）在不具备合法性的前提下，在完全不能排除侦查人员利用已掌握的案件信息对被告人指供的可能性的情况下，被告人的庭前供述已经完全没有与其他证据进行印证的价值。前面的所有辩护人都详细对比分析了被告人供述与被害人陈述及证人证言之间的矛盾之处，因此今天我们便不在此问题上多费唇舌。

二、2011 年再审认定的 1996 年 12 月 6 日强制猥亵妇女及 1997 年 5 月 17 日故意伤害的两起犯罪事实都是不能成立的

原生效判决将原本认定的八起犯罪事实改为五起，在两次驳回申诉后，2011 年的再审判决又改为认定两起成立，构成两个罪名，却没有解释总体的证据体系一致的情况下，为什么其余三起就是证据不足，而这两起就足以认定。但仍然要强调的是，这两起指控同样存在证据上的严重缺陷，同样没有任何被告人口供之外的其他能指向周远的证据，也是不能成立的。

1. 周远指认现场的录像并不能证明指控成立，却完全可以证明侦查机关违法办案、指供、诱供。只要查看一下这个录像就不难发现，录像存在明显的剪切和缺失问题，关键环节被隐匿了；周远在指认过程中迟疑、犹豫、困惑，总是在等待指示，在试探办案人员的态度以确认自己的动作是不是达到要求，这表明周远根本就不知道犯罪嫌疑人是如何实施犯罪的，甚至对自己之前如何供认都没有印象，如果真是自己实施的犯罪，是不可能有这样一种表现的；办案人员更是无数次诱导周远做出选择，甚至在周远指认与之前供述不一致时反复提醒直到周远改变指认。

2. 周远被抓后伊宁市还不断发生类似案件的客观事实，使得真凶另有其人的合理怀疑完全无法排除。周远被抓后，当地仍不断发生类似案件，据当地电视台报道，1998 年 5 月 1 日某羊毛衫厂、6 月某中专学校、7 月 20 日某水泥厂驻伊办事处、8 月 21 日阿依东街二巷等先后发生女性内裤被剪或下体被捅伤的案件。但是，这种明显与犯罪嫌疑人特殊的变态人格有关联的特殊作案手法，出现在同一地方的话，基本都是同一人所为，就像甘肃白银发生的连环杀人案一样。周远被抓后此类案件仍不断出现，而周远案案发前后并

没有媒体大量报道，使得有人模仿作案手法的可能性不大，那就意味着真凶另有其人的可能性非常大。我们都知道霍勇后来被抓获，也起获了大量作案工具及赃物，他的案件应该已经达到定罪的证据标准。当然，从目前在本案中的证据材料来看，我们无法确认霍勇是本案的真凶，但媒体报道中曾强调霍勇所实施的 34 起犯罪行为有十几起是发生在 1997 年之前的，因此，我们有充分的理由怀疑本案的相关犯罪行为可能是霍勇所为，而检察机关的指控证据显然无法排除这样的合理怀疑。

三、不反思审判中存在的问题，就不能避免像周远案这样的冤错案件的一再出现

周远案的第一次审判，证据上、程序上的问题就已经暴露，但是审判人员并没有针对这些问题作出正确判决。在领导对该案予以关注并作出批示的情况下，"限期破案"的压力不仅逼迫侦查机关胡乱寻找嫌疑人，而且显然也让法院丧失了对法律原则的坚守。法律明确规定"重证据，重调查研究，不轻信口供"，可司法人员却完全无视侦查机关严重违反程序规定的事实，自欺欺人地相信侦查机关所谓文明办案的单方解释，执着于所谓口供与证人证言的"相互印证"，来说服自己相信周远就是凶手。在证据体系的缺陷如此明显的情况下，审判委员会的资深法官们仍能轻松随意地对嫌疑人判处"死刑""死缓"这样严重的刑罚，即便有人提出"案件仍有疑点，判决应当留有余地"，仍然不足以让这些司法者冷静下来思考是不是可能让一个无辜的人受冤。

这样明显的问题在后面的二审、重审、二次二审、申诉、再审等反反复复的诉讼程序中完全得不到纠正，司法制度几乎丧失了自我纠错的能力。试问有几个嫌疑人能运气好到有一个坚持喊冤 20

年的妈妈？

　　我们当然相信今天的再审能给周远一个无罪的结果，能洗刷他的冤屈。我们当然着眼于周远的命运，为周远庆幸、为周远高兴。但是，我们不得不超脱于这个个案看问题，如果没有深层次的反思，那制造冤案的流水线就停不下来，偶一为之地纠正几个陈年错案根本无济于事。司法机关，特别是人民法院，有没有从周远案中真正吸取教训？能不能把被告人的自由和清白放到高于部门利益、个人得失的位置上去？这些都做不到，那周远最宝贵的 15 年青春，就是白白牺牲了。

　　以上意见供合议庭参考。谢谢。

北京泽博律师事务所

王兴、刘征

再审辩护人王兴、刘征及原审被告人周远

■ 审 判

新疆维吾尔自治区高级人民法院
刑事判决书

（2016）新刑再 3 号

本院原再审判决认定两起事实：①1996 年 12 月 6 日晚，被告人周远潜入伊宁市三中女生宿舍，抠摸并用刀捅伤熟睡中的女学生李甲、赵某某阴部，致李甲阴道壁裂伤深达穹窿部，失血休克，致赵某某阴道壁裂 2cm。②1997 年 5 月 17 日凌晨，被告人周远携带螺纹钢筋、匕首、手电筒潜入伊宁市三中女生宿舍，抠摸熟睡中的女学生何某，被发现后从地上捡起一双鞋扔向宿舍内学生。后周远又撬开 8 号宿舍门，抠摸熟睡中的王某，并用匕首把王某的短裤从裆部割烂，王醒后呼叫，周远便用匕首捅了王某阴部一刀，然后离开。经法医鉴定，王某系外阴、阴道壁、膀胱割裂伤，留有尿失禁后遗症，伤情为重伤。据此，本院原再审认为，周远的行为构成强制猥亵妇女罪和故意伤害罪，且手段恶劣，犯罪情节特别严重，社会影响极其恶劣。原判认定其构成强制猥亵、侮辱妇女罪不当，应认定为强制猥亵妇女罪，判决维持对周远犯故意伤害罪的定罪，撤销对周远犯强制猥亵、侮辱妇女罪的定罪和量刑，改判周远犯故意伤害罪，判处有期徒刑 10 年，剥夺政治权利 1 年；犯强制猥亵妇女罪，判处有期徒刑 5 年；决定执行有期徒刑 15 年，剥夺政治权利 1 年。

再审期间，原审被告人周远提出，原审判决据以定罪量刑的证据不确实、不充分，证明案件事实的主要证据之间存在矛盾，不能认定其有罪，请求撤销原判，作出其无罪的判决。主要理由是：①关于 1996 年 12 月 6 日的案件，两被害人的陈述与周远的供述矛盾百出；两被害人的陈述虚假，无法查证属实，不能采信；没有一个被害人指认周远实施犯罪；本案没有任何物证证实周远犯罪。②关于 1997 年 5 月 17 日的案件，该案据以定罪的证据之间的矛盾不能合理排除。③指认现场的录像反映侦查人员存在暗示和诱导，不能印证周远的有罪供述真实可信。④周远被抓后，此类案件还在发生，直到后来霍勇落网，犯罪活动才终止。因此，周远只不过是霍勇部分犯罪的"替罪羊"。

原审被告人周远的辩护人提出：①本案指控证据存在致命缺陷，无法形成完整的证据链，达不到认定标准。其一，没有任何能够证明周远作案的物证。指纹、脚印、毛发、唾液、DNA 等包含周远生物信息的证据未提取，犯罪工具亦未找到。其二，被害人及证人均未对周远进行辨认指认，被害人陈述及证人证言均无法指向周远。其三，周远的有罪供述存在无法排除的非法获取的严重怀疑，不能作为定案依据。②原判认定的两起犯罪事实均不能成立。其一，周远指认现场的录像并不能证明指控成立，反而可以证明侦查机关指供、诱供。其二，周远被抓后当地还不断发生类似案件，使真凶另有其人的合理怀疑无法排除。综上，请求再审宣告周远无罪。

新疆维吾尔自治区人民检察院出庭检察员认为，原判认定原审被告人周远犯故意伤害罪、强制猥亵妇女罪的事实不清、证据不足，现有证据不足以认定周远构成犯罪。①认定周远 1996 年 12 月 6 日晚，对被害人李甲、赵某某进行猥亵，并捅伤两名女生的事实证据存疑，猥亵女生的证据仅有被告人供述，未得到在案其他证据的印证，不能认定为强制猥亵妇女罪。②认定周远 1997 年 5 月 17

日凌晨进入被害人王某宿舍，抠摸熟睡中的王某，并用匕首将王某的短裤割烂，王某醒后呼叫，周远用匕首捅刺王某阴部后逃离现场，而周远供述的案件细节与被害人陈述存在无法排除的矛盾。因此，认定周远故意伤害罪的证据之间不能相互印证，未能形成证据链，不能认定其构成故意伤害罪。③目前在案证据无法反映出公安机关在侦查阶段有刑讯逼供的现象。

经再审查明，1996 年 12 月 6 日晚，伊宁市三中女学生李甲、赵某某在熟睡中被人用刀捅伤阴部，致李甲阴道壁裂伤深达穹窿部，失血休克，赵某某阴道壁裂 2cm。1997 年 5 月 17 日凌晨，伊宁市三中女学生何某、王某在熟睡中被人抠摸阴部，王某被人用刀捅伤阴部。经伊宁市公安局法医鉴定，王某系外阴、阴道、膀胱刀刺伤，伤情构成重伤。

上述事实，有报警案件登记表、被害人李甲、赵某某、何某、王某的陈述，证人李某、周某某等的证言，现场勘验笔录，医院出具的医疗证明、伤残鉴定证明和法医学人身伤害检验鉴定意见，周远的供述和辩解等证据证实，本院予以确认。

原判认定上述两起案件系原审被告人周远所为，没有确实、充分的证据予以证实。具体评判如下：

一、周远被确定为犯罪嫌疑人时无任何证据指向其与本案存在关联

1. 1999 年 4 月 6 日，原伊犁哈萨克自治州人民检察院伊犁分院检察员向侦查人员调查破案经过时，两侦查员称，根据伊宁市三中两老师反映周远有偷窥女厕、夜不归宿和半夜在校园乱窜的毛病，遂传唤了周远，后周远交待了犯罪事实。因此，周远被抓获之前，公安机关并未掌握其实施本案犯罪的证据或线索，仅是因为其有不良行为习惯被怀疑实施犯罪而到案。

2. 1997年5月17日的案件发生后，被害人和同宿舍学生对作案人的体貌特征均有描述，也有被害人何某证实作案人像"食堂姓王的大师傅"，但是案卷中未见公安机关排查犯罪嫌疑人的记录，也未见被害人及相关学生对周远进行辨认的笔录，无法将周远确定为被害人和证人反映的作案人。

综上，对辩护人提出没有经过被害人及证人辨认犯罪嫌疑人、没有任何证据指向周远犯罪即将周远抓获的意见，本院予以采纳。

二、认定周远的犯罪事实只有其有罪供述，缺少直接指向其作案的证据

1. 报警案件登记表、伊宁市公安局法医学人身伤害检验鉴定书、被害人陈述、证人证言等证据，只能证实伊宁市三中女生李甲、赵某某、何某、王某被猥亵、伤害案件的发生，不能证实周远实施了该犯罪行为。

2. 1997年5月17日案件的被害人何某、王某和证人李某等目击了作案人，但均未指认系周远所为。

3. 李甲、赵某某被侵害案中，周远未供述作案工具的来源，其供述作案后将作案工具扔在马路上，但未能提取；何某、王某被侵害案中，周远供述将作案工具扔到了屋顶，但公安机关在案发当天的现场勘查或此后对其住所搜查中并未起获作案工具。故周远供述的相关内容未得到印证。

综上，对周远及其辩护人和检察机关提出本案没有能够证明周远实施犯罪的证据的意见，本院予以采纳。

三、周远的有罪供述真实性存疑，且难以排除指供、诱供等以非法方法获取口供的可能性

1. 周远的供述不稳定。关于是否实施犯罪，在侦查阶段对1996 年 12 月 7 日的事实供认过两次，对 1997 年 5 月 17 日的事实供认过三次。但是在后续的预审、审查起诉、审判阶段均全部否认犯罪。

2. 周远对一些重要情节的有罪供述前后不一。关于 1996 年 12 月 6 日的案件，周远在 1997 年 5 月 21 日侦查阶段不是按照先后顺序供述作案行为，而是供述第二起伤害猥亵行为后，在侦查人员追问下才供述当日之前还伤害猥亵了一人。关于 1997 年 5 月 17 日的案件，周远对作案手段的三次供述不一致，5 月 19 日供称"用手指捅"被害人下身，5 月 21 日称"用钢筋桶的"，6 月 10 日又改称"用刀子捅的"。

3. 周远的有罪供述与害人陈述、证人证言、现场勘查笔录等在案其他证据存在多处重大矛盾。关于 1996 年 12 月 6 日的案件，周远供述作案时撬门而入，而实际情况是门未上锁，门锁完好；周远供述宿舍内有四张高低床，而实际情况是三张高低床；周远供述拿出匕首威胁被害人并摸其下身，而被害人未提及被威胁、猥亵，称早晨睡醒后才发现自己受伤；周远供述背上挨了他人砸的一板凳，而被害人和证人未提及宿舍有人拿凳子砸作案人；周远未提及盗窃箱子中的财物，而被害人陈述箱子中的钱丢了。关于 1997 年 5 月 17 日的案件，周远供述其进入 7 号、8 号宿舍作案，而实际宿舍号是 12 号、16 号；周远供述被害人何某宿舍只有 4 个女生在，而实际情况是宿舍住了 10 个人；周远供述被害人王某宿舍中间横着一张高低床，而实际情况是宿舍中间没有横放的床；周远供述其动手

摸被害人的身体，被害人王某呼叫并用脚踢作案人，而两被害人未提及被猥亵，被害人王某亦未提及用脚踢作案人，称自己是疼醒的。

4. 周远供述的一些关键情节"张冠李戴"。关于 1996 年 12 月 6 日的案件，周远供述被板凳砸的情节，实际上出现在原判未予认定的 1996 年 4 月 21 日李乙被侵害案的证人证言中。关于 1997 年 5 月 17 日的案件，周远供述被害人起来用脚踢的情节，实际上出现在原判未予认定的 1996 年 12 月 31 日朱某玲被侵害案的被害人陈述中。对于何某、王某被侵害案，案发时间是 1997 年 5 月 17 日，周远于 1997 年 5 月 19 日即作了供述，事隔仅有两天，其对一些关键情节的供述却"张冠李戴"，不合常理。

5. 周远的有罪供述不能排除指供、诱供的可能。经审查公安机关的讯问笔录以及侦查人员出庭所作的说明，没有发现侦查人员在讯问中实施刑讯逼供的证据。但是，周远在供述中多次否认犯罪，其有罪供述与在案其他证据存在矛盾，指认现场视频中多次出现周远指认错误时侦查人员追问和提示的情形等，故不能排除存在指供、诱供的可能。

综上，对周远及其辩护人提出原判认定周远犯罪的主要证据之间存在矛盾，有罪供述不能排除指供、诱供可能的意见，对检察机关提出周远的有罪供述细节与被害人陈述之间存在无法排除的矛盾的意见，本院予以采纳。对周远及其辩护人提出公安机关存在刑讯逼供的意见，因无证据证实，本院不予采纳。

本院认为，原审认定原审被告人周远犯故意伤害罪、强制猥亵妇女罪的直接证据只有周远的有罪供述，缺少能够锁定周远作案的客观证据；周远的有罪供述不稳定，且得不到其他证据的相互印证，真实性、可靠性存疑；原判据以定案的证据没有达到确实、充分的法定证明标准。原审认定周远犯故意伤害罪、强制猥亵妇女罪的事实不清，证据不足。对周远及其辩护人提出改判周远无罪的意见，以及新疆维吾尔自治区人民检察院提出"现有证据不足以证实周远实施本案犯罪"的意见，本院予以采纳。依照《中华人民共和国刑事诉讼法》第245条第1款、第225条第1款第3项及《最高人民法院关于适用〈中华人民共和国刑事诉讼法〉的解释》第389条第2款之规定，判决如下：

一、撤销本院（2011）新审一刑再终字第1号刑事判决、（2000）新刑终字第134号刑事判决和原伊犁哈萨克自治州伊犁地区中级人民法院（1999）伊中法刑初字第75号刑事附带民事判决；

二、原审被告人周远无罪。

本判决为终审判决。

审　判　长　谭　婷

审　判　员　吴　冰

审　判　员　李阿丽

二〇一七年十一月二十四日

书　记　员　李复兴

2017 年 11 月 30 日新疆高院宣告无罪后

周远与母亲、律师及周远父亲生前的同事们在法院门口合影

■ 律师手记

我是怎么介入的

2015 年下半年，肯定是 7 月 9 日之后了，有媒体朋友联系到我，想让我帮忙处理周远案。我早就听说过这个案件，但具体情况不是很了解，当时以为已经再审改判无罪，只是申请国家赔偿了。我说愿意帮忙，但国家赔偿这方面律师工作空间很小。随后一了解才发现不是那么回事，当时该案由最高人民法院指令新疆高院复查，从 2013 年到 2015 年，两年多了还没有消息。另外一个促成我

下决心办好这个案子的因素是，原来正在牵头办理该案申诉的李和平律师，一个我一直尊重敬佩的大哥，一个始终温和、谦和、善良、有责任感的律师前辈，无端系狱。别的忙帮不上，就帮他继续把这个案子做好吧。现在李律师平安归来，周远案沉冤得雪，世间还有些许温暖。

我都做了什么

有媒体问我介入该案之后都做了什么，我讲我反复阅看案卷材料，去跟原来的辩护律师进行沟通，去找原来的当事人调查取证，去跟法院的承办法官多次沟通。这些工作做了吗？当然做了，我还不至于骗人。但是，这些工作实际上微不足道，我也没有取到什么有价值的新证据。主要的工作是在案件迟迟没有进展的时候，于2015年11月给新疆高院审判委员会的全体成员写了一封公开信，督促尽快推动该案办理。说实话，申诉律师也没有别的好办法，特别是当时处于新疆高院按最高人民法院要求复查阶段，这并不是法律明确规定的案件办理流程，因而当时新疆高院是没法接受我作为申诉代理人的手续的，我也就没办法进行阅卷，提交代理意见。但公开信取得了意想不到的效果，真的产生了推动力，让近乎停滞的审查工作又启动了。

但我觉得我的主要作用还是陪伴，陪李碧贞阿姨还有周远一起忍受时间的碾压。我会听李阿姨在电话里絮叨她跟法官打的每一个电话、跟法官的每一次面谈。健谈而又强记的李阿姨几乎随时都能完整复述她申诉的每一个细节。听她讲以前律师的工作，告诉她不认可对方的观点不代表别人就是错的，更不代表别人没有给她以帮助，还是应怀感恩之心。听她一次次地抱怨法院的拖沓应付，深表理解之余也尽可能地开导，办案人员也有他们的难处和苦衷，还是应当有多些耐心。

最困难的时候，就是 2016 年 4 月，李阿姨查出得了肺癌，我非常震惊，联系我以前做老师时的同事（她先生是北京最好的肿瘤医院里的大夫），赶紧给她传过去病历资料，看能否让李阿姨来北京住院手术。这边还在联系，那边李阿姨来电话说已经安排好在乌鲁木齐住院手术了。我觉得她有些草率了，但也敬佩她强烈的求生欲望。她手术完立即联系后续化疗，一再地跟我说，为了儿子申诉，一定不能死。

5 月下旬，我再次到新疆高院约见承办的法官，法官也耐心地向我介绍他们的工作进展，让我安抚好李阿姨，耐心等待。我也拿出李阿姨的病历资料，告诉法官，纠正错案是好事，但如果是因为时间的拖沓让李阿姨没能等到这一天，那就太遗憾了，你们办的好事也落不着好了。虽然明知与案件无关，我还是执意把病历资料留给了法官，我相信，这沉甸甸的肺癌患者的病历一定能给新疆高院带来压力。

我从法院出来后去看望李阿姨，她自己一个人住在租住的房子里，从来没见过的有气无力，虽然手术效果还好，但她依然担心自己熬不过这漫长的申诉程序，担心将来申诉成功获得赔偿后周远不能自己照顾自己。虽然我表示反对，但她仍然要我到时候帮她安排相关事宜。彼时彼刻，我的心情非常沉重。

所幸，到 10 月份，传来最高人民法院指令再审的消息，一只靴子落了地。但文书迟迟没到，老太太还是不踏实，一遍遍地催问，止不住担心会不会被骗了。我也一再告诉她，这样的事情，法官是万万没必要也不敢欺骗她的，但法院内部流程毕竟需要时间。11 月 18 日，最高人民法院的再审决定书终于出来了。明确了再审理由是原有证据"不确实，不充分"，相当于"戴帽子"下来的，本案在此时已基本失去悬念，第一次再审仍判有罪的闹剧不会再重演了。但李阿姨仍然不踏实。

再审阶段主要还是等待，法院估计是要把再审甚至再审之后的善后问题都研究沟通成熟之后才安排开庭，这里面伴随着无数的请示汇报。亲历过福建省福清市陈夏影、黄兴、林立峰绑架杀人案的再审程序的我对此并不陌生，但李阿姨的耐心一再经受考验。

到开庭时，新疆维吾尔自治区人民检察院的出庭检察官非常详细地分析了仅剩的两起指控所依赖证据的种种问题，我和刘征律师就省去了大量的工作，只是稍作补充即可。这也恰恰反映出该案的问题所在，复查阶段的办案法官对本案的问题吃得非常透，再审阶段的法官显然也认真做了研究，检察院的检察官也很清楚，我也从一开始就对法官们表示，我没有什么独创的发现，也没有什么新证据，观点和前面的每一个阶段的辩护律师的意见大同小异。就是这么一个控辩审三方都知道问题所在而每一个阶段的辩护人都做了认真的无罪辩护的案件，为什么一拖20年？

到底哪里出了问题

很多媒体问：为什么会发生这样的案件？为什么迟迟不能纠正？到底哪里出了问题？我也没办法好好回答这么宏大的问题，也没有特别深刻的见解。作为一个一线的实务工作者，简单说一下我的看法。

一方面，是法律得不到认真执行。不管是1997年，还是2017年，法律法规、司法解释对刑讯逼供的态度始终是明确的，对"不能仅凭口供定案"的原则是一以贯之的。可为什么还是出错，还是没有把法律规定当回事，没有严格按法律规定办事呢？在公安和司法机关那里，自然或不自然地就把法律规定或者同一法律的不同条款分成三六九等：哪些是必须遵守的，哪些是可以视情况而定的，哪些则是可以忽略不计的。当辩护律师对某些法律条款的执行较真时，办案人员相当不屑一顾，"这有意义吗？这有必要吗？我们一直就这么办的"。正是侦查人员、司法人员对拘传、拘留、逮捕、送押、提审等法律规定不屑一顾，才给了刑讯逼供以空间；正是非法证据排除程序敷衍应付走过场，才让刑讯逼供屡禁不绝；正是对证据判断以及事实认定等工作的草率不负责，才导致冤案不断。

另一方面，是对人的尊重不够。具体而言，是对一个涉嫌刑事指控的公民的人格、清白、自由和生命不够重视。相较于一个嫌疑人的定罪与否，办案单位考虑更多的是领导的意见、自己的考核、同事的面子、兄弟单位的面子、自己单位的面子，案件越往后办需要考虑照顾的就越多，而且好像都比当事人的清白和自由更重要、更值得考虑。

申诉之路通不通

一经媒体报道，立即有不少人打电话求助我帮他们申诉，但很遗憾的是，我只能让他们失望了。像周远案这样最终得以纠正的成功申诉案件只是特例，少之又少，并且在申诉案件里，这还属于相对容易成功的，因为如今司法理念确实进步，认识到这类案件还是要看客观证据，不能仅靠口供定案。但对于大量的本身就高度依赖言词证据的黑社会案件、行受贿案件来说，申诉难度更大。几乎不可能有什么足以推翻认定的客观证据出现，而原来用于定案的证人即便改口，也很难被司法机关采信。甚至流传出"一般冤的就算了，只有非常冤的才有可能审查"的说法。现在最高人民法院的再审审查程序更是问题重重，不管是北京还是各地巡回法庭，虽然当事人或者代理人交了材料之后每隔三个月可以去查询一次，但你永远不可能知道有没有法官在审查你的案件材料，不知道承办法官姓甚名谁、联系方式是什么，也不知道案件审查的进展。每次接待你的窗口法官基本上永远不知道你这个案子的具体情况，也不知道案子的实际进展，都是现场看看你的材料，或多或少说几句，然后让你回去等。即便是所谓的安排视频接访，千等万盼之后见到的视频接访法官也大概率不知道你的案子是怎么回事。然后继续等待。

申诉案件多，法官办案任务重，我们都理解，但这样的申诉程序就是在空耗申诉人的生命，对当事人、对法官、对司法都是不负责任的，需要改变。

所以，对于寻求帮助的申诉案件当事人，我也只能告诉他爱莫能助。如果可以选择不申诉，可以选择继续自己的生活，那还是选择继续生活吧。

该感谢谁

结果出来后，我也多次发微博感谢了一直关注支持的媒体，感谢了之前每一个阶段参与辩护及申诉的律师同行，感谢了无私帮助、大力呼吁的新疆著名退休检察官张飙，我也私下从个人角度感谢了复查和再审阶段承办案件的新疆高院法官。但有人问为什么不感谢纠正错误的新疆高院？我觉得我没资格。作为一个只是在漫长的20年伸冤路上陪伴了当事人最后两年又机缘巧合赶上了最后的成功的代理律师，我就像儿歌《拔萝卜》里最后的小老鼠一样，所做不多。我所经历的不足李碧贞及周远为案件承受、付出的万分之一，我完全没有资格代表他们对参与错判多次又最终纠正了错误的新疆高院表达态度。是谅解还是感谢，是无法释怀还是余恨难消，恐怕只有周远，只有李碧贞才有选择的权利。

办案之余，得见壮美新疆，一大收获。

王兴

于 2017 年 12 月

■ 评　议

"新疆聂树斌案"是如何诞生的

据周远本人的陈述，1997 年 5 月 17 日晚，他被带到了伊宁市公安局的审讯室，一间黑暗、狭小，只有一个窗户的屋子。周远被警察铐上背铐，左右两只手一上一下分别从前后被铐住，腹部还缠绕着用老式电话机改装的"测谎仪"的线路，另一头在脚下。警察们一旦启动仪器，周远立刻就能感受到电流，一阵眩晕。

1997 年 7 月 18 日的《伊犁日报》报道中描述了周远做有罪供述的过程："5 月 17 日晚 23 时，侦查员们将周远依法传讯。5 月 20 日，经过两天三夜的审讯和政策攻心，周远终于承认了自 1994 年以来的犯罪事实。"但据周远后来在狱中写的万字申诉书，情况并非如此。事实上，是四天四夜的刑讯逼供，而这四天四夜的刑讯逼供彻底改变了周远的一生。这四天里周远不被准许睡觉。他流着泪痛哭，不明白人生为何遭逢此事。在审讯过程中，他为了尽早结束审讯，违背本心作了第一次有罪供述……最终，周远共承认了 38 起犯罪事实，此后变更为 24 起。

法律得不到认真执行

如果周远是系列案件的真凶，那么在周远被抓获以后，小小的伊宁市便应该恢复应有的宁静。但周远被抓后，深夜潜入女性居所进行猥亵、伤害的案件仍然频发。在 1998 年 6 月 19 日到 8 月 22 日短短两个月内，案发 6 起，8 名女性受害，作案手法均是用利器捅刺女性阴道。随后，霍勇被抓获，剪刀等作案工具和犯罪所得一应被缴获，而自此以后，伊宁市便再没有发生过类似的案件。

难道公安机关完全没有意识到这一系列案件的真凶是霍勇，而非被他们抓来一年多的周远吗？想必也是有所察觉的，但人已经移送走了，警方是不可能主动纠正自己的错误的，而是硬将几十起案件分成两部分安到周远和霍勇的头上。令人绝望的是，直到霍勇被依法处决，周远依然没等到真相大白，反而一步步走入更黑暗的深渊……

公安机关将案件移送检察院审查起诉后，作为法律监督机关的检察院也没能承担起应有的职责，听取周远的无罪辩解、对全案证据材料予以审查，而是继续强行推动着诉讼程序的进行。

此时，伊宁市公安局必然已经意识到系列案的真凶是霍勇，而不是周远，相信霍勇也如实做了供述。但发现抓错人后，伊宁市公安局并没有纠错，而是选择了一错到底。就这样，一审、二审、发回重审、再一审、再上诉、再多年申诉，历时20年，经六任法官、六次判决、五任律师，周远的青春就这样耗在了监狱的铜墙铁壁中。因为我们的法律得不到正确执行，所谓的"事实清楚，证据确实充分"仿佛成为一纸空谈，一起只有被告人有罪供述而无其他直接的客观证据，且有罪供述真实性和合法性均存疑的案件居然拖了20年都没能得到纠正，以至于再审无罪判决中用"周远的有罪供述与害人陈述、证人证言、现场勘查笔录等在案其他证据存在多处重大矛盾""周远的有罪供述前后不一""关键情节张冠李戴"等语句进行综合评判，无疑使得这20年间的司法程序公信力全无。

被问及无罪判决结果出来后作何感想，周远这样答道："庭审结果出来后，我也没有感谢审判长，说不上仇恨，也说不上感谢，这是他们的工作，这是他们应该做的。"

距离"努力让人民群众在每一个司法案件中都感受到公平正义"的目标还十分遥远，大概要从法律的贯彻执行开始努力。

伟大母亲的艰苦卓绝申诉路

自1997年5月17日，儿子周远被警察从家中带走，此后的20年，李碧贞就只为"伸冤"这一件事而活，终于，在2017年11月30日，她得到了公道。奔波了半生换来的一纸无罪判决，李碧贞在第一时间复印了一份烧给早已去世的周佩。这之前，每一次新的审判结果出来，她都会给周佩烧一份，在坟边念叨念叨。那是她为数不多卸下铠甲的时刻，只对周佩才有。

"我终于可以把我、我丈夫、我儿子身上的污名洗白了。但我所有的人生都失去了。失去的就永远失去了，不可能再回来了。"按照李碧贞的说法，一家三代都已经被毁了。"我这一代，经常上访，过的是什么生活？周远名誉毁掉了、身体毁掉了，是不是被耽误了？孙子那代，根本都还没有……人家都说柳暗花明又一村，现在是解决了，可还是那一村吗？别人问，宣判无罪挺高兴的吧，我说高兴什么？我就是笑，也是苦的。说以后过好每一天，可真的还能够过好每一天吗？"

2000年，周远死缓被改判无期徒刑送往新疆第三监狱服刑后，其母亲李碧贞和父亲周佩便开始了长年申诉上访。2006年，父亲周佩病倒在上访路上，含冤去世。李碧贞没有告诉周远他父亲过世的真相，甚至在老伴下葬三天后就独自踏上了为儿子伸冤的路。

多年来，她从一个没什么文化的妇女成长为既能摆事实讲道理，又能从法律层面为儿子争取合法权益的"准辩护人"。常年的奔走呼告让李碧贞尝尽了人间冷暖，最初的她逢人就说儿子如何如何的冤屈，后来她明白能帮儿子的只有自己，只有坚持。20年来，这个瘦小的老太太执意为儿子撑起了另一片天。

申诉一次次被驳回，所有能想到的检察院、法院以及政府部门都找过了，好不容易启动了再审程序，2011年12月13日新疆高院的再审结果却是将原审认定的五起犯罪改为两起，改判为有期徒刑15年，如此一来，周远只余半年刑期即可出狱。但李碧贞不能接受，"我儿子没有犯罪，不要说15年，就15天、15分钟都不行，我一定要给儿子伸冤"。面对失去15年自由的周远，李碧贞认为儿子已经完全跟社会脱节，"就像一个从坟墓里挖出来的人"。她不知道儿子为什么会变成这样，只觉得内心更沉重了，丝毫没有动摇她要继续申诉的决心。

在老人的坚持下，2013年7月18日，在周远刑满释放一年零两个月后，最高人民法院指令新疆高院重新审查此案。但三年过去了，在媒体广泛报道、舆论密切关注的情况下，新疆高院毫无动静。最高人民法院最终"忍无可忍"，于 2016 年 11 月 18 日作出再审决定书，指令新疆高院再审此案。

千等万盼，最终的无罪判决终于下来了。"案子改判了，我这个老太太终于不用在路上奔波了。仅此而已。"但是追责仍在路上。

错案纠正之后

彼时，刑满释放但还未被宣告无罪的周远，被问及是否还相信法律、相信正义时，说："法律有可能是公正的，但人不一定是公正的。"被称为"新疆聂树斌案"的周远案，所幸时隔 20 年，周远和母亲还是等到了最终的无罪判决，挪走了头顶的冤屈大山。我们常说，"正义或许会迟到，但绝不会缺席"，可是，面对一起又一起的冤案、错案，面对无数用生命奔走，只为洗清莫须有罪名的当事人及家属，迟到的正义真的还算是正义吗？

"把一个人在监狱关到一定程度，监狱的惩戒作用、教育作用基本就发挥完了，剩下的很多就是负面作用了。"北京师范大学刑事法律科学研究院教授吴宗宪曾这样说，他认为服刑人员在缺乏情感、缺乏自由、缺乏信任的环境中很容易改变人格，出来后都需要经过漫长的适应期。周远案的判决已经更改，但生活如何重建成了一个更找不到对策的难题。

2018 年 1 月 30 日，新疆高院向无辜入狱 15 年的周远送达了国家赔偿决定书，决定向周远赔偿被侵犯人身自由赔偿金 1 418 458.31 元，支付精神损害抚慰金 496 460.41 元，合计 1 914 918.72 元。

折算下来，周远失去的 15 年自由，每年相当于 12 万余元。这个数目，便是《中华人民共和国国家赔偿法》中对个人自由的

"定价"，即每日赔偿金按照国家上年度职工日平均工资计算。从立法角度来看，这一条款相当于把蒙受冤狱者失去的自由等价为工作时间，补偿方式很像是一种"误工补偿"。然而，从受害者的角度来看，他们在冤狱中失去的，岂止是工作的自由？他们不仅失去了工作，也失去了亲情、友情、爱情，在监狱里，他们不再是一个活生生的"人"，没有社交、没有自我、与时代脱节。用周远母亲的话来说，他们一家几口三代人的命运全部被改写了。如此种种，又怎能仅按"误工"的标准计算？服刑人员一天24小时都在监狱里，完全失去自由，如何能按八小时工作制的时长计算赔偿金？

对于这个结果，周远毫不讳言地表达了自己的不满。在他看来，这个数目和他申请的1591万余元相比"差距过大"，完全无法弥补他在冤狱生涯中蒙受的损失。"我经历他们的办案过程，我非常痛恨，我在看守所关了3年7个月，在监狱11年5个月。"周远对有关的办案人员有十分强烈的追责意愿，但可想而知，这将又是一场漫长的希望渺茫的以卵击石之役⋯⋯

周远是幸运的，更是侥幸的，因为下一个周远可能就没有这么幸运了。下一个周远案可能等不到真凶出现，可能没有这样伟大的母亲，可能没有引起媒体关注，可能已经选择了认命。

"我所有的人生都失去了。失去的就永远失去了，不可能再回来了。"这大概是周远案留给我们最沉痛的反思。

四年后真凶落网　无妄之灾谁来补偿

——云南卢荣新强奸、故意杀人案

■ 回　顾

　　2012 年 9 月 10 日 20 时许，勐腊县瑶区乡沙仁村委会补角村的男子发现其下地劳动的妻子邓某仍未回家，前往田地寻找妻子未果，遂召集亲朋好友和村民沿路寻找，很快众人找到被掩埋在土里的邓某的尸体，现场就有人报警。20 时 50 分，警方赶到案发现场。警方发现，邓某死亡时的姿势是仰面跪姿，上身的外衣不见了，下身的裤子被脱到脚踝处。在埋尸现场附近，警方还发现了　大片倒状的杂草、折断的树枝以及邓某干农活用的锄头。

　　因为案件发生在夜里，光线不足，不具备勘查现场条件，于是警方安排专人看护现场，尸体上空也用塑料布遮挡，避免雨水冲刷、破坏现场。次日约 9 时许，警方对现场进行勘查，发现邓某头顶有钝器殴打外伤，颈部有勒痕，阴部有明显被强奸留下的痕迹。尸体检验鉴定报告显示，邓某的头部有两处 "Y" 形伤口，脖子上有伤痕，死因是机械性窒息死亡，初步定性为强奸杀人，离现场不远处湍急的河水中有死者生前劳动的锄头木柄裸露于水面。

因案发现场比较偏僻，警方将嫌疑人锁定在附近村民中，于是对附近村寨18岁以上60岁以下男性做血液检测，但排查未果。警方在传唤邻村的卢荣新了解案情时，发现卢荣新的脸上、身上有多达28处伤痕和皮下出血点，但卢荣新说不清身上的伤是如何而来。警方怀疑，这些伤是其作案时留下的，遂将其作为重点嫌疑对象刑事拘留，三天后因证据不足释放。但是9月18日卢荣新再次被拘留，直到21日凌晨被送往看守所，这时警方已经拿到了卢荣新的有罪供述，更重要的是，在死者生前劳作使用的锄头上，发现了卢荣新的DNA，凶手似乎就这样被锁定了……

2014年6月9日，卢荣新被西双版纳傣族自治州中级人民法院一审以故意杀人罪、强奸罪数罪并罚，判处死刑，缓期2年执行，剥夺政治权利终身，并赔偿附带民事诉讼原告人相应损失。宣判后，卢荣新提出上诉，2015年4月2日，云南省高级人民法院以部分事实不清、证据不足为由裁定撤销原判，发回重审。

西双版纳傣族自治州中级人民法院另行组成合议庭，经不公开开庭审理，于2015年12月20日仍以卢荣新犯故意杀人罪、强奸罪数罪并罚，判处死刑，缓期2年执行，剥夺政治权利终身，并赔偿附带民事诉讼原告人相应损失。随后，卢荣新再次上诉。案件再次来到了云南省高级人民法院，这一次案件出现了重大转折。

原来，云南省公安司法鉴定中心在对邓某的下身提取物及相关物证进行重新检验鉴定的过程中，发现了一个新的DNA样本，既不是卢荣新的，也不是邓某丈夫的，而是第三人的！很快，真正作案人被锁定，原来是卢荣新同村的一名男青年——案发时年仅17岁的洪树华，检测出的DNA就是他的。

据洪树华交代，案发当天，他在山上打鸟，无意中看到在玉米地干活的邓某，遂胁迫邓某与之发生关系。因担心事情败露，他用裤带将邓某勒死后，将尸体挪到坡下掩埋。洪树华交代的作案经过与在案证据、鉴定意见、现场勘查结果均相符，这相应地就解除了卢荣新的嫌疑。

2017年1月6日，云南省高级人民法院以认定卢荣新有罪的证据不足、事实不清为由撤销西双版纳傣族自治州中级人民法院的原有罪判决，宣告卢荣新无罪，且不承担民事赔偿责任。

2017年1月21日，普洱市中级人民法院认定洪树华构成故意杀人罪、强奸罪，但因犯案时未满18岁，具有法定从轻情节，最终以故意杀人罪判处洪树华无期徒刑，剥夺政治权利终身，以强奸罪判处有期徒刑7年，数罪并罚决定执行无期徒刑，剥夺政治权利终身。

这一起强奸杀人案，历时四年半终于查明，个中艰辛苦楚，却少有人知晓……

■ 控　诉

西双版纳傣族自治州人民检察院
起诉书

……

经审理查明：

2012年9月10日18时30分许，被告人卢荣新在勐腊县瑶区乡沙仁村委会补角村看见被害人邓某在田里劳作，遂通过小路来到李某生家稻田南侧等候，待邓某准备回家时，卢荣新尾随邓某，并强行将邓某拖至草丛中强奸。在邓某反抗过程中，卢荣新为掩盖罪行使用扼颈、捂口等暴力手段致邓某死亡，并用被害人的锄头挖坑将尸体掩埋，后把锄头丢弃在附近小河中逃离现场。同月 18 日 18 时许，卢荣新在家中被公安机关抓获。经鉴定，被害人邓某系机械性窒息死亡。

认定上述事实的证据有：现场提取的锄头、抓获经过、侦破经过、人身检查笔录、尸体检验鉴定报告、证人证言、锄头柄 DNA 鉴定意见、现场勘查笔录、辨认笔录、现场指认笔录、现场指认录像、相关情况说明及被告人卢荣新的供述等。

本院认为，被告人卢荣新违背妇女意志，采用暴力手段强奸妇女，并在被害人反抗过程中，非法剥夺被害人生命，其行为已触犯《中华人民共和国刑法》第 232 条、第 236 条之规定，犯罪事实清楚，证据确实充分，应以故意杀人罪、强奸罪追究其刑事责任。卢荣新在实施强奸行为的过程中，由于意志以外的因素未能得逞，系犯罪未遂。根据《中华人民共和国刑事诉讼法》第 172 条的规定，提起公诉，请依法判处。

此致

西双版纳傣族自治州中级人民法院

西双版纳傣族自治州人民检察院

卢荣新再次提出上诉后，案件又回到云南省人民检察院手中。办案检察官仔细看完卢荣新的全案卷宗后认为，原审法院认定卢荣新有罪的证据并不充分。办案检察官指出，尽管卢荣新的有罪供述与现场勘查、鉴定结论部分吻合，但整体上存在几个方面的证据疑点：卢荣新交代的作案手法与死者死因不一致；卢荣新交代案发时死者上身穿花衣服，可实际当天死者穿的是蓝色上衣；有罪讯问笔录的同步录音录像没有声音，未在看守所内进行讯问；被认为是作案工具的物证上只有卢荣新的 DNA 而没有死者的 DNA；一些物证在卢荣新的有罪供述里没有交代去向等。

在了解整个审讯过程后，办案检察官认为，公安机关审讯的合法性值得怀疑。卢荣新在公安机关做过八次供述，唯一一次有罪供述是第七次。但这次的录像只有图像，没有声音。办案检察官追问原因时，勐腊县公安局给出的解释是设备出现了故障。据此，办案检察官认为，这份有罪供述的真实性无法得到保障。

为了揭开真相，云南省人民检察院经请示后决定将此案通报云南省公安厅，并委托云南省公安司法鉴定中心对该案提取的相关物证进行重新检验鉴定。鉴定人员运用新技术，对邓某的下身提取物重新做了鉴定，结果发现了一个新的 DNA 样本，既不是卢荣新的，也不是邓某丈夫的，而是第三人的。随后，云南省公安厅将卢荣新案的有关物证送往北京，请公安部物证鉴定中心进行更权威的检验。结果，不仅同样从邓某的下身提取到第三人的 DNA，还从邓某的内裤上提取到同样的 DNA。

云南省人民检察院联合云南省公安厅成立了专案调查组，并向勐腊县公安局发出重新启动侦查的公函。通过现代刑侦技术手段，侦查人员很快锁定了嫌疑人——卢荣新同村男青年洪树华。

因此，云南省高级人民法院对本案进行二审开庭时，云南省人民检察院出庭检察员发表如下公诉意见：

上诉人卢荣新没有作案时间，原审指控卢荣新犯故意杀人罪、强奸罪的有罪供述、现场指认笔录、锄头柄 DNA 鉴定意见等三份证据应依法排除，当庭出示的新证据证实当年犯罪的是卢荣新之外的其他人。综上，卢荣新没有实施故意杀人和强奸的犯罪行为，建议二审法院依法撤销西双版纳傣族自治州中级人民法院（2015）西刑初字第 160 号刑事附带民事判决，宣告卢荣新无罪。

■ 辩　护

本人受卢荣新家属的委托、云南俊泰律师事务所的指派，就卢荣新涉嫌故意杀人、强奸一案发表以下初步辩护意见，望得到合议庭的采纳。

本案从一开始的侦查到审查起诉，再到最后的审理阶段，只要有一个环节稍微认真负责一点，就不会使得原本并不复杂的案件需要多次提交这样的辩护词。我在写这份辩护词之前，脑海里不时浮现浙江张氏叔侄强奸杀人案、广东徐辉强奸杀人案、内蒙古呼格吉勒图强奸杀人案等案件，也不知道是该为这些当事人感到高兴还是为相关执法部门感到悲哀？辩护人希望这样的悲剧不再重演。

一、关于一审认定的犯罪事实及相关证据

就本案而言，一审缺少能够锁定卢荣新作案的客观证据，在作案时间、作案工具等方面存在重大疑问，有罪供述的合法性、真实性存疑，应予排除，且缺乏指向卢荣新本人作案的直接证据，一审认定卢荣新犯故意杀人罪、强奸罪的证据不确实、不充分。理由如下：

（一）卢荣新被抓获时无任何证据或线索表明其与该案存在关联

公安机关在没有掌握卢荣新任何犯罪事实和犯罪线索的情况下，仅凭主观推断，凭借卢荣新身上的擦伤以及说不清案发时的行踪（这是要求犯罪嫌疑人自证无罪，完全违背"不得强迫自证其罪"的原则！）就锁定其为犯罪嫌疑人，并对其采取强制措施；卢荣新到案经过与原案缺乏直接关联，确定其为犯罪嫌疑人缺乏充足依据。

（二）一审认定被害人死亡时间和死亡原因的证据不确实、不充分

1. 一审认定，被害人丈夫称他与死者是 9 月 10 日 13 时回家，吃饭大约在 14 时以前，而法医鉴定被害人的死亡时间是进食后的 3 小时至 4 小时内，也就是说被害人是下午 17 时至 18 时死亡的，而此时卢荣新根本没有脱离村民证人的视线，如何作案？被害人是大约 20 时被找到的，而且多位参与寻找的证人（详见相关证人笔录）均提到现场立马有人报警，这符合常理，而报案登记表上记载的是杨保生在村子里听到死人后于 20 时 50 分才报警。被害人父亲陈述是 20 时打电话说人死了，因为那天一碗水村是 20 时来电的。关于发现被害人的时间，案卷证据记录与相关证人陈述内容存在矛盾，无法做出合理解释。

2. 尸体检验鉴定报告记载邓某符合机械性窒息死亡的特征，那么，死者的死亡原因存疑。即使卢荣新实施过打击行为，也只构成故意伤害，怎么会成立故意杀人？难道是有罪推定？

（三）一审认定的卢荣新作案时间不清，存在重大疑问，不能确认

证人罗某林的证言和尸体检验鉴定报告均不相符，被害人遇害时卢荣新根本没有作案时间，一审认定的卢荣新作案时间事实不清。辩护人亲自走了一下，如果按照卢荣新供述的路线作案，去到案发现场 19 分钟，回来 19 分钟，加之躲在窝棚 10 分钟，再加作案时间四五分钟，以及埋人的几分钟，没有一个小时不可能完成，而卢荣新醉酒后没有完整的一小时是脱离人们视线的。

（四）一审认定的锄头柄 DNA 鉴定意见检材来源不明，该鉴定意见应当依法予以排除

首先，卢荣新曾提到警方在会都村卫生室用两只棉签擦拭其口

腔。用途何在？现保留在什么地方？一审据以定罪量刑的锄头柄 DNA 鉴定意见的检材极有可能在原始案发现场并不存在，真实的物证大概来源于侦查人员在卫生室所提取的卢荣新口腔的擦拭物。这种制作伪证的行为依法应当追究其责任，由此衍生的"伪证"更应当坚决排除。

其次，锄头柄 DNA 鉴定意见记载"送检时间是 2012 年 9 月 11 日，9 月 18 日"，而鉴定意见是 9 月 13 日做出来的。那么问题就来了，到底是 11 日送检的还是 18 日送检的？若是 18 日送检的，那么 13 日又是如何得出结论的？

综上，关于一审的锄头柄 DNA 鉴定意见，锄头柄部擦拭物来源不清、用于比对的卢荣新的血样来源不清，该鉴定意见不能作为定罪量刑的依据，应当依法予以排除。

（五）卢荣新有罪供述的真实性存疑，且不能排除指供、诱供可能

卢荣新唯一一次（第七次）有罪供述错误百出、前后矛盾，对具体案情的描述完全不符合案发经过常理，完全是公安机关根据案发现场编撰出来后让卢荣新签字按手印的笔录，合法性和客观性均存在疑问。

1. 卢荣新对关键事实的供述前后矛盾、完全不符合常理。根据卢荣新唯一一次的有罪供述，他的作案经过如下："从唐玉生家（应当是汤一顺家）出来，到寨子头上公厕，把被害人拉拽到 15 米外强奸杀人，先是两拳打晕强奸，后被害人醒来，再去拿锄头打晕被害人，精液射在两米外的地方。"

针对以上描述，问题来了：卢荣新为何会到寨子头上公厕？该村家家都有厕所，有必要舍近求远上个厕所？关于卢荣新"把被害人拉拽到 15 米外强奸杀人"，唯一的目击证人是看到人从草丛站起来、平排扶肩走进草丛，如何证实拉拽及后续的强奸杀人行为？关

于卢荣新实施的伤害行为"先是两拳打晕强奸，后被害人醒来，再去拿锄头打晕被害人"，卢荣新当晚是从别人家吃完饭出来的，若遇到在田间劳作的死者，该锄头是谁带来的、案发时在何处？卢荣新有无必要穿上裤子再去拿锄头敲打被害人？被害人是机械性窒息死亡，用锄头击打致晕倒是否会导致该结果？关于卢荣新自述"精液射在两米外的地方"，侦查人员对此为何没有调查落实、提取相关生物物质？卢荣新被抓后自述没有洗过澡，是否应当擦拭卢荣新阴茎以检测是否留有被害人体液？

此外，在卷的唯一一份有罪供述中说不清楚作案的基本事实，特别是对关键事实的供述存在矛盾，不合常理。尸体检验鉴定报告与卢荣新的供述存在巨大偏差：据卢荣新陈述，他仅仅是在被害人脸上打了两拳，那么被害人颈部的掐痕如何形成，被害人手部、脚部的伤以及其他的皮外伤又如何形成？

2. 被告人供述和相关证据不符，且真实性、可靠性存疑，不能相互印证。卢荣新供述的作案细节与目击证人的证词不一致。证人侬某称看见了红衣服男人。请看看卢荣新案发时的衣服颜色，莫非我们都是色盲？供述是先证后供，且现场勘查环节的见证人有作假嫌疑。见证人杨某生1984年5月18日出生，案发时间为2012年9月10日，怎么算出来的31岁？指认、辨认工作不规范，证明力明显不足，致使本案供证一致的真实性、可靠性存在疑问。请法庭注意现场指认笔录最后一页的最后一句话"注：犯罪嫌疑人李志员对涉案地点指认所拍摄的照片"。所谓的"证据"张冠李戴、破绽百出。

3. 卢荣新的有罪供述不能排除指供、诱供可能。卢荣新第二次被抓获后一直关押在勐腊县公安局，并没有按法律规定办理羁押手续并送往看守所，而且卢荣新也陈述受到诱供、逼供等，在案证据也没有同步录音录像证实取证行为的合法性，故不能排除存在指供、诱供的可能。

（六）现场勘查笔录存在伪造、作假行为，应当予以排除

我们有理由怀疑现场勘查笔录中的见证人系侦查人员自己编造的，见证人杨某生 1984 年 5 月 18 日出生，案发时间 2012 年 9 月 10 日，一个 28 岁的见证人写成 31 岁，如果是其自己书写的，会出现这样的错误？因此该份笔录不符合法律规定，不具备证据的客观性、合法性，应当予以排除。

（七）一审认定的作案工具存在重大疑问

现场勘查笔录记载，锄头为作案工具，在锄头柄上擦拭到的物质中检测出卢荣新的 DNA。请问该物质是唾液还是血液，或是皮肤组织？照片显示，锄头柄是处于垂直状态的。木质锄头柄在大水里会处于垂直状态？其原始状态到底如何？办案人员已经破坏了物证的原始状态，声称从作案工具上提取到了检测出卢荣新 DNA 的物质，从这样被破坏的物证中得出的结论是否可以作为证据，而且还是唯一物证？关于这一物证的收集、提取、移交、保管及后续的送检手续在哪里？辩护人申请重新鉴定。

二、关于本案诉讼过程中暴露出来的程序缺陷

卢荣新被抓获后，被违法采取强制措施且没有及时送交看守所；现场勘查违反法定程序；一审判决所采信的现场指认笔录、辨认笔录存在重大瑕疵，不具有证明力。

（一）卢荣新被违法羁押，且不能排除其遭到办案人员的刑讯逼供

卢荣新于 2012 年 9 月 18 日被抓获，被抓获后一直被关押在勐腊县公安局，直到 9 月 21 日凌晨才送往看守所，紧接着第一份有

罪供述笔录就出现了。敢问，这三天在勐腊县公安局到底发生了什么？这样的办案程序符合法律规定吗？这样得出的有罪供述能否作为证据使用？侦查机关没有作出合理解释。我们要求提供整个讯问过程的录音录像。

（二）现场勘查见证人违反法定程序

现场勘查环节要求在见证人见证下进行，并在现场勘查笔录中签字，本案现场勘查笔录显示见证人杨某生时年31岁，但其于1984年5月18日出生，案发时间2012年9月10日，一个28岁的见证人如何会写成31岁？我们有理由认为该见证人是侦查人员编造的，现场勘查并未按照法律规定在见证人的见证下进行，违反了《公安部刑事案件现场勘查规则》及《公安机关办理刑事案件程序规定》的有关规定。

（三）辨认、指认程序不规范，现场指认笔录不是同步制作

根据现场指认笔录第3页最后一行的记载，"注：犯罪嫌疑人李志员对涉案地点指认所拍摄的照片"，辩护人有理由相信这个现场指认笔录是假的，见证人也是假的，见证人不可能来公安局签字按手印，这样的笔录也没有现场制作，是一份彻头彻尾的杜撰的笔录。这样不具备客观性、合法性的"假材料"完全不能作为据以定罪量刑的依据，依法应当予以排除。

关于本案，我们想知道案发后将近四年的时间又抓获另一嫌疑人的依据是什么，是其自己投案，还是根据现场的物证比对出来的？抓获另一嫌疑人之前公安机关进行了再次抽血比对的工作，这样的比对是否来得太迟？如果当时现场没有该嫌疑人的物证，是不是意味着卢荣新将永远成为替死鬼？

综上，一审认定被告人犯故意杀人罪、强奸罪的主要依据是卢荣新的有罪供述，以及卢荣新的有罪供述与在案其他证据相互印

证。但纵观全案，本案缺乏能够锁定卢荣新作案的客观证据，卢荣新作案时间不能确认，被害人死亡时间不能确认；卢荣新有罪供述的真实性、合法性存疑，有罪供述与在卷其他证据供证一致的真实性、可靠性存疑，本案现已抓获另一嫌疑人，出现一案两凶；一审判决据以定案的证据没有形成完整证据链，没有达到证据确实充分的法定证明标准，也没有达到事实清楚的定罪要求。一审认定卢荣新犯故意杀人罪、强奸罪的事实不清、证据不足。

关于刑事附带民事赔偿部分。既然本案不是被告人卢荣新实施的，那么卢荣新自然而然无须承担民事赔偿责任。

本案历时四年有余，西双版纳傣族自治州人民检察院、西双版纳傣族自治州人民法院以及云南省高级人民法院等多次要求补充侦查，勐腊县公安局仅仅出具十几次情况说明（冤假错案都是编撰出来）就想敷衍了事。本案经过三次审理，第四次审理也即将开始庭审，辩护人希望法庭本着疑罪从无的精神，注重案件事实。希望浙江张氏叔侄强奸杀人案、广东徐辉强奸杀人案、内蒙古呼格吉勒图强奸杀人案等冤假错案不再重演。

此致
云南省高级人民法院

辩护人：杨洪

■ 审　判

云南省高级人民法院
刑事附带民事判决书

（2016）云刑终 262 号

原公诉机关西双版纳傣族自治州人民检察院。

上诉人（原审被告人）卢荣新，男，彝族，初中文化，农民。2012 年 9 月 20 日被刑事拘留，同年 9 月 30 日被逮捕。现羁押于西双版纳傣族自治州看守所。

辩护人杨洪，云南俊泰律师事务所律师。

……

原判认定：2012 年 9 月 10 日 18 时 30 分许，被告人卢荣新在勐腊县瑶区乡沙仁村委会补角村看见被害人邓某在田里劳作，遂通过小路来到李某生家稻田南侧等候，待邓某准备回家时，卢荣新尾随邓某，并强行将邓某拖至草丛中强奸。在邓某反抗过程中，卢荣新为掩盖罪行使用扼颈、捂口等暴力手段致邓某死亡，并用被害人的锄头挖坑将尸体掩埋，后把锄头丢弃在附近小河中逃离现场。同月18日18时许，卢荣新在家中被公安机关抓获。经鉴定，被害人邓某系机械性窒息死亡。

原判认定上述事实，有现场提取的锄头、抓获经过、侦破经过、人身检查笔录、尸体检验鉴定报告、证人证言、锄头柄DNA鉴定意见、现场勘查笔录、辨认笔录、现场指认笔录、现场指认录像、相关情况说明及被告人卢荣新的供述等证据证实。

原判认为，被告人卢荣新违背妇女意志，采用暴力手段强奸妇女，并在被害人反抗过程中，非法剥夺被害人生命，其行为构成故意杀人罪、强奸罪。卢荣新在实施强奸行为的过程中，由于意志以外的因素未能得逞，系犯罪未遂。卢荣新的犯罪行为给附带民事诉讼原告人造成的物质损失，依法应予赔偿。原审法院依照《中华人民共和国刑法》第232条、第236条、第23条、第69条、第48条第1款、第57条第1款、第36条，《最高人民法院关于适用〈中华人民共和国刑事诉讼法〉的解释》第155条的规定，以故意杀人罪判处被告人卢荣新死刑，缓期2年执行，剥夺政治权利终身，以强奸罪判处卢荣新有期徒刑3年，数罪并罚，决定判决死刑，缓期2年执行，剥夺政治权利终身；被告人卢荣新赔偿附带民事诉讼原告人各项物质损失共计人民币27 184元。

上诉人卢荣新认为，原判认定其犯故意杀人罪和强奸罪的事实不清、证据不足，请求宣告无罪。主要理由：没有作案时间；有罪供述取证程序不合法，依法应当排除；没有接触过锄头，对锄头柄DNA鉴定意见不予认可，要求再次鉴定；不应承担民事赔偿责任。

上诉人卢荣新的辩护人提出，原判认定事实不清、证据不足，请求二审查清事实，依法改判。主要理由：本案缺乏能够锁定卢荣新作案的直接证据；有罪供述的合法性、真实性存疑，应予排除；原审认定的卢荣新作案时间、作案工具存在重大疑问，不能确认；原审认定被害人死亡时间和死亡原因的证据不确实、不充分；原办案程序存在明显缺陷，严重影响相关证据的证明力；本案非卢荣新所为，不应承担民事赔偿责任。

本院在审查中发现，原判据以定案的主要证据的收集不符合法定程序，可能严重影响司法公正，遂依法向云南省人民检察院提出补正。检察机关、公安机关分别委托司法鉴定机构对相关检材重新进行了鉴定。云南省公安司法鉴定中心经鉴定，从被害人邓某的阴道、外阴擦拭物上检测出邓某及其丈夫和第三人的生物物质；公安部物证鉴定中心经鉴定，从邓某阴道擦拭物上检测出邓某及其丈夫和第三人的生物物质，从邓某内裤上检测出其丈夫和第三人的生物物质。上述鉴定均未检测出上诉人卢荣新的生物物质。经上述鉴定机构对现场提取的锄头重新鉴定，均未检测出阳性 DNA 扩增产物。

云南省人民检察院出庭检察员认为，上诉人卢荣新没有作案时间，原审指控卢荣新犯故意杀人罪、强奸罪的有罪供述、现场指认笔录、锄头柄 DNA 鉴定意见等三份证据应予依法排除，当庭出示的新证据证实当年犯罪的是卢荣新之外的其他人。综上，卢荣新没有实施故意杀人和强奸的犯罪行为，建议二审法院依法撤销西双版纳傣族自治州中级人民法院（2015）西刑初字第 160 号刑事附带民事判决，宣告卢荣新无罪。

经审理查明：2012 年 9 月 10 日下午，勐腊县瑶区乡沙仁村委会补角村村民邓某在自家地里劳作至 19 时未归，亲属查找后在地里发现被掩埋的邓某尸体。公安机关现场勘查时在附近小河中发现一把锄头。

上述事实有经原审庭审质证确认的现场提取的锄头，接处警登记表，证人李甲、李乙、卢某等人的证言，现场勘查笔录及照片，尸体检验鉴定报告，证明被害人身份的 DNA 鉴定意见等证据证实。本院予以确认。

原判认定上诉人卢荣新于 2012 年 9 月 10 日 18 时 30 分许，在勐腊县瑶区乡沙仁村委会补角村强奸、杀害被害人邓某的事实不清、证据不足，本院不予确认。

针对上诉人卢荣新及其辩护人的上诉理由、辩护意见及出庭检察员的意见，结合庭审查明的事实、证据，本院综合评判如下：

一、锄头柄 DNA 鉴定意见不能作为定案的证据

西双版纳傣族自治州公安司法鉴定中心出具的（西）公（司）鉴（物证）字［2012］837 号 DNA 鉴定书（以下简称"西双版纳州 837 号鉴定书"）显示，从锄头柄部擦拭物上检测出与上诉人卢荣新血样 STR 分型相同的物质。原判据此认定，现场提取的锄头系卢荣新掩埋尸体的工具。经查：

1. 用于 DNA 鉴定的锄头柄部擦拭物来源不清。现场勘查笔录、勐腊县公安局腊公刑聘字［2012］183 号鉴定聘请书证实，锄头柄部擦拭物为现场提取；勐腊县公安局 2014 年 5 月 16 日出具的情况说明、勐腊县公安局技术室 2014 年 11 月 18 日出具的情况说明均载明，锄头原物封装送西双版纳傣族自治州公安局刑科所后提取柄部擦拭物；勐腊县公安局 2015 年 11 月 18 日出具的情况说明载明，锄头原物、锄头柄部擦拭物同时送至西双版纳傣族自治州公安局刑科所。以上关于检材提取过程的证据之间相互矛盾，无法确定作为鉴定检材的锄头柄部擦拭物的来源。

2. 用于 DNA 鉴定的上诉人卢荣新血样来源不清。西双版纳州

837 号鉴定书中用于比对的卢荣新血样，卷内无提取笔录，故该检材来源不清。

3. 经重新鉴定，锄头柄部未检测出上诉人卢荣新的 DNA。二审期间，检察机关、公安机关分别委托相关鉴定机构重新提取锄头柄部擦拭物进行鉴定，云南省公安司法鉴定中心 2016 年 7 月 10 日作出的云公司鉴〔2016〕492 号生物物证/遗传关系检验报告（以下简称"云南省 492 号检验报告"）、公安部物证鉴定中心 2016 年 9 月 6 日作出的公物鉴字〔2016〕2629 号物证鉴定书（以下简称"公安部 2629 号鉴定书"）证实，从锄头柄部擦拭物上均未检测出阳性 DNA 扩增产物。该鉴定意见，经庭审举证、质证，检、辩双方均无异议。

综上，西双版纳州 837 号鉴定书中用于 DNA 鉴定的锄头柄部擦拭物、上诉人卢荣新的血样均来源不清，办案机关所做的情况说明存在矛盾，锄头柄 DNA 鉴定意见依法不能作为定案的根据，且经重新鉴定，锄头柄部未检测出卢荣新的 DNA，无证据证实现场提取的锄头与卢荣新存在关联。故对检、辩双方提出的相关意见，本院均予采纳。

二、上诉人卢荣新唯一一次有罪供述不能作为定案的证据

上诉人卢荣新在侦查阶段共有八次供述，仅第七次作有罪供述，随后翻供。原判认定，卢荣新的有罪供述能够和证人证言、现场勘查笔录等证据相印证，系认定其犯罪的主要证据。经查：

1. 在案证据显示上诉人卢荣新有罪供述的讯问地点相互矛盾。勐腊县公安局提讯证、第七次讯问笔录载明讯问地点在勐腊县看守所第二审讯室，与讯问录像显示的讯问地点不符，二者存在明显矛盾。

2. 在案证据显示上诉人卢荣新有罪供述的讯问时间相互矛盾。勐腊县公安局提讯证证实，卢荣新于 2012 年 9 月 21 日 22 时 0 分至 9 月 22 日 1 时 20 分被提讯；第七次讯问笔录载明 2012 年 9 月 21 日 22 时 47 分至 22 日 1 时 8 分卢荣新作出了有罪供述；讯问录像显示第七次讯问时间为 2012 年 9 月 21 日 22 时 0 分至 22 日 1 时 49 分。上述证据关于讯问的起止时间存在明显矛盾。

3. 上诉人卢荣新有罪供述的讯问录像存在重大疑问，没有作出合理解释。当庭播放的讯问录像图像中仅有卢荣新的背影，且没有声音。对于上述问题，勐腊县公安局于 2014 年 5 月 16 日出具说明称，画面无声音系拾音器出现故障；同年 11 月 5 日又出具说明称，因办案场所改造未及时安装录音设备。两份说明前后不一，存在明显矛盾。此外，录像画面显示，面对卢荣新方向有一部摄像机，但无该摄像机录制的视频资料。对此，公安机关未予说明。

综上，上诉人卢荣新唯一一次有罪供述的讯问地点、时间和讯问录像存在重大瑕疵，公安机关亦未作出合理解释。卢荣新有罪供述的取证程序违反了《最高人民法院关于适用〈中华人民共和国刑事诉讼法〉的解释》及《中华人民共和国看守所条例实施办法》的相关规定，不能作为定案的证据。检、辩双方所提卢荣新有罪供述应予以排除的意见，本院予以采纳。

三、现场指认录像、现场指认笔录不能作为定案的证据

2012 年 9 月 22 日，即上诉人卢荣新作出有罪供述的次日，上诉人卢荣新对作案现场进行了指认，公安机关制作了现场指认录像及现场指认笔录。原判认定现场指认录像及现场指认笔录与卢荣新有罪供述一致。经审查：

1. 二审庭审中质证的现场指认录像显示，上诉人卢荣新在指认时多次迟疑不决，现场多次出现他人提示的情形，指认过程不顺畅、不自然。

2. 上诉人卢荣新指认现场时描述的作案过程与现场指认笔录及其有罪供述存在明显矛盾。原判认定现场指认录像及现场指认笔录与卢荣新有罪供述一致，与事实不符。

综上，现场指认不能排除存在诱导的可能，违反了相关法律规定。现场指认录像与现场指认笔录不能作为定案证据，对出庭检察员所提应予排除的意见，本院予以采纳。

四、二审期间出现了新的证据，不能排除他人作案的可能

二审期间，云南省公安司法鉴定中心对送检的被害人阴道、外阴擦拭物进行了重新鉴定，并作出了云南省492号检验报告，证实从被害人阴道、外阴擦拭物上检测出混合常染色体STR分型，不排除包含被害人、被害人丈夫及第三人的常染色体STR分型，检测出Y染色体STR分型，不排除包含被害人丈夫及第三人的Y染色体STR分型，但均未检测出上诉人卢荣新的STR分型；公安部物证鉴定中心对送检被害人阴道擦拭物和被害人内裤进行了鉴定，并作出了公安部2629号鉴定书，证实从被害人阴道擦拭物上检测出的混合STR峰谱不排除包含被害人、被害人丈夫和第三人的DNA分型，所检被害人内裤上检测出精斑反应，其混合STR峰谱不排除包含被害人丈夫和第三人的DNA分型，但均未检测出卢荣新的DNA分型。

公安部物证鉴定中心于2012年12月17日作出的公物证鉴字〔2012〕5220号物证鉴定书证实，现场提取的毛发mtDNA HVI区序列与上诉人卢荣新、被害人邓某的相应序列不同，不是来源于卢荣新及邓某。

经审查，以上三份鉴定意见检材来源清楚，送检程序合法，云南省 492 号检验报告、公安部 2629 号鉴定书采用的 DNA 鉴定技术更为先进，鉴定检材更为全面，证明力更强。经庭审质证，检、辩双方均无异议，根据上述鉴定意见，不能排除他人作案的可能，对检、辩双方所提的相关意见，本院予以采纳。

本院认为，原判据以定案的锄头柄 DNA 鉴定意见、卢荣新的有罪供述、现场指认录像、现场指认笔录均不能作为定案的根据；其他在案证据均不能证实卢荣新与被害人被强奸、杀害的事实之间存在关联性；二审期间出现了新的证据，不能排除他人作案的可能。原判认定卢荣新故意杀人、强奸的事实不清、证据不足，不能认定卢荣新有罪，依法予以改判。依照《中华人民共和国刑事诉讼法》第 225 条第 1 款第 3 项和《中华人民共和国民事诉讼法》第 170 条第 1 款第 2 项之规定，判决如下：

一、撤销西双版纳傣族自治州中级人民法院（2015）西刑初字第 160 号刑事附带民事判决。

二、上诉人卢荣新无罪。

三、上诉人卢荣新不承担民事赔偿责任。

本判决为终审判决。

审判长　李红斌

审判员　汤　宁

审判员　罗　成

二〇一七年一月六日

书记员　包媛萍

书记员　傅将姣

附：本案适用的法律条款

《中华人民共和国刑法》

第 232 条　故意杀人的，处死刑、无期徒刑或者 10 年以上有期徒刑；情节较轻的，处 3 年以上 10 年以下有期徒刑。

第 236 条　以暴力、胁迫或者其他手段强奸妇女的，处 3 年以上 10 年以下有期徒刑。奸淫不满 14 周岁的幼女的，以强奸论，从重处罚。

强奸妇女、奸淫幼女，有下列情形之一的，处 10 年以上有期徒刑、无期徒刑或者死刑：

（一）强奸妇女、奸淫幼女情节恶劣的；

（二）强奸妇女、奸淫幼女多人的；

（三）在公共场所当众强奸妇女的；

（四）二人以上轮奸的；

（五）致使被害人重伤、死亡或者造成其他严重后果的。

《中华人民共和国刑事诉讼法》（2012 年修正）

第 225 条　第二审人民法院对不服第一审判决的上诉、抗诉案件，经过审理后，应当按照下列情形分别处理：

（一）原判决认定事实和适用法律正确、量刑适当的，应当裁定驳回上诉或者抗诉，维持原判；

（二）原判决认定事实没有错误，但适用法律有错误，或者量刑不当的，应当改判；

（三）原判决事实不清楚或者证据不足的，可以在查清事实后改判；也可以裁定撤销原判，发回原审人民法院重新审判。

原审人民法院对于依照前款第 3 项规定发回重新审判的案件作出判决后，被告人提出上诉或者人民检察院提出抗诉的，第二审人民法院应当依法作出判决或者裁定，不得再发回原审人民法院重新审判。

《中华人民共和国民事诉讼法》

第170条 第二审人民法院对上诉案件，经过审理，按照下列情形，分别处理：

（一）原判决、裁定认定事实清楚，适用法律正确的，以判决、裁定方式驳回上诉，维持原判决、裁定；

（二）原判决、裁定认定事实错误或者适用法律错误的，以判决、裁定方式依法改判、撤销或者变更；

（三）原判决认定基本事实不清的，裁定撤销原判决，发回原审人民法院重审，或者查清事实后改判；

（四）原判决遗漏当事人或者违法缺席判决等严重违反法定程序的，裁定撤销原判决，发回原审人民法院重审。

原审人民法院对发回重审的案件作出判决后，当事人提起上诉的，第二审人民法院不得再次发回重审。

被宣告无罪后失声痛哭的卢荣新及家人

■ 律师手记

案情初探

因一审是其他律师代理，我对过程不甚了解，拿到的结果是卢荣新因犯故意杀人罪、强奸罪，被判处死刑，缓期2年执行，其本人和家属对该结果不能接受，找到我作为二审辩护人。

接受委托后，我一页不落地复印了全部卷宗，共五本，加起来几百页。我经反复研读，发现案件事实部分不清，有罪供述笔录矛盾较多，办案程序等都存在问题，便在征得其家人和本人同意后作无罪辩护。

第一次上诉后，云南省高级人民法院经审理认为本案部分事实不清、证据不足，裁定发回一审法院重审。辩护人见此结果，感到十分欣慰。这一结果意味着案件又回到起点，还有改判无罪的可能！然而，面对案件的重重疑点，经再次审理，原审法院竟然仍以故意杀人罪、强奸罪判处卢荣新死刑，缓期2年执行。辩护人见此判决，觉得该案前途未卜，自己肩上责任重大，被告人及其家人把全部希望放在了我的身上。

再次上诉，案件又回到云南省人民检察院手中。辩护人对案情反复进行研究，觉得本案应该从作案时间、侦查人员取证程序、有罪供述的取得和相关实物证据来源等疑点突破。

现场调查

辩护人在准备辩护期间，多次前往案发现场，主要做以下工作：测量笔录中描述的作案路线所花时间；测量唯一目击证人所在位置与现场的距离，验证其案发时能否看清作案现场；走访周边，调查死者丈夫在笔录中提到的当天村里的送电时间、死者丈夫打电话给其岳父的时间，以及案发时的天气情况等；调查警方一直怀疑的卢荣新身上的 28 处伤的来源。

通过详细的现场调查和相应的访问、取证工作，辩护人把对案件的一系列疑问——整理出结果，并向承办法官报告了相关情况，也作了相应沟通。此番工作下来，辩护人对案情有了更全面、更深入的了解，对卢荣新案发后调查时身上的伤痕来源、案发当天真实的天气条件和卢荣新唯——次有罪供述的获取等关键情节可以说是了然于心。

庭审现场

案件已经正式进入二审程序，为了使案件能全面、明确地展现，辩护人将所有的疑点——提出，对所有不予认可的在案证据提出质疑。辩护人通过多番努力申请本案开庭审理，申请办案人员出庭接受辩护人的发问，申请对本案重新启动侦查程序。

在辩护人一系列的工作之后，原本被视为"铁证"的锄头柄 DNA 鉴定意见，以及与其他证据"相互印证"的有罪供述等定罪的关键证据在承办法官心中产生疑问。经云南省高级人民法院与云南省人民检察院多次沟通后，由云南省公安厅报公安部，再次对现场提取到的检材进行检验，检测到死者阴道内有其他男性 DNA，也正是据此，警方才得以抓获本案的真正作案人（该男子系卢荣新寨子同村青年，因作案时未满 18 周岁被判无期徒刑）。后云南省高级人民法院二审启动庭前会议，排除之前定罪的关键证据锄头柄 DNA鉴定意见，有罪供述作为非法证据也被排除。

2017 年 1 月 6 日，云南省高级人民法院当庭宣告卢荣新无罪并将其当庭释放，本案圆满结束。

办理心得

其实，在 2015 年和 2016 年，我国多起强奸杀人案最终都得以改判，沉冤得雪，这给我及被告人极大的信心和支持。

作为辩护人，我们不能轻易相信权威，要敢于挑战权威，要靠事实说话。本案中一个醉酒的人在田地里强奸后杀人，案发现场竟然一点物证没有留下。案发之初并未收集、提取到相关物证，而在对卢荣新进行三天的非法羁押后，死者生前使用的锄头上突然出现了检有卢荣新 DNA 的生物物质。试想一下，该起案件发生在 2012 年，距今并不久远，侦查技术也并不落后，现场勘查时就发现了死者周边有锄头，如果锄头上确实有作案人的生物物质，在一开始的现场勘查及后续的检验鉴定环节就应当显现出来，又何必大费周章地锁定周边 18 岁至 60 岁的男性一一排查？因此，我们有相当理由怀疑该物证的取得程序不合法，检材来源不明。这是本案的一个关键点。另外，卢荣新在侦查阶段做过八次供述，唯一一次有罪供述，即后来被用于证实其构成犯罪的供述，是在非法羁押期间作出的，时间、地点不明确，手续不完备、不合法，同步录音录像出现故障不能证明取证行为的合法性。因此，这份有罪供述获取程序不合法、内容不真实。

这样一来，本案能够证实卢荣新实施犯罪行为最有力的两份证据都不能再被采纳，无罪辩护就有希望了！

作为辩护人，办理此类案件，应当多跑现场，实地调查了解，对案件重点作全方位的调查取证，全面收集证据，反驳在案证据。比如笔者专门调取气象资料，以证明当天的天气状况；结合被告人的有罪供述，对目击证人的证言进行反驳；笔者将心中的疑问一一提出，在相关证据的共力下，动摇了案件承办法官对事实的认定。

对法律的陌生、文化素质的低下以及信息的不对等，都会导致被告人或家属对案件结果丧失信心，辩护人应当以事实为依据，以法律为准绳，全面分析案件可能的结果以及案件可能的突破点，帮助被告人及其家属树立信心，维护被告人的合法权利。

杨洪　2018 年 3 月 10 日凌晨

■ 评　议

目前已经纠正的刑事错案，既有共性，也有不同。与以往较为典型的"时间久远""已决判决""被动纠错"式的错案纠正路径不同，卢荣新案的纠错模式可以概括为历时较短（从案发至宣告无罪不到 5 年）、通过二审程序纠错（未决案件）、主动纠错。概言之，该案系"云南省高级人民法院通过二审监督纠错，云南省人民检察院履行法律监督职责，云南省公安厅重新侦查、查明真凶，有效实现司法公正的典型案件"[1]。

在入选"2017 年度十大无罪辩护经典案例"之前，卢荣新案还入选了由《人民法院报》编辑部评选的"2017 年度人民法院十大刑事案件"以及 2018 年 2 月 1 日由最高人民法院、中央电视台联合评选出的"2017 年推动法治进程十大案件"。从卢荣新案中，我们能探寻到的还有很多。

非法证据排除程序

非法证据排除规则是我国刑事诉讼中最为重要的证据规则之

---

〔1〕 茶莹、杨帆："云南卢荣新案后续有果"，载《人民法院报》2017 年 1 月 22 日第 4 版。

一，基于《中华人民共和国刑事诉讼法》第50条的规定，审判人员、检察人员、侦查人员必须依照法定程序收集能够证实犯罪嫌疑人、被告人有罪或者无罪、犯罪情节轻重的各种证据，严禁刑讯逼供和以威胁、引诱、欺骗以及其他非法方法收集证据。

在具体制度设计上，一方面适用于言辞证据，即采用刑讯逼供等非法方法收集的犯罪嫌疑人、被告人供述和采用暴力、威胁等非法方法收集的证人证言、被害人陈述，应当予以排除；另一方面适用于实物证据，即收集物证、书证不符合法定程序，可能严重影响司法公正，且不能补正或者作出合理解释的，对有关证据应当予以排除。

在对案件证据收集的合法性进行证明时，检察院要承担相应的证明责任，若证实或不能排除相关在案证据是以非法方法收集的，该证据依法应当予以排除。

在本案中，卢荣新二审被改判无罪的关键就在于，一审认定其有罪的有罪供述、锄头柄DNA鉴定意见和现场指认笔录等三份证据在二审阶段皆被认定为非法证据，予以排除。

首先，关于一审中被法官采纳的西双版纳州837号鉴定书，所有在案证据中关于检材提取过程的证据之间相互矛盾，卷内无提取笔录，无法确定作为鉴定检材的锄头柄部擦拭物的来源，办案机关所做的情况说明存在矛盾，锄头柄DNA鉴定意见依法不能作为定案的根据，且经重新鉴定，锄头柄部未检出卢荣新的DNA，无证据证实现场提取的锄头与卢荣新存在关联。

其次，卢荣新在侦查阶段共有八次供述，仅第七次作有罪供述，随后翻供。其唯一一次有罪供述，笔录载明讯问地点在勐腊县看守所第二审讯室，与讯问录像显示的讯问地点不一致，二者存在明显矛盾；提讯证、讯问笔录记录的讯问时间和讯问录像显示的关于这次讯问的起止时间也存在明显矛盾，讯问录像图像中仅有卢荣新的背影，没有声音。对于上述重大瑕疵，公安机关亦未作出合理解释。卢荣新有罪供述的取证程序违反了《最高人民法院关于适用〈中华人民共和国刑事诉讼法〉的解释》及《中华人民共和国看守所条例实施办法》的相关规定，不能作为定案的证据。

最后，二审庭审中质证的现场指认录像显示，卢荣新在指认时多次迟疑不决，现场多次出现他人提示的情形，指认过程不顺畅、不自然，且卢荣新指认现场时描述的作案过程与现场指认笔录及其有罪供述存在明显矛盾。原判认定现场指认录像及现场指认笔录与卢荣新有罪供述一致，与事实不符。因此，现场指认不能排除存在诱导的可能，违反了相关法律规定。

综上，一审中认定卢荣新实施犯罪的主要证据，在启动了非法证据排除程序后，均被认定不能作为定案的根据而予以排除，这是本案无罪的关键所在。

侦查取证工作应当规范化

对于一个错案而言，犯罪嫌疑人、被告人的供述与其他证据之间存在矛盾是必然的。就本案而言，若将卢荣新的有罪供述置于案件的整体证据结构中看，卢荣新故意杀人、强奸的"犯罪事实"与既有证据之间存在矛盾当然是不可避免的，但若仔细甄别，不难发现本案存在无法回避的疑点和矛盾——锄头柄DNA鉴定意见的重大瑕疵、以口供为中心的有罪证据体系"崩塌"、认定卢荣新作案不具有唯一性等。

从整体来看，本案与大多数刑事错案有着共同的源头，即仍然采取"循供取证"侦查模式，相关口供、物证取得和运用不规范最终导致了案件历经一审、重审后终由二审法院以"事实不清、证据不足"宣判被告人无罪。

综合从各种途径得到的材料可以推断出本案侦查取证的基本路径：案发后，侦查人员基于案发时的时空条件和因果关系对符合条件的人员划定范围——对上述人员进行排查后发现卢荣新具备时空条件，同时其身上又有28处解释不清的伤痕——侦查人员的后续取证工作至此有了明确方向。为了"印证"卢荣新有罪，侦查行为开始展现出倾向性和选择性，对证据之间的矛盾也发生了认识偏差，并自动"屏蔽"了卢荣新的无罪辩解，最终形成了卢荣新确实实施了犯罪行为的有罪证据体系。

从侦查认识规律和阶段任务来看，不同于起诉和审判阶段对已经取得的证据进行审查，侦查是对已经发生的事实进行一种"回溯性"认识，要尽快收集、提取相关证据，证明案件事实，而依据犯罪嫌疑人的供述去调查、收集证据无疑是使证据从无到有最为迅速、有效的现实路径之一。但这种路径导致错案的风险很高。侦查取证风险主要在于以口供为"线索"取得的其他证据的运用失当，导致类型化错案问题突出，卢荣新案就是一个典型的案例。

由此看来，取证模式的理论与实践之间的矛盾单纯依靠"由供到证转向由证到供的取证模式转型"的学术探讨是无法解决的，更重要的是转变侦查理念，规范侦查行为。侦查应当以公诉需求为目标，最终服务于审判。侦查机关应当有针对性、规范性地收集和固定证据，一方面保证侦查的准确性、及时性和规范性，另一方面保证证据的证据能力和证明力，从而顺应"以审判为中心"的诉讼制度改革。

从卢荣新案中，我们可以对侦查行为进行反思：首先，要转变证据收集思路，从依赖人证的证明观转向重视物证的证明观，充分意识到物证的提取和鉴定对于当前诉讼模式下刑事案件定案的重要意义，通过收集物证锁定案件关键情节，通过物证与言词证据相互印证构筑证据体系。其次，基于"循供取证"模式的弊端，在侦查实践中要严格控制使用条件，确保讯问的合法性。最重要的是，在侦查环节要严格依照法定程序对相关的言词证据、实物证据进行收集、提取、固定，确保证据的内容真实、形式合法。

检察机关在冤假错案中的监督作用

卢荣新案是一起典型的错案纠正案件，在纠正过程中展现出来的一个显著特征是，这是一起检察院履行法律监督职能、主动启动重新侦查程序，使案件得以回到正轨的案件。

最高人民检察院公诉厅检察官王文利在评价卢荣新案时指出，本案检察机关发挥了三个方面的作用：

第一，案件进入二审期间，检察机关认真审核证据，发现案件疑点，建议发回重审。检察机关的承办人员经过阅卷发现案件中客观性证据的提取过程和储存过程存在不规范情形。

第二，检察机关在发现疑点后，提出质疑，引导公安机关继续侦查，从而发现真凶。

第三，检察机关在发现真凶后，为了保证案件依法进行，提出原先卢荣新案的审判人员全部回避，同时对真凶洪树华异地羁押、异地审判，从而保证对洪树华的审判依法进行。

在我国，检察机关是唯一的公诉机关，也是法律监督机关。一起案件侦查终结移送至检察机关，办案人员的职责不仅仅是对移送过来的案卷和相关证据进行审查判断、作出是否起诉的决定，还应当对此前诉讼阶段中办案人员的行为进行监督和审查。在刑事诉讼中，强调公安机关、检察机关、法院分工负责、相互配合、互相制约，但在司法实践中，"配合"有余，"制约"不足，甚至大多数的刑事错案都是明知有错仍"将错就错"而酿成的苦果，这可谓是司法系统的"面子文化"。

尤其在纠错程序中，检察机关要给公安机关面子，法院要给检察机关、公安机关面子，也要给原审法院面子，更要给自己面子，有时甚至还要顾虑到相关政府机关的面子。在我国，面子是与社会资源相互挂钩的，具有重要的资源置换功能，给面子其实就是权力资源的置换，实则是一种非理性的"合作博弈"。

卢荣新案中，检察机关展现出来的职责担当是值得赞赏的，可能是案件本身的疑点过于明显，也可能是承办检察官的职业操守所致。在本案第一次发回重审时，检察机关就做了一系列工作，为改判而努力着，卢荣新最终被宣告无罪，检察机关在其中起到了至关重要的作用。

电影《狄仁杰之神都龙王》中的主角狄仁杰曾说："真理必须追究，正义更需强求。"法律固然是正义的，然而法律条文又是冰冷的，赋予它温度正是坚守正义的检察官、执掌法槌的法官和为当事人伸张权益的辩护人。

吉林"黑社会典型"八年后再审
被告人当庭释放

——吉林孙氏三兄弟涉黑案[1]

■ 回　顾

八年后，吉林孙氏三兄弟终于出狱回家了。

踏过齐脚踝深的积雪，孙宝民、孙宝国、孙宝东三兄弟跪倒在母亲墓前，这一跪，距离他们上次见到母亲已过去八年，孙家兄弟与母亲从生离变成了死别……

---

〔1〕　鉴于本案案情重大复杂，涉案人数众多，故仅以孙宝国、孙宝东和孙宝民三名主要当事人为视角展开。同时，本案性质特殊，属第一起由最高人民法院巡回法庭公开审理翻案的涉黑案件，再审判决有较强的参考性，产生广泛的社会影响，因此不对本案的最终量刑结果作严格限制。在此感谢孙宝东的再审辩护人张铁雁律师提供本案的相关材料和办案手记。

孙宝民、孙宝国、孙宝东三兄弟在母亲墓前

　　20世纪90年代初，家住长春市的孙宝东和孙宝国两兄弟每天蹲在团结路钢材市场门口等待拉活，后来二人成为钢材销售业务员。2000年，孙宝东和两个朋友合伙在长春市凯旋路钢材市场开了店，在连续亏损两年后，于2002年盈利50万元。

　　好景不长，2008年1月，孙家就蒙上了涉黑的阴影。

　　2007年，多名商人向北京、长春等地有关部门反映情况，称孙氏三兄弟向他人放贷、赊销钢材，在讨债时限制他人人身自由，逼迫抵押财产、转让股份等。2008年，孙宝国、孙宝民和孙宝东三人先后被抓，涉嫌非法拘禁、敲诈勒索等罪名。

　　2008年4月29日，吉林省公安厅刑事侦查局函告吉林市公安局刑警支队，由该支队侦办孙宝国等人涉黑团伙犯罪案。2009年11月30日，吉林市公安局将分别于2005年3月、2005年8月、2007年9月已作出判决并生效执行完毕又在再审期间撤回起诉的孙宝国等人涉嫌敲诈勒索、非法拘禁、故意伤害等罪名的案件、曲海文非法拘禁案、孙宝民非法拘禁案并入孙氏三兄弟涉黑案一并侦查后，将案件移送吉林市人民检察院。

两年多的侦查中，孙宝国和孙宝东涉嫌的罪名越来越多。随孙宝国跑业务的司机曲海文被抓，曾跟随孙宝国跑过业务的周艳圣、周艳秋也被抓，此案牵扯的人越来越多。2011年铺天盖地的涉黑宣传报道中，孙氏三兄弟被描述为"横行市场多年，称霸一方"的恶霸。报道称三人养了众多社会闲散人员充当打手，逐渐垄断了凯旋路钢材市场，欺行霸市。

2011年5月16日，吉林市公安局侦查终结，将此案移送吉林市人民检察院审查起诉。2011年6月30日，吉林市人民检察院向吉林市中级人民法院提起公诉。

2011年11月11日，吉林市中级人民法院作出一审判决，孙宝国、孙宝东、孙宝民等七名被告人不服该判决，分别向吉林省高级人民法院提出上诉。2013年9月4日，吉林省高级人民法院作出二审判决，孙宝国、孙宝东、孙宝民不服该判决，分别向吉林省高级人民法院提出申诉。

2014年3月4日、10月24日，吉林省高级人民法院分别驳回孙宝国、孙宝东、孙宝民的申诉。

2015年1月31日，最高人民法院第二巡回法庭在沈阳揭牌成立，孙宝国、孙宝东的亲属及孙宝民便向最高人民法院第二巡回法庭提出了申诉。

好消息终于来了。2016年初，恰逢农历小年，孙家人等来了最高人民法院第二巡回法庭针对孙氏三兄弟涉黑案的再审提审通知书。

这份通知书给孙氏三兄弟的世界投进了光亮……

■ 控　诉

吉林省吉林市人民检察院
起诉书

吉市检刑诉字［2011］第 45 号

被告人孙宝国，男，汉族，1972 年 10 月 22 日出生于吉林省长春市，初中文化，长春市凯旋路钢材市场业主……

被告人孙宝东，男，汉族，1975 年 1 月 27 日出生于吉林省长春市，初中文化，长春市凯旋路钢材市场业主……

被告人孙宝民，男，汉族，1970 年 4 月 14 日出生于吉林省长春市，初中文化，长春市凯旋路钢材市场业主……

……

经依法审查查明：

被告人孙宝国、孙宝民、孙宝东三兄弟从 20 世纪 90 年代初开始在长春市凯旋路钢材市场承租门市销售钢材。1996 年 3 月 12 日，孙宝国、孙宝东等人在鞍山火车站持刀行凶，造成一人死亡、两人重伤、两人轻伤的严重后果。由于当地公安、司法机关工作原因，导致该案被错误定性，孙宝国、孙宝东仅被判处缓刑。

被告人孙宝国缓刑考验期满后不思悔改，大肆宣扬其"杀人没事、上面有人"，扬名造势，不断扩大其社会影响力。2000 年初，孙宝国开始以社会大哥自居，并借其在钢材市场雇工经营之便，先后笼络被告人曲海文、周艳圣、周艳秋、高威、孙福海、邹作佰及张文齐、李某三、张某五（三人均在逃）等社会闲散人员，为其所用并充当打手，为非作歹、称霸一方，大肆进行故意伤害、非法拘禁、聚众斗殴、寻衅滋事、敲诈勒索、强迫交易、妨害公务等违法犯罪活动，欺压残害百姓，逐步形成了以孙宝国为组织、领导者，以孙宝东、周艳圣、曲海文为骨干成员，以孙宝民、孙福海、高威、周艳秋、邹作佰为一般成员的较为稳固的黑社会性质组织。

该组织以长春市凯旋路钢材市场为据点，以经营钢材为掩护，大肆进行违法犯罪活动。孙宝国、孙宝民在经营钢材过程中，蓄谋以大额放贷、赊销建材为诱饵，引诱大量被害人与其经济往来，在高利放贷、高价赊销建材给被害人后，又依仗其黑社会组织势力，采取非法拘禁、敲诈勒索、强迫交易等违法犯罪手段，向被害人索取或强占被害人畸高于原有债务之钱物，通过上述手段攫取大量违法经济利益，聚敛巨额钱财，并将部分钱物用于支持其违法犯罪活动。该组织成员对孙宝国言听计从，具有较强的组织、纪律性。孙宝国则通过提供经济保障、为成员摆事等手段来拉拢手下成员为其"办事"。孙氏兄弟还通过购买方式引诱、拉拢部分国家工作人员，为其黑社会性质犯罪组织寻求保护，使该组织违法犯罪活动不仅没有受到应有的打击处理，反而有恃无恐、愈演愈烈。该组织犯罪气焰嚣张，违法活动猖獗，严重破坏了当地的社会经济秩序和治安秩序，严重侵犯了被害人的人身权利和财产权利，使人民群众丧失了基本的安全感，民愤极大。具体犯罪、违法事实如下：

1. 故意杀人犯罪事实：1996年3月12日，被告人孙宝国、孙宝东等人到鞍山市购买钢材。凌晨3时许，在鞍山火车站站台处与上前揽客的出租车司机李某一因言语不合而发生争执。后在鞍山火车站出站口处，孙宝国、孙宝东与李某一等人发生厮打，孙宝国、孙宝东二人持刀行凶，追刺李某一等人，当场将李某一刺死，将被害人裴某、高某一、罗某、杨某一刺伤。经鉴定，李某一因失血性休克死亡，裴某、高某一系重伤，罗某、杨某一系轻伤。

2. 故意伤害犯罪事实（三起）……

3. 非法拘禁犯罪事实（五起）……

4. 聚众斗殴犯罪事实……

5. 寻衅滋事犯罪事实……

6. 敲诈勒索犯罪事实（四起）……

7. 强迫交易犯罪事实（两起）……

8. 贷款诈骗犯罪事实……

9. 诈骗犯罪事实（两起）……

10. 故意毁坏财物犯罪事实……

11. 妨害公务犯罪事实……

12. 妨害作证犯罪事实……

13. 帮助毁灭证据犯罪事实……

14. 掩饰、隐瞒犯罪所得收益犯罪事实……

15. 非法处置查封财产犯罪事实……

16. 其他违法事实十二起……

本院认为，被告人孙宝国组织、领导黑社会性质组织，故意非法剥夺他人生命，故意伤害他人身体，非法拘禁他人，聚众斗殴，寻衅滋事破坏社会秩序，敲诈勒索公私财物，以暴力、威胁手段强买强卖商品，诈骗银行贷款，诈骗公私财物，以暴力、威胁方法阻碍国家机关工作人员依法执行职务，变卖已被司法机关查封的财产，犯罪情节特别恶劣，后果特别严重，社会危害极大。

被告人孙宝东参加黑社会性质组织、故意非法剥夺他人生命、非法拘禁他人、寻衅滋事破坏社会秩序、指使他人作伪证，犯罪情节恶劣，后果严重，社会危害极大。

被告人孙宝民参加黑社会性质组织，非法拘禁他人，敲诈勒索公私财物，以暴力、威胁手段强买强卖商品，犯罪情节恶劣，后果严重，社会危害大。

……

本案犯罪事实清楚，证据确实充分，应当以组织、领导黑社会性质组织罪，故意杀人罪，故意伤害罪，非法拘禁罪，聚众斗殴罪，寻衅滋事罪，敲诈勒索罪，强迫交易罪，贷款诈骗罪，诈骗罪，妨害公务罪，非法处置查封财产罪追究被告人孙宝国的刑事责任；以参加黑社会性质组织罪、故意杀人罪、非法拘禁罪、寻衅滋事罪、妨害作证罪追究被告人孙宝东的刑事责任；以参加黑社会性质组织罪、非法拘禁罪、敲诈勒索罪、强迫交易罪追究被告人孙宝民的刑事责任。

……

依据《中华人民共和国刑事诉讼法》第141条之规定，提起公诉，请依法判处。

此致

吉林市中级人民法院

检 察 员：杨　旭

代理检察员：盛　楠

马　鑫

张雪娜

二〇一一年六月三十日

接到最高人民法院第二巡回法庭再审决定后，最高人民检察院刑事申诉检察厅指派专人查阅了本案的全部案卷材料，提审了孙宝国、孙宝东、孙宝民等原审被告人，复核了本案的关键证人及相关证据。

本案再审开庭审理时，最高人民检察院指派检察员杜亚起、助理检察员韩大书出庭履行职务，这是最高人民检察院直接派员出席刑事申诉再审庭审的第一起案件。在法庭辩论中，出庭检察员秉持客观公正的立场，向法庭详尽发表了如下检察意见：

一、事实部分

原判认定的孙宝国、曲海文、孙福海故意伤害任某三，周艳秋、周艳圣、梁广超、邹作佰故意伤害葛某一，梁广超故意伤害唐某，孙宝国、孙宝东、孙立海、孙明伟非法拘禁姜某一、隋某，孙宝国、曲海文、周艳圣非法拘禁曲某二，孙宝国、曲海文、周艳圣、孙福海非法拘禁马某一，孙宝国、曲海文、周艳圣、邹作佰非法拘禁于某二，孙宝民、李仁河非法拘禁张某二，周艳圣、周艳秋敲诈勒索刘某二，孙宝国、曲海文因拖欠被雇村民工资寻衅滋事，孙宝国、孙宝东、曲海文、周艳圣寻衅滋事殴打李某二，孙宝国妨害公务，孙宝东妨害作证，孙宝国非法处置查封财产，高威故意毁坏财物等犯罪的事实清楚，证据确实、充分。

原判认定孙宝国、孙宝东所犯故意杀人罪，应认定为故意伤害罪，孙宝国组织、领导黑社会性质组织，孙宝东、曲海文、周艳圣、孙福海、高威、周艳秋、邹作佰参加黑社会性质组织，孙宝国敲诈勒索曲某二，孙宝国、曲海文、周艳圣、高威敲诈勒索金某，孙宝国、曲海文、周艳圣、孙福海、周艳秋强迫交易，孙桂英帮助毁灭证据，孙宝民、李士坤敲诈勒索张某四，孙宝民敲诈勒索赵某一，均因事实不清、证据不足，不能认定。因认定孙宝民构成敲诈勒索罪的事实不清、证据不足，故不能认定陶立新在接替孙宝民经营"台北大厦"过程中，将收取的部分租金以他人名义存入银行、买车、买房的行为，构成掩饰、隐瞒犯罪所得收益罪。

二、程序部分

原审诉讼程序中重复追诉、再审程序中加重原审被告人刑罚等均严重违反法律规定，影响本案公正审判。

（一）重复追诉

1997年8月，鞍山市铁东区人民法院对孙宝国、孙宝东故意伤害案作出（1997）东刑初字第94号刑事判决，该判决已发生法律效力且执行完毕。2010年5月11日，最高人民法院立案庭作出（2010）刑立他字第18号指定管辖决定、移送管辖通知，指定"吉林市昌邑区人民法院依照刑事第一审程序，对被告人孙宝国故意伤害一案进行审判"，并通知鞍山市铁东区人民法院将该案移送吉林市昌邑区人民法院审判"。从该案诉讼程序的流转过程能够看出，吉林市昌邑区人民法院依据最高人民法院指令管辖决定受理孙宝国、孙宝东故意伤害一案，其实是按照《中华人民共和国刑事诉讼法》关于审判监督程序的相关规定，启动了案件的再审程序。虽然吉林市昌邑区人民法院在受理案件后，将该案移送吉林市昌邑区人民检察院，但是，此时的案件仍然是处于第一审程序之中的再审案件。

孙宝国、孙宝东故意伤害一案，早在1997年便历经侦查、起诉、审判等法定程序，并由鞍山市铁东区人民法院作出了生效判决。针对同一事实，公安机关不能再重新移送审查起诉。尽管该案的原审判决已被撤销，但这个案件只是在再审过程中恢复到了一审程序的重新审判阶段，即使公安机关在侦查过程中取得的新证据与原案证据相比发生了重大变化，公安机关也仅能向检察院或法院单独移交相关证据，而不能作为一个新的案件事实重新移送审查起诉。同理，在一个刑事案件已经由法院受理，进入审判程序的情况下，不论该案是处于一审、二审还是再审程序之中，检察机关均不能针对同一事实再行提起公诉，法院更不能对这个已经受理的再审案件进行再次受案，重复审判。但本案中，吉林市公安局却在2010年7月27日，以吉市公诉字（2009）97-1号补充起诉意见书，以孙宝国、孙宝东涉嫌故意杀人，将该起事实并入孙宝国等人涉黑案，向检察机关重新移送审查起诉。吉林市人民检察院也完全忽视了该案尚处于法院依法重新审判的再审过程中，错误地受理了该案，并在鞍山市铁东区人民检察院鞍东检刑诉字（1997）第91号起诉书未予撤销的情况下，针对相同事实，进行了重复起诉。之后，吉林市中级人民法院亦错误地受理了对该起事实的重复起诉，并将这一事实与孙宝国等人涉黑案的其他事实一同，按照新提起公诉的一审案件，进行了重复审判。这种对孙宝国、孙宝东故意伤害一案的重复追诉活动，严重违反了法律规定，而且，由于该案被并入孙宝国等人涉黑案中进行审理，二人均被加重了处罚，显失公正。

（二）再审程序中加重了对原审被告人的处罚

孙宝国等人涉黑案的原审诉讼过程中，严重违反法律规定，将本应依照再审程序进行审理的孙宝国等人非法拘禁姜某一、隋某、曲某二、金某、马某一、于某二，孙宝民、李仁河非法拘禁张某二，周艳圣等人故意伤害葛某一，高威故意毁坏财物等八起犯罪事实，全部并入了孙宝国等人涉黑案，重新侦查、重新审查起诉、重新审判，并均认定为黑社会性质组织实施的犯罪。通过梳理本案的全部犯罪事实能够发现，如果不将这些已经审判的犯罪重新并入孙宝国等人涉黑案，孙宝国等人实施的犯罪仅有一起故意伤害、二起寻衅滋事、一起妨害公务、一起敲诈勒索、一起妨害作证、一起非法处置查封财产，难以依据这些犯罪就认定孙宝国等人构成黑社会性质组织。上述对相关犯罪事实进行合并审理的目的，明显是从重处罚孙宝国等人，并因此加重了对各原审被告人的处罚，显失公正。

三、量刑方面

原判量刑明显不当。第一，原判在认定孙宝国、孙宝东故意杀人犯罪中，错误采信发生变化的言词证据，忽视这些言词证据与现场勘查笔录、法医鉴定等在案证据之间的矛盾，错误定性并导致量刑明显不当；第二，原判认定孙宝国、孙宝东、曲海文、周艳圣、高威、周艳秋、邹作佰、孙福海构成组织、领导、参加黑社会性质组织罪的证据不确实、不充分，并错误认定孙宝国敲诈勒索曲某二，孙宝国、高威、曲海文、周艳圣敲诈勒索金某，孙宝国、孙福海、周艳圣、周艳秋强迫交易，孙桂英帮助毁灭证据，此部分因定罪、定性错误，导致量刑明显不当；第三，原判错误认定孙宝民、李士坤敲诈勒索张某四，孙宝民敲诈勒索赵某一，陶立新掩饰、隐瞒犯罪所得收益，此部分因定罪错误，导致量刑明显不当。

综观全案，吉林省高级人民法院（2012）吉刑三终字第48号刑事判决认定的部分犯罪事实和采信的证据确有错误，且诉讼程序严重违反法律规定，并因此导致定罪量刑明显不当，显失公正。原判认定陶立新、李士坤、孙桂英构成犯罪的事实不清、证据不足，应当依法改判无罪。原判认定孙宝民、高威、邹作佰实施的相关犯罪事实，均受到过刑事处罚，且已执行完毕，该三人在本案中并无新的犯罪事实；孙宝国、孙宝东、周艳圣、曲海文、周艳秋、孙福海除了已经受到过刑事处罚且执行完毕的犯罪事实外，还分别构成故意伤害罪、寻衅滋事罪、非法拘禁罪、敲诈勒索罪、妨害公务罪、妨害作证罪、非法处置查封财产罪，应当依法追究相应的刑事责任。

■ 辩　护

　　原审被告人孙宝国辩称：原判认定的故意杀人一案，鞍山市铁东区人民法院已经处理过，孙明伟的供述系刑讯逼供所得；敲诈勒索金某一案，长春市宽城区人民法院已处理过，其没有敲诈勒索行为，原判定案证据来源于刑讯逼供；其与曲某二属于正常经济往来，不是敲诈勒索，其行为只是非法拘禁，且长春市宽城区人民法院对非法拘禁行为已处理过；其在长春市凯旋路钢材市场经营规模较小，长期员工只有曲海文，不具备黑社会犯罪条件，不是黑社会；故意伤害任某三一案，其没有指使曲海文扎任某三，该案已调解和赔偿；非法拘禁姜某一、隋某一案，长春市宽城区人民法院已处理过，且孙宝国不构成该罪；非法拘禁马某一、于某二一案，长春市宽城区人民法院已处理过；在舒兰市溪河镇浪口村寻衅滋事及妨害公务一案已处理过，认定其妨害公务所依据的两名民警证言系重新取得，孙宝国对此证言有异议；寻衅滋事殴打李某二一案，已按治安案件处理过，且只有李某三实施殴打行为，其没有殴打李某二，其有罪供述来源于刑讯逼供，2008年作出的鉴定结论虚假；强迫金某交易一案，应认定为非法拘禁罪；非法处置查封财产一案，其不知马某一已把楼抵给别人，也不知该房屋已被法院查封。

　　原审被告人孙宝国的辩护人赵新宙、张立军（北京天驰君泰律师事务所律师）提出，原判认定的故意杀人一案，在程序方面，同时有两个审理程序进行，整个案件在违法的审理程序下，在当年判决生效14年后，又被吉林市中级人民法院重新审理并判处孙宝国死刑。在实体方面，1997年鞍山市铁东区人民法院认定的事实清楚，以防卫过当构成故意伤害定性准确。2009年重新审理时取得了与原先审理时相矛盾的证言，但法院未对证言与其他证据的矛盾加以核实，采用了不利于孙宝国的后来取得的言词证据；补充侦查期间，孙宝国等人遭受过严重的刑讯逼供，所得供述等证据不能作为证据使用。因孙宝国与金某、曲某二存在合法的债权债务关系，不能认定以非法占有为目的，敲诈勒索犯罪不能成立，并且敲诈勒索曲某二一案之前已按非法拘禁判罚过。黑社会性质组织应当具有四个特征，原审认定的事实不满足此要求，故该犯罪不能成立。故意伤害任某三一案已超过追诉时效，且已经调解、赔偿。非法拘禁一案，孙宝国与各被害人存在正常的债权债务关系，原审采信的证据是违法搜集的。寻衅滋事殴打李某二一案，已经按照治安案件处理过，时隔六年的损伤鉴定客观性存疑，量刑过重。妨害公务一案，超过追诉时效，且已被治安拘留；强迫交易一案的定罪证据相互矛盾，不存在情节严重的情形，所谓的交易未完成，不构成此罪，且也存在超过追诉时效的问题；非法处置查封财产一案，没有证据证明孙宝国得到查封通知。

原审被告人孙宝东辩称：原判认定的故意杀人一案，其与孙宝国一行人系遭到被害人袭击，才掏刀自卫，吉林市中级人民法院片面采信多年后重新收集的口供定罪，不符合案件事实，被害人是在与其一行人互殴过程中受伤，其对被害人李某一不存在追刺行为，该案已经处理过，且服刑完毕；其行为不构成参加黑社会性质组织罪；非法拘禁姜某一、隋某一案，其只是取了欠款，没有参与该起犯罪；寻衅滋事殴打李某二一案，其没有授意别人打李某二，双方已经达成过和解协议；妨害作证一案，其行为不足以构成犯罪。

原审被告人孙宝东的辩护人张铁雁（北京世纪律师事务所律师）、蔡仁鲁（吉林金梅律师事务所律师）提出，原判认定的故意杀人一案，在程序方面存在严重违法情形。依照最高人民法院的指定，该案依法应由吉林市昌邑区人民法院审理，与其他犯罪行为并案审理没有法律依据，吉林市人民检察院在对案件提起公诉时对本案重复起诉，吉林市中级人民法院和吉林省高级人民法院在对案件进行判决时加重对孙宝东的刑罚，都是严重违反法定程序的行为。在实体方面，本案定性存在严重错误，孙宝东的行为系故意伤害，属于防卫过当，造成被害人李某一死亡的行为不是孙宝东所为，对此不应当承担法律责任，原一、二审判决没有考虑被害人有严重过错，没有考虑已经对被害人家属进行赔偿、取得被害人谅解的情节；吉林省高级人民法院的二审判决在对孙宝东判处刑罚时，没有考虑其因该案已经被羁押，在判决时没有对已经羁押的期限折抵刑期；从全案事实看，本案不存在黑社会性质组织，从违法事实看，认定孙宝东犯参加黑社会性质组织罪没有事实依据和法律依据；非法拘禁姜某一、隋某一案，孙宝东没有参与拘禁姜某一，也没有实施殴打行为，其有罪供述是刑讯逼供而来，对孙宝东量刑过重，且超过追诉时效；寻衅滋事殴打李某二一案，认定事实错误，定性也存在错误；孙宝东虽有妨害作证行为，但其中一名证人的证言未作为起诉和审判的证据，另一名证人的证言也没有被认定，不应当以妨害作证罪追究责任。

原审被告人孙宝民辩称：没有敲诈勒索赵某一、张某四，其与二人之间有债权债务关系，原判只根据赵某一的报案和赵某一妻子的证言认定其有罪，证据不足；非法拘禁张某二一案，已经处理过了。

原审被告人孙宝民的辩护人郭然（北京观澜律师事务所律师）提出，第一，孙宝民与赵某一之间存在合法的债权债务关系，孙宝民向赵某一索要债款属于经济纠纷，认定为敲诈勒索罪适用法律错误；①孙宝民与赵某一签订的还款协议书内容真实，孙宝民与赵某一之间存在合法债权债务；②本案的还款协议书是在双方自愿的情况下签订的，原判认定孙宝民逼迫赵某一签订协议错误。第二，孙宝民与张某四之间存在合法债权债务关系，孙宝民用其享有的"债权"受让张某四的"股权"属于民事行为，应受民法调整，不应认定为敲诈勒索罪。①张某四自2005年1月至4月四次向孙宝民高息借款共计300余万元。张某四的行为是其行使民事处分权的行为，并不违反法律禁止性规定，并且张某四一直承认第一次向孙宝民借款是自愿的。辩护人认为，逾期还款产生的款项属于民法意义上的债务延迟违约金，当事人应当履行，孙宝民的利益应受到法律保护。②孙宝民用其享有的"债权"受让张某四的"股权"，既没有超出权利范围，也没有造成张某四财产损失，更没有违背张某四的意志，原判认定孙宝国以胁迫张某四与其签订股份转让协议的手段强占"台北大厦"的事实错误。

■ 审　判

中华人民共和国最高人民法院
刑事判决书

（2016）最高法刑再2号

原公诉机关吉林市人民检察院。

原审被告人孙宝国，男，汉族，初中文化，长春市凯旋路钢材市场业主……2013年9月4日因犯组织、领导黑社会性质组织罪等被吉林省高级人民法院判处并决定执行死刑，缓期2年执行，剥夺政治权利终身，并处罚金300万元。现在吉林省长春市监狱服刑。

辩护人赵新宙，北京天驰君泰律师事务所律师。

辩护人张立军，北京天驰君泰律师事务所律师。

原审被告人孙宝东，男，汉族，初中文化，长春市凯旋路钢材市场业主……2013 年 9 月 4 日因犯参加黑社会性质组织罪等被吉林省高级人民法院判处并决定执行有期徒刑 19 年，剥夺政治权利 2 年。现在吉林省公主岭监狱服刑。

辩护人张铁雁，北京世纪律师事务所律师。

辩护人蔡仁鲁，吉林金梅律师事务所律师。

原审被告人孙宝民，男，汉族，1970 年 4 月 14 日出生于吉林省长春市，初中文化，长春市凯旋路钢材市场业主……2013 年 9 月 4 日因犯敲诈勒索罪、非法拘禁罪，被吉林省高级人民法院判处并决定执行有期徒刑 10 年 6 个月。现已刑满释放。

辩护人郭然，北京观澜律师事务所律师。

……

经本院再审查明：

（一）故意伤害犯罪事实

原判认定原审被告人孙宝国、曲海文、孙福海故意伤害任某三的犯罪事实清楚，证据确实、充分。本院予以确认。

原审被告人孙宝国关于其没有指使曲海文扎任某三，原审被告人曲海文关于此事是其与任某三发生口角，与他人无关的辩解，及原审被告人孙福海关于该起事实发生时其不在场，原判仅凭口供定案，证据不足，认定事实错误的辩解，因无事实依据，且与在案证据矛盾，均不能成立，本院不予支持。虽然 2004 年 10 月 15 日，孙宝国胞姐孙桂英与任某三达成调解协议，由孙桂英一次性赔偿任某三 8 万元，任某三对孙宝国等表示谅解并不再要求追究孙宝国等涉案人员的刑事责任，但故意伤害致人轻伤的案件属于公诉案件，而非自诉案件，刑事诉讼程序的启动不以当事人达成调解协议、控告为前提条件，当事人之间达成调解协议不影响司法机关追诉。对孙宝国、曲海文及其辩护人提出的相关辩解及辩护意见，本院不予采纳。

（二）非法拘禁犯罪事实

1. 原判认定原审被告人孙宝国、孙宝东、孙立海、孙明伟非法拘禁姜某一、隋某的犯罪事实清楚，证据确实、充分。本院予以确认。

原审被告人孙宝东及其辩护人辩称，孙宝东只是取了欠款，没有参与拘禁姜某一，也没有实施殴打行为，不构成非法拘禁罪。经查，被害人姜某一、隋某辨认出孙宝东参与非法拘禁姜某一，并对其实施了殴打行为；同案被告人孙明伟、孙立海的供述与被害人姜某一、隋某的陈述能够相互印证，均证实孙宝东参与此案，并殴打了被害人。故对孙宝东的辩解及其辩护人的辩护意见，本院不予采纳。

2. 原判认定原审被告人孙宝国、曲海文、周艳圣非法拘禁曲某二的犯罪事实清楚，证据确实、充分。本院予以确认。

原审被告人曲海文提出其没有参与本起犯罪的辩解，经查，被害人曲某二的陈述及辨认笔录，证人马某一的证言，同案被告人孙宝国、周艳圣的供述相互印证，可以证明曲海文参与了本起犯罪。故对此辩解意见，本院不予采纳。

3. 原判认定原审被告人孙宝国、曲海文、周艳圣、高威敲诈勒索金某的犯罪事实不清，证据不足；但孙宝国等人非法拘禁金某的事实清楚，证据确实、充分，本院予以确认。

原判依据被害人金某陈述、证人王某一证言，认定金某与孙宝国之间无债务关系，金某亦未替王某一赊购建材提供担保，进而认定孙宝国等人的行为构成敲诈勒索罪。但关于王某一是否欠孙某货款及欠的具体数额，原审判决在未查清这一基本事实的情况下，认定孙宝国以非法占有为目的，敲诈勒索金某构成敲诈勒索罪，属于事实不清、证据不足，本院予以纠正。经查，依据协议书、欠条、法院裁判文书等书证，证人赵某四、徐某一、孙某、张某八、王某一等的证言，被害人金某陈述及辨认笔录，鉴定意见和孙宝国、曲海文、周艳圣、高威供述等证据，能够认定孙宝国、曲海文、周艳圣、高威实施了持刀挟持金某乘车、强行将金某带至孙某家中、暴力威胁金某写下协议书和欠条等一系列行为，非法剥夺了金某的人身自由，长春市宽城区人民法院认定孙宝国等人非法拘禁金某的事实清楚，证据确实、充分，本院予以确认。

（三）寻衅滋事犯罪事实

1. 原判认定原审被告人孙宝国、曲海文在舒兰市溪河镇浪口村寻衅滋事的犯罪事实清楚，证据确实、充分。本院予以确认。

原审被告人孙宝国提出因上述行为已被治安拘留过，不应再作为犯罪处理的辩解。经查，《中华人民共和国行政处罚法》第7条第2款规定，违法行为构成犯罪的，应当依法追究刑事责任，不得以行政处罚代替刑事处罚，因此对孙宝国等的行为予以追诉符合法律规定。故对此辩解意见，本院不予采纳。《中华人民共和国行政处罚法》第28条规定，违法行为构成犯罪，人民法院判处拘役或者有期徒刑时，行政机关已经给予当事人行政拘留的，应当依法折抵相应刑期。经查，孙宝国、曲海文因上述行为于2000年5月9日分别被舒兰市公安局治安拘留15日，故对孙宝国决定执行刑罚时应当依法予以折抵。

2. 原判认定原审被告人孙宝国、孙宝东、曲海文、周艳圣寻衅滋事殴打李某二的犯罪事实清楚，证据确实、充分，本院予以确认。

原审被告人及辩护人分别提出，时隔六年作出的损伤鉴定客观性存疑；本案定性不准；孙宝国和周艳圣没有对被害人实施加害行为；本案是治安案件，事后已经赔偿被害人，不应当追究刑事责任等辩解及辩护意见。经查，两份鉴定均系侦查机关合法委托，鉴定机构按照案发时的病历和诊断结论作出鉴定；孙宝国、孙宝东带领并指使曲海文等人随意殴打他人，造成被害人一轻伤一轻微伤的后果，显属寻衅滋事；孙宝国虽未直接实施加害行为，但在共同犯罪中起指挥作用，应对全案负责；案发后赔偿被害人经济损失不影响定罪。故对上述辩解及辩护意见，本院不予采纳。

（四）敲诈勒索犯罪事实

……

（五）妨害公务犯罪事实

原判认定原审被告人孙宝国妨害公务的犯罪事实清楚，证据确实、充分。本院予以确认。

原审被告人孙宝国辩称，原判所依据的两份民警证言系重新取得，不应采信。经查，民警陈某一、宋某、郑某二、杨某二等人于2000年案发时就出具了多份情况说明，2011年提供的新证言与当年情况说明的内容一致，原判采信并无不当。孙宝国的辩护人提出，孙宝国已经受过治安管理处罚，且已超过追诉时效。经查，孙宝国2000年后多次实施犯罪，本起犯罪的追诉时效应当从最后一次犯罪之日起算，不存在超过追诉时效的情形；犯罪行为受过治安管理处罚后亦不影响刑事追诉。故对孙宝国及其辩护人的辩解和辩护意见，本院不予采纳。但经查，孙宝国因上述行为于2000年5月9日被治安拘留15日，应当在决定执行刑罚时依法予以折抵。

（六）妨害作证犯罪事实

原判认定原审被告人孙宝东妨害作证的犯罪事实清楚，证据确实、充分，本院予以确认。

原审被告人孙宝东指使证人作伪证的行为，妨害了司法机关正常的诉讼活动，已构成妨害作证罪。对孙宝东及其辩护人关于不应当以妨害作证罪追究孙宝东刑事责任的辩解及辩护意见，本院不予采纳。

（七）非法处置查封财产犯罪事实

原判认定原审被告人孙宝国非法处置查封财产的犯罪事实清楚，证据确实、充分。本院予以确认。

原审被告人孙宝国及其辩护人提出孙宝国不知马某一已经把楼抵给别人、不知该房屋已被法院查封的辩解及辩护意见。经查，证人马某一的证言证实，长春市隆东小区3号楼3、4单元是被人民法院查封的，孙宝国将封条撕下后出售，证人冯某等的证言也能证实此事实。故对上述辩解及辩护意见，本院不予采纳。

经本院再审另查明：

（一）原判认定原审被告人孙宝国、孙宝东故意杀人的犯罪事实不清、证据不足

1. 原判依据的新言词证据的真实性、合法性存疑，不应作为定案的依据。原审判决主要依据吉林市公安局2009年重新侦查后取得的言词证据，认定孙宝国、孙宝东系持刀追刺被害人，而吉林市公安局新调取的言词证据与1996年鞍山公安机关取得的证据相比，在证实内容上发生重大变化，但四名被害人推翻1996年陈述的理由不充分。作为被害人，他们当时提供不真实且对自己不利、对被告人有利的证言，不合常理。该四人的陈述，均是公安机关在案发后即取得的，因此，四名被害人在案发十多年之后，推翻案发当时向公安机关作出的陈述，重新作出对被告人不利的陈述，其真实性存疑。吉林市公安局还找到两名新证人张某九、于某四，他们也作证说孙宝国、孙宝东持刀疯狂追打被害方，但是张某九、于某四是

2009 年后新出现的证人，作证时距案发已有 13 年，他们当年是否在案发现场，如果在，为何 1996 年未作证，无相关证据证实，其证言的合法性、真实性存疑。

2. 新言词证据的内容得不到现场勘查笔录、法医鉴定的印证。四名证人的证言与现场勘查笔录、法医鉴定证实的内容相矛盾，本案原始证据之间能够相互印证，原审认定没有错误。鞍山火车站派出所民警出具的抓获经过和现场勘查笔录能证实案发现场即在出站口处，能够印证孙宝国、孙宝东"一出火车站就被打，因而就持刀乱刺"的供述。综合四名被害人的陈述及证人梁某等人的证言能够认定，李某一与孙宝国在地下站台因乘车之事发生口角后，双方发生厮打，裴某最先动手持餐厅里的凳子打中孙宝国头部，刚一打起来，李某一等人就分别被刺中，然后便纷纷跑开的过程，这些情节与法医鉴定证实的被害人受伤情况相吻合。上述证据来源合法，能够相互印证，应当作为定案依据。鞍山市铁东区人民法院认定孙宝国等人故意伤害犯罪的事实清楚，证据确实、充分，本院予以确认。

原审被告人、辩护人、出庭检察员关于鞍山市铁东区人民法院原生效判决的事实认定、案件定性和量刑没有错误的意见，本院予以采纳。

（二）原判认定原审被告人孙宝国、孙宝东等人组织、领导、参加黑社会性质组织的证据不确实、不充分

1. 认定孙宝国等人已经形成较稳定的犯罪组织的证据不足；综观全案事实，孙宝国等人没有为违法犯罪形成比较明确的层级和职责分工，也不存在类似于犯罪组织的帮规等，现有证据不足以证明孙宝国等人符合黑社会性质组织犯罪的组织特征。

2. 认定孙宝国等人有组织地通过违法犯罪活动或其他手段获

取经济利益，具有一定的经济实力，以支持该组织活动的证据不足；没有证据证实孙宝国名下经营的公司的经济实力、业务范围、销售状况、年均利润及其资金来源和去向等，也没有证据证实孙宝国的全部资产情况以及孙宝国与其他被告人之间的经济联系……现有证据不足以证明孙宝国等人实施的行为符合黑社会性质组织犯罪的经济特征。

3. 认定孙宝国等人有组织地多次进行违法犯罪活动，为非作恶，欺压、残害群众的证据不足；原判认定孙宝国等人构成黑社会性质组织犯罪，主要依据他们实施的故意伤害、非法拘禁、寻衅滋事、敲诈勒索等十余起犯罪事实和六起违法事实。经查，这些犯罪的对象多系与其有经济往来或经济纠纷的人，并非不特定群众；两起故意伤害罪和寻衅滋事罪，分别造成一人轻伤的后果，其他的犯罪行为均未造成伤害后果；有七起犯罪事实已经被司法机关处罚过，属于重复处罚。以此认定孙宝国等人的犯罪行为达到"为非作恶，欺压、残害群众"的程度，证据明显不足。孙宝国等人实施的犯罪行为不符合黑社会性质组织犯罪的行为特征。

4. 认定孙宝国等人通过实施违法犯罪活动，或者利用国家工作人员的包庇或者纵容，称霸一方，在一定区域或行业内，形成非法控制或重大影响的证据不足；原判认定孙宝国、孙宝东拉拢部分国家工作人员为其违法犯罪充当保护伞，但是多起涉嫌行贿的行为仅有一起被司法机关认定，且行贿是为了影响司法人员公正办案，并非为保护其实施违法犯罪活动，更不足以保护孙宝国等人对长春市凯旋路钢材市场形成非法控制或重大影响。同时，孙宝国等人在经营钢材生意的过程中，仅有一起故意伤害犯罪是针对市场另一业主，且因停车装货发生争执引起。其实施的寻衅滋事、妨害公务等犯罪，均与钢材市场经营无关，孙宝国、孙宝东等从未对长春市凯旋路钢材市场形成非法控制或重大影响，没有证据证明孙宝国等人在该市场称霸一方，在该区域或该行业内形成非法控制或重大影响，产生了严重破坏经济、社会生活秩序的后果。孙宝国等人实施的行为不符合黑社会性质组织犯罪的非法控制特征。

原审被告人、辩护人、出庭检察员关于原判认定黑社会性质组织犯罪的事实不清、证据不足的意见，本院予以采纳。

（三）原判认定原审被告人孙宝国敲诈勒索曲某二44万元购房款的犯罪事实不清、证据不足

1. 认定孙宝国以非法占有工程款为目的，强迫曲某二出具全权委托书的证据不足。经查，被害人曲某二陈述、证人张某十等人的证言，原审被告人孙宝国、曲海文、周艳圣的供述，证实孙宝国系因曲某二未能在约定期限内偿还赊购的5.4万元钢材款，遂非法拘禁曲某二，因曲某二无钱还款，孙宝国又强迫曲某二写下委托书，以孙宝国接手锅炉房工程的方式抵偿欠款。在案证据显示，孙宝国在接手锅炉房尾部工程后，对锅炉房工程进行了实际的施工和投入，故认定孙宝国强迫曲某二出具委托书时，是为非法占有工程款证据不足。

2. 认定孙宝国对"汇鑫公司""农机公司"威胁、恐吓的证据不足。经查，"汇鑫公司"副总经理马某四证实孙宝国曾在电话里威胁她不要干预"农机公司"转款之事；徐某二证实，孙宝国在索要购房款时，除骂骂咧咧，态度不好外，没有威胁性语言和行为；王某九也只证实孙宝国态度嚣张、满口脏话，对徐某二态度比较强硬。上述证据无法证实孙宝国对这两家公司实施了威胁、恐吓等强迫手段。

3. 认定孙宝国非法占有44万元卖房款的证据不足。原判认定孙宝国敲诈勒索，非法占有44万元。经查，孙宝国与曲某二之间

确实存在尚未结清的债务。2002 年 11 月，孙宝国通过签订门市房购销合同取得两套门市房，长春师范学院依据购销合同确定的产权归属，于 2005 年 6 月 14 日转给孙宝国 44 万元购房款，不能认定系由孙宝国通过敲诈勒索非法占有。至于后期"汇鑫公司"、"农机公司"、曲某二、孙宝国等多方之间为此 44 万元应当如何分配而产生的工程款结算和清欠工人工资问题，应当通过民事诉讼予以解决。证据显示，相关诉讼尚在审理中。

原审被告人、辩护人、出庭检察员提出的原判认定本起犯罪事实不清、证据不足的意见，本院予以采纳。

（四）原判认定原审被告人孙宝民敲诈勒索赵某一的犯罪事实不清、证据不足

原判认定，依据被害人赵某一陈述、证人翟某一证言，证明赵某一与孙宝民之间无债权债务关系，证人姜某四、李某八等人的证言证明孙宝民没有替赵某一偿还部分工程款，孙宝民编造所谓的还款协议向赵某一索取财物，其行为应定性为敲诈勒索罪。经查，否认孙宝民与赵某一之间存在债权债务关系的证据存在较大矛盾，现有在案证据不足以证明二人所签还款协议系由孙宝民编造，亦不足以证明孙宝民主观上具有非法占有他人财物的目的。

1. 孙宝民是否代为偿还过"台北大厦"的前期工程款，事实不清、证据不足。在案证据能够证实孙宝民在接手"台北大厦"后，对大厦进行了装修，有实际投入，相关证据之间存在较大矛盾，关于孙宝民是否代为偿还"台北大厦"工程款的情况，事实不清、证据不足。

2. 认定孙宝民以非法占有为目的向赵某一索要 50 万元事实不清、证据不足。本案在案证据证实，孙宝民因与张某四的债权债务纠纷而取得张某四在"台北大厦"的股权，后又在经营"台北大

厦"过程中有新的投入。因此，在孙宝民与赵某一就"台北大厦"股权及收益存在纠纷且未查清的情况下，认定孙宝民向赵某一索要50万元是非法占有他人财物的敲诈勒索行为，属于事实不清、证据不足。

原审被告人及其辩护人、出庭检察员提出原判认定本起犯罪事实不清、证据不足的意见，本院予以采纳。

（五）原判认定原审被告人孙宝民、李士坤敲诈勒索张某四的犯罪事实不清、证据不足

原判认定，孙宝民与张某四之间虽然存在债务关系，但其强行索取的价值远远超出正常债务的合理范围，主观上具有非法占有的目的，其行为符合敲诈勒索罪的特征。经查，现有证据不足以证实上述认定。

1. 孙宝民与张某四之间的"正常债务"数额难以准确认定。在案证据能够证实，张某四以承诺支付高额利息的方式，从孙宝民处多次借款合计330万元，二人经协商一致后约定，张某四借款到期后偿还孙宝民610万元。虽然我国民事法律并不保护高利借贷，但对于这种当事人之间自愿约定后的高额利息，并未规定为犯罪；2007年12月孙宝民与张某四重新签订的协议中约定孙宝民另行支付张某四300万元。故不能仅认定孙宝民与张某四之间的正常债务为330万元，对孙宝民索要债务的行为不宜认定是以非法占有为目的。

2. 张某四的原始投资数额不清。原判认定，张某四在"台北大厦"的原始投资股份价值约1150万元。经查，这一认定证据不足。在案证据证实，最初签订协议时张某四的投资金额为630万元，后赵某一与蔬菜公司签订协议约定由其名下的浩发公司出资1150万元购买蔬菜公司土地。但实际上不论是630万元还是1150

万元，张某四都没有全额支出。如果蔬菜公司这 1150 万元全部用于清偿其欠张某四的工程款，蔬菜公司就不能再取得"台北大厦"的第七层，而应当认定 1150 万元扣除第七层价值后的剩余数额才是张某四的实际投资数额。因卷宗材料中没有关于张某四、蔬菜公司之间工程款决算的相关证据在案，故张某四占有的原始投资数额无法准确认定。

因此，孙宝民与张某四之间存在着真实的债权债务关系，且二人之间是自愿签订的高利借贷。孙宝民依协议索债，不能认定系犯罪行为。孙宝民虽然通过强迫手段与张某四、赵某一、刘某三签订了"台北大厦"的股份转让协议，但其前因是张某四无法偿还欠款，孙宝民才要求以"台北大厦"的股份抵债。由于张某四在"台北大厦"的实际投资数额没有确实充分的证据证实，孙宝民索要的数额超出张某四实际欠的数额多少也无证据证实，故认定孙宝民、李士坤敲诈勒索张某四的事实不清、证据不足。

原审被告人、辩护人、出庭检察员提出的原判认定本起犯罪事实不清、证据不足的意见，本院予以采纳。

（六）原判认定原审被告人孙宝国等人强迫交易的犯罪事实不清、证据不足

原判据以认定孙宝国等人构成强迫交易罪的证据主要是被害人金某、辛某一的陈述，金某证明孙宝国曾经对他说要用 60 万元买剩下的二层楼；辛某一证明孙宝国曾让他转告金某，二、三楼快点卖给他，不然一分钱也得不到。没有其他证据能证明孙宝国除口头表示外还实施了其他强行购买行为，且该事实发生在孙宝国、孙某与金某之间因盖办公楼赊购建材而产生的债务纠纷期间，没有相关证据能够把上述行为与强迫交易关联起来。孙宝国最终并没有实际取得金某办公楼的另外两层，也无证据证实孙宝国实施了相应强行

购买房产的行为。故原判认定孙宝国等人系为强迫交易而封楼梯、打更夫的事实不清、证据不足。

原审被告人、辩护人、出庭检察员提出的原判认定本起犯罪事实不清、证据不足的意见，本院予以采纳。

（七）……

（八）……

（九）原判认定以下犯罪事实均系已经审判且已执行完毕的事实，不应重复追究

原判认定孙宝国敲诈勒索金某的犯罪，非法拘禁姜某一、隋某、曲某二、马某一、于某二的犯罪……已经长春市宽城区人民法院（2005）宽刑初字第79号刑事判决判处刑罚并执行完毕……原判认定孙宝民非法拘禁张某二的犯罪，已经长春市绿园区人民法院（2007）绿刑初字第186号刑事判决判处刑罚，并执行完毕。吉林市中级人民法院一审、吉林省高级人民法院二审时，对以上各起犯罪基本事实的认定与长春市宽城区人民法院、长春市绿园区人民法院的认定一致，本院经查亦与原判认定一致。上列犯罪事实均已经审判且均已执行完毕，故不应当重新追究。

本院认为：

原审被告人孙宝国故意伤害致被害人任某三轻伤的行为，构成故意伤害罪；以暴力、威胁方法阻碍国家机关工作人员依法执行公务的行为，构成妨害公务罪；随意殴打他人，辱骂、恐吓他人的行为情节恶劣，构成寻衅滋事罪；变卖已被司法机关查封财产的行为，构成非法处置查封财产罪。

原审被告人孙宝东为索取债务非法拘禁姜某一、隋某的行为，构成非法拘禁罪；随意殴打他人的行为情节恶劣，构成寻衅滋事罪；指使他人作伪证的行为，构成妨害作证罪。

……

对以上犯罪行为，依法应当追究刑事责任；孙宝国、孙宝东等人一人犯数罪，依法应当数罪并罚。

原判认定原审被告人孙宝国、孙宝东故意杀人之犯罪，孙宝国组织、领导黑社会性质组织之犯罪，原审被告人孙宝东、曲海文、周艳圣、周艳秋、孙福海、高威、邹作佰参加黑社会性质组织之犯罪，孙宝国敲诈勒索曲某二之犯罪，孙宝国、曲海文、周艳圣、高威敲诈勒索金某之犯罪，原审被告人孙宝民、李士坤敲诈勒索张某四之犯罪，孙宝民敲诈勒索赵某一之犯罪，孙宝国、曲海文、周艳圣、周艳秋、孙福海强迫交易之犯罪……事实不清、证据不足，本院不予认定。

……

原审被告人孙宝东、孙立海参与非法拘禁姜某一、隋某之犯罪均被判处有期徒刑2年6个月，对照长春市宽城区人民法院（2005）宽刑初字第79号刑事判决认定的原审被告人孙宝国参与包括非法拘禁姜某一、隋某在内的五起非法拘禁犯罪仅被判处有期徒刑2年，以及孙宝国、孙宝东、孙立海在犯罪中的地位和作用，原判对孙宝东、孙立海犯非法拘禁罪的量刑明显不当，本院予以纠正。孙宝东妨害作证的行为既非多人多次，亦非手段恶劣，且未造成严重后果，欲包庇孙宝国所犯的非法拘禁罪亦非严重犯罪。原判认定孙宝东妨害作证属于情节严重，与法律规定不符，对其判处有期徒刑四年属量刑过重，本院予以纠正。

鞍山市铁东区人民法院（1997）东刑初字第94号刑事判决、长春市宽城区人民法院（2005）宽刑初字第79号刑事判决、长春市宽城区人民法院（2005）宽刑初字第236号刑事判决、长春市绿园区人民法院（2007）绿刑初字第186号刑事判决所涉各项犯罪事实均已判罚且刑罚已执行完毕，该四份生效裁判的事实认定、法律适用和政策把握并无错误，其既判力、安定性和权威性应当予以尊重和维护。有关法院将其撤销后重新审判并加重被告人刑罚，违反法律和司法解释规定，违背宽严相济刑事政策，不符合刑事司法的谦抑理念。

原审被告人、辩护人关于相应犯罪已经法院处理过，不应再次被处理的辩解、辩护意见，出庭检察员关于原办案机关对孙宝国等人重复追诉并再审加重被告人刑罚违反法律规定的检察意见，本院予以采纳；出庭检察员关于已经调解处理、治安处罚的案件，不影响对涉案原审被告人行为认定为犯罪的检察意见，本院予以采纳；孙宝国等人及辩护人关于孙宝国等人的有罪供述系侦查机关非法取得的辩解及辩护意见，因无证据证实，本院不予采纳。

依照《中华人民共和国刑事诉讼法》第 245 条、第 225 条第 3 项、第 195 条、第 15 条，《最高人民法院关于适用〈中华人民共和国刑事诉讼法〉的解释》第 389 条，《中华人民共和国刑法》（1997 年修订）第 234 条，第 238 条第 1、3 款，第 274 条，第 275 条，第 277 条第 1 款，第 293 条，第 307 条第 1 款，第 314 条，第 87 条第 1 项，第 88 条第 1 款，第 89 条，第 69 条之规定，判决如下：

……

六、原审被告人孙宝国犯故意伤害罪，判处有期徒刑 1 年；犯寻衅滋事罪，判处有期徒刑 4 年；犯妨害公务罪，判处有期徒刑 2 年；犯非法处置查封财产罪，判处有期徒刑 2 年。数罪并罚，决定执行有期徒刑 8 年 6 个月。

七、原审被告人孙宝东犯非法拘禁罪，判处有期徒刑 1 年 6 个月；犯寻衅滋事罪，判处有期徒刑 3 年 6 个月；犯妨害作证罪，判处有期徒刑 1 年 6 个月。数罪并罚，决定执行有期徒刑 6 年。

......

十三、原审被告人孙宝民无罪。

......

本判决为终审判决。

审判长　胡云腾

审判员　虞政平

审判员　齐　素

二〇一七年一月二十日

附：相关法律条文

《中华人民共和国刑法》（1997年修订）

第69条　判决宣告以前一人犯数罪的，除判处死刑和无期徒刑的以外，应当在总和刑期以下、数刑中最高刑期以上，酌情决定执行的刑期，但是管制最高不能超过3年，拘役最高不能超过1年，有期徒刑最高不能超过20年。

如果数罪中有判处附加刑的，附加刑仍须执行。

第87条　犯罪经过下列期限不再追诉：

（一）法定最高刑为不满5年有期徒刑的，经过5年；

（二）法定最高刑为5年以上不满10年有期徒刑的，经过10年；

（三）法定最高刑为10年以上有期徒刑的，经过15年；

（四）法定最高刑为无期徒刑、死刑的，经过20年。如果20年以后认为必须追诉的，须报请最高人民检察院核准。

第88条　在人民检察院、公安机关、国家安全机关立案侦查或者在人民法院受理案件以后，逃避侦查或者审判的，不受追诉期

限 的 限 制 。

被害人在追诉期限内提出控告，人民法院、人民检察院、公安机关应当立案而不予立案的，不受追诉期限的限制。

第 89 条 追诉期限从犯罪之日起计算；犯罪行为有连续或者继续状态的，从犯罪行为终了之日起计算。

在追诉期限以内又犯罪的，前罪追诉的期限从犯后罪之日起计算。

第 234 条 故意伤害他人身体的，处 3 年以下有期徒刑、拘役或者管制。

犯前款罪，致人重伤的，处 3 年以上 10 年以下有期徒刑；致人死亡或者以特别残忍手段致人重伤造成严重残疾的，处 10 年以上有期徒刑、无期徒刑或者死刑。本法另有规定的，依照其规定。

第 238 条 非法拘禁他人或者以其他方法非法剥夺他人人身自由的，处 3 年以下有期徒刑、拘役、管制或者剥夺政治权利。具有殴打、侮辱情节的，从重处罚。

犯前款罪，致人重伤的，处 3 年以上 10 年以下有期徒刑，致人死亡的，处 10 年以上有期徒刑。使用暴力致人伤残、死亡的，依照本法第 234 条、第 232 条的规定定罪处罚。

为索取债务非法扣押、拘禁他人的，依照前两款的规定处罚。

国家机关工作人员利用职权犯前 3 款罪的，依照前 3 款的规定从重处罚。

第 274 条 敲诈勒索公私财物，数额较大的，处 3 年以下有期徒刑、拘役或者管制；数额巨大或者有其他严重情节的，处 3 年以上 10 年以下有期徒刑。

第 275 条 故意毁坏公私财物，数额较大或者有其他严重情节的，处 3 年以下有期徒刑、拘役或者罚金；数额巨大或者有其他特别严重情节的，处 3 年以上 7 年以下有期徒刑。

第 277 条 以暴力、威胁方法阻碍国家机关工作人员依法执行职务的，处 3 年以下有期徒刑、拘役、管制或者罚金。

以暴力、威胁方法阻碍全国人民代表大会和地方各级人民代表大会代表依法执行代表职务的，依照前款的规定处罚。

在自然灾害和突发事件中，以暴力、威胁方法阻碍红十字会工作人员依法履行职责的，依照第 1 款的规定处罚。

故意阻碍国家安全机关、公安机关依法执行国家安全工作任务，未使用暴力、威胁方法，造成严重后果的，依照第 1 款的规定处罚。

第 293 条 有下列寻衅滋事行为之一，破坏社会秩序的，处 5 年以下有期徒刑、拘役或者管制：

（一）随意殴打他人，情节恶劣的；

（二）追逐、拦截、辱骂他人，情节恶劣的；

（三）强拿硬要或者任意损毁、占用公私财物，情节严重的；

（四）在公共场所起哄闹事，造成公共场所秩序严重混乱的。

第 307 条第 1 款 以暴力、威胁、贿买等方法阻止证人作证或者指使他人作伪证的，处 3 年以下有期徒刑或者拘役；情节严重的，处 3 年以上 7 年以下有期徒刑。

第 314 条 隐藏、转移、变卖、故意毁损已被司法机关查封、扣押、冻结的财产，情节严重的，处 3 年以下有期徒刑、拘役或者罚金。

《中华人民共和国刑事诉讼法》（2012 年修正）

第 15 条 有下列情形之一的，不追究刑事责任，已经追究的，应当撤销案件，或者不起诉，或者终止审理，或者宣告无罪：

（一）情节显著轻微、危害不大，不认为是犯罪的；

（二）犯罪已过追诉时效期限的；

（三）经特赦令免除刑罚的；

（四）依照刑法告诉才处理的犯罪，没有告诉或者撤回告诉的；

（五）犯罪嫌疑人、被告人死亡的；

（六）其他法律规定免于追究刑事责任的。

第 53 条　对一切案件的判处都要重证据，重调查研究，不轻信口供。只有被告人供述，没有其他证据的，不能认定被告人有罪和处以刑罚；没有被告人供述，证据确实、充分的，可以认定被告人有罪和处以刑罚。

证据确实、充分，应当符合以下条件：

（一）定罪量刑的事实都有证据证明；

（二）据以定案的证据均经法定程序查证属实；

（三）综合全案证据，对所认定事实已排除合理怀疑。

第 195 条　在被告人最后陈述后，审判长宣布休庭，合议庭进行评议，根据已经查明的事实、证据和有关的法律规定，分别作出以下判决：

（一）案件事实清楚，证据确实、充分，依据法律认定被告人有罪的，应当作出有罪判决；

（二）依据法律认定被告人无罪的，应当作出无罪判决；

（三）证据不足，不能认定被告人有罪的，应当作出证据不足、指控的犯罪不能成立的无罪判决。

第 225 条　第二审人民法院对不服第一审判决的上诉、抗诉案件，经过审理后，应当按照下列情形分别处理：

（一）原判决认定事实和适用法律正确、量刑适当的，应当裁定驳回上诉或者抗诉，维持原判；

（二）原判决认定事实没有错误，但适用法律有错误，或者量刑不当的，应当改判；

（三）原判决事实不清楚或者证据不足的，可以在查清事实后改判；也可以裁定撤销原判，发回原审人民法院重新审判。

原审人民法院对于依照前款第3项规定发回重新审判的案件作出判决后，被告人提出上诉或者人民检察院提出抗诉的，第二审人民法院应当依法作出判决或者裁定，不得再发回原审人民法院重新审判。

第245条　人民法院按照审判监督程序重新审判的案件，由原审人民法院审理的，应当另行组成合议庭进行。如果原来是第一审案件，应当依照第一审程序进行审判，所作的判决、裁定，可以上诉、抗诉；如果原来是第二审案件，或者是上级人民法院提审的案件，应当依照第二审程序进行审判，所作的判决、裁定，是终审的判决、裁定。

人民法院开庭审理的再审案件，同级人民检察院应当派员出席法庭。

《最高人民法院关于执行〈中华人民共和国刑事诉讼法〉若干问题的解释》（已失效）

第117条　案件经审查后，应当根据不同情况分别处理：

（一）对于不属本院管辖或者被告人不在案的，应当决定退回人民检察院；

（二）对于不符合本解释第116条第2至9项规定之一，需要补送材料的，应当通知人民检察院在三日内补送；

（三）对于根据刑事诉讼法第162条第3项规定宣告被告人无罪，人民检察院依据新的事实、证据材料重新起诉的，人民法院应当依法受理；

（四）依照本解释第 177 条规定，人民法院裁定准许人民检察院撤诉的案件，没有新的事实、证据，人民检察院重新起诉的，人民法院不予受理；

（五）对于符合刑事诉讼法第 15 条第 2 至 6 项规定的情形的，应当裁定终止审理或者决定不予受理；

（六）对于被告人真实身份不明，但符合刑事诉讼法第 128 条第 2 款规定的，人民法院应当依法受理。

第 177 条 在宣告判决前，人民检察院要求撤回起诉的，人民法院应当审查人民检察院撤回起诉的理由，并作出是否准许的裁定。

《最高人民法院关于适用〈中华人民共和国刑事诉讼法〉的解释》

第 386 条 除人民检察院抗诉的以外，再审一般不得加重原审被告人的刑罚。再审决定书或者抗诉书只针对部分原审被告人的，不得加重其他同案原审被告人的刑罚。

第 389 条 再审案件经过重新审理后，应当按照下列情形分别处理：

（一）原判决、裁定认定事实和适用法律正确、量刑适当的，应当裁定驳回申诉或者抗诉，维持原判决、裁定；

（二）原判决、裁定定罪准确、量刑适当，但在认定事实、适用法律等方面有瑕疵的，应当裁定纠正并维持原判决、裁定；

（三）原判决、裁定认定事实没有错误，但适用法律错误，或者量刑不当的，应当撤销原判决、裁定，依法改判；

（四）依照第二审程序审理的案件，原判决、裁定事实不清或者证据不足的，可以在查清事实后改判，也可以裁定撤销原判，发回原审人民法院重新审判。

原判决、裁定事实不清或者证据不足，经审理事实已经查清的，应当根据查清的事实依法裁判；事实仍无法查清，证据不足，不能认定被告人有罪的，应当撤销原判决、裁定，判决宣告被告人无罪。

1999 年 1 月 18 日起施行的《人民检察院刑事诉讼规则》

第 351 条　在人民法院宣告判决前，人民检察院……发现不存在犯罪事实、犯罪事实并非被告人所为或者不应当追究被告人刑事责任的，可以要求撤回起诉。

第 353 条第 4 款　撤回起诉后，没有新的事实或者新的证据不得再行起诉。

1997 年《人民检察院实施〈中华人民共和国刑事诉讼法〉规则（试行）》

第 305 条第 1 款　在人民法院作出判决前，人民检察院发现被告人的真实身份或者犯罪事实与起诉书中叙述的身份或者指控犯罪事实不符的，可以要求变更起诉；发现遗漏同案犯罪嫌疑人或者罪行、可以一并起诉和审理的，可以要求追加起诉；发现不存在犯罪事实、犯罪事实并非被告人所为或者不应当追究被告人刑事责任的，可以要求撤回起诉。

■ 律师手记

接受委托

我是 2013 年 12 月 21 日正式接受孙宝东妻子郑可新的委托的。接受委托之后，我立即到吉林市中级人民法院调取了案件的全部卷宗。在去调取卷宗之前，我已经对案件有了一定的了解，暂且不论实体，仅从程序上看，就感觉这个案件是存在很大问题的。令我十分意外的是，尽管这个案件的程序如此混乱，但吉林市中级人民法院档案管理室的工作非常规范。负责档案管理工作的老同志，尽管冷漠得不近人情，但经他之手管理的卷宗档案的规范程度，是我这名执业24年的老律师第一次见到的。

我从吉林市中级人民法院调出孙宝东案件卷宗共64本，接着，我又从长春市宽城区人民法院调取出孙宝国以前涉案罪名的全部卷宗材料，和孙宝东的加在一起，共99本。我对这99本卷宗进行了详尽的阅卷工作，做了大量的阅卷笔记，反反复复将这些卷宗材料看了两遍。这时，我对整个案件有了十分全面的了解，通过查阅案卷、研究证据，我内心确认这是一起典型的错案，孙宝国、孙宝东的行为根本不符合黑社会性质组织犯罪、故意杀人罪的构成要件，证据也有严重问题。这次阅卷工作，坚定了我代理该案件的信心。

之后，我到监狱会见了孙宝东。第一次会见时的情景，如今仍记忆犹新。孙宝东十分清晰地向我叙述了整个案件的全部过程，对于我提出的一些细节性问题，他也回答得十分清楚。孙宝东非常坚定地告诉我，他这个案件肯定判错了，他不服，坚持要申诉。当时，我非常理解他的心情，但是，从负责任的角度出发，我仍然严肃地告诉孙宝东，申诉这条路是漫长且艰难的，而且案件还"涉黑"，难度将更大，甚至很多时候都会让人很绝望。孙宝东非常认真地对我说了一句话：他一定会坚持到底。孙宝东的态度，更加坚定了我代理该案件的信心。

坚持申诉

紧接着，我反复修改形成了刑事申诉状。2014年初，包括孙宝东妻子郑可新在内的多名被告人家属，向吉林省高级人民法院提出申诉。

刑事案件的申诉，基本上不可能一帆风顺。半年时间过去了，毫无音讯。在漫长等待的过程中，孙宝东的家属，甚至包括郑可新在内，都对我的工作产生了怀疑，认为我的工作没有任何效果。郑可新要求给我指定一名助理协助我工作，我坚决拒绝，因为我坚信我自己的工作能力。另一名女家属则全盘否认了我的工作，十分不屑地对我说，如果我能够把孙宝东的案件申诉成功，她就把眼珠子抠出来给我。面对孙宝东家属的极度不信任，我心情无比沉重和失望。这时，孙宝东从监狱中也得知了这些消息，他委托监狱管教给我打电话，要求我去会见他。孙宝东当面郑重告诉我，他只相信我，坚持委托我为他的案件继续申诉。孙宝东此时的态度，无疑给我继续代理该案件吃了一颗定心丸。

绝望是刑事案件中的常客。2014年3月4日、10月24日，吉林省高级人民法院分别驳回孙氏三兄弟的申诉。

柳暗花明

2015年1月31日，最高人民法院第二巡回法庭在沈阳揭牌成立。在最高人民法院第二巡回法庭成立不到4个月的时候，郑可新等家属便向其提出了申诉。孙氏三兄弟成了最高人民法院第二巡回法庭成立后的首批"幸运儿"。2015年10月31日下午5点，我刚参加完一起案件庭审回到酒店，就接到了最高人民法院第二巡回法庭工作人员的电话，被通知在11月5日14时，到吉林市中级人民法院参加对孙宝东的提讯。此时，距我代为申诉已近两年，距最高人民法院第二巡回法庭成立仅9个月。我隐约意识到，自己可能正在经历一个在"涉黑"案件审判史中都极其重要的时刻。

2015 年 11 月 5 日下午，当我在吉林市中级人民法院看到前来提讯的法官时，大吃一惊，审判长是最高人民法院审判委员会副部级专职委员兼第二巡回法庭庭长胡云腾，主审法官是原最高人民法院审监庭审判长齐素。齐素法官在就职最高人民法院第二巡回法庭之前，刚刚完成对内蒙古呼格吉勒图冤案平反的审判监督工作。面对如此"高级别"的提讯，孙宝东和孙宝国都很紧张。主持提讯的胡云腾大法官虽表情严肃，但问话极其和缓、平易近人，一下子拉近了被告人与大法官之间的距离。

整个提讯过程比较顺利，但提讯结束后的一个小细节，令我终身难忘。当时我正在收拾桌上的卷宗材料，齐素法官走过来跟我说了这样一件事，她说张律师你先别收拾东西了，赶紧过去帮孙宝东看看提讯笔录的记载是否有误，确定笔录没有问题后赶紧让孙宝东签字，孙宝东必须马上押回去。这是因为孙宝东被关押在吉林省公主岭监狱，离提讯法院较远，而监狱有规定，必须在当日下午下班前把被提讯人送回去。在老百姓看来，这可能只是一件非常普通的小事。但是，作为一名执业 24 年的律师，在我眼里，最高人民法院的法官正是通过这些小事在维护被告的合法权利。

错案纠正

接下来，社会各界对该案予以了高度关注。2015 年 12 月 4 日，宪法纪念日，中央电视台"今日说法"栏目推出"大法官开庭"系列专题节目，第一期播放的"鞍山迷案十九年"就是胡云腾大法官提讯孙宝东和孙宝国的情况。

2015 年 12 月 17 日，最高人民法院作出再审决定书，决定对该案再审，并由最高人民法院直接提审。这一天，正好是孙宝东母亲去世的前一天。遗憾的是，等我们收到这份意义重大的再审决定书时，孙宝东的母亲已经含恨离世。这位老人，一辈子养育了三个儿子，去世时三个儿子都在监狱。

此后的进展水到渠成。2016年9月26日，最高人民法院第二巡回法庭在长春市中级人民法院公开开庭审理该案。开庭前我去会见孙宝东，得知他为了开庭，提前4天写了草稿反复背，足足准备了40分钟的发言。孙宝东万万没想到的是，在故意杀人罪和黑社会性质组织罪方面，最高人民检察院出庭检察员与他的辩护律师的意见基本一致。在法庭上，我看到孙宝东向我投来会心的眼神。庭审进行了一整天。最高人民检察院出庭检察员明确指出，原审诉讼程序存在重复追诉、再审程序中加重原审被告人刑罚等严重违反法律规定的行为，影响了该案的公正审判。

为众人所不知的、十分感动的一个插曲是，齐素法官的父亲于2016年9月去世，刚好在齐素法官审理该案的关键时期。为了这个案件，齐素法官竟没能见她父亲最后一面。齐素法官说，要通过审理刑事申诉案件和刑事再审案件，宣示现行的法治原则和理念；要通过再审这起案件，传播严格司法的信息。

2016年12月4日宪法纪念日，中央电视台"今日说法"栏目连续两天，再次推出关于该案件的节目——"我不是黑社会（上）、（下）"。

2017年1月20日，最高人民法院作出终审判决，孙宝东、孙宝国原被判处的故意杀人罪和黑社会性质组织犯罪均被依法撤销。

关于故意杀人罪，最高人民法院的判决书显示，2011年吉林市中级人民法院的判决主要依据吉林市公安局2009年重新侦查后取得的言词证据作出，认定孙宝国、孙宝东系持刀追刺被害人。吉林市公安局新调取的言词证据与1996年鞍山公安机关取得的证据相比，在证实内容上发生了重大变化，即四名被害人在 1996 年证实的都是被刀刺中后才跑开，而 2009 年则证实是看见刀就跑开，在跑的过程中被刺中。但四名被害人推翻 1996 年陈述的理由不充分。作为被害人，他们当时提供不真实且对自己不利、对被告人有利的证言，不合常理。因此，四名被害人在案发十多年之后，推翻案发当时向公安机关作出的陈述，重新作出对被告人不利的陈述，其真实性存疑。吉林市公安局还找到两名新证人，他们也作证说孙宝国、孙宝东持刀疯狂追打被害方十多分钟，追到一个捅一个。但是，两人是 2009 年后新出现的证人，作证时距案发已有 13 年，他们当年是否在案发现场，如果在，为何 1996 年未作证，无相关证据证实，其证言的合法性、真实性存疑。因此，最高人民法院认定原判依据的新言词证据的真实性、合法性存疑，不应作为定案的依据，并认定孙宝国、孙宝东故意杀人的犯罪事实不清、证据不足。

关于黑社会性质组织犯罪，最高人民法院认为孙宝国、孙宝东等八人犯组织、领导、参加黑社会性质组织罪的证据不确实、不充分，并从黑社会性质组织犯罪的组织、经济、行为、危害性四个方面的特征进行论述：①组织特征方面，孙宝国等人没有为违法犯罪形成比较明确的层级和职责分工，也不存在类似于犯罪组织的帮规等。②经济特征方面，孙宝国名下经营的公司只有长春市凯旋路钢材市场五厅四号，没有证据证实该公司的经济实力、业务范围、销售状况、年均利润及其资金来源和去向等，也没有证据证实孙宝国的全部资产情况。孙宝国与其他被告人之间的经济联系，性质上属于雇主按月给雇工开工资，且仅千元左右。③行为特征方面，孙宝国等人实施的故意伤害、非法拘禁、寻衅滋事、敲诈勒索、强迫交易、故意毁坏财物、妨害公务、妨害作证、非法处置查封财产等十余起犯罪和六起违法行为，被害方多系与其有经济往来或经济纠纷的人，并非不特定群众，不足以认定孙宝国等人的违法犯罪行为达到"为非作恶，欺压、残害群众"的程度。④危害性特征方面，长春市凯旋路钢材市场有 200 余家商户从事钢材生意，孙宝国、孙宝东经营的门店只是其中之一。孙宝国等人在经营钢材生意的过程中，仅有一起故意伤害犯罪是针对市场另一业主的，且系因停车装货发生争执引起，其他犯罪均与钢材市场经营无关。亦即，孙宝国等人实施的违法犯罪行为，不足以对长春市凯旋路钢材市场形成非法控制或重大影响，不足以垄断该市场的钢材生意，根本不具备非法控制性特征。

基于上述理由，最高人民法院再审纠正了原判对孙宝东等人故意杀人罪和黑社会性质组织犯罪的认定。

正式宣判

2017 年 1 月 22 日宣判前，孙宝东激动得连续四天没睡着。孙宝东妻子郑可新提前为孙宝东买了一身新衣服。但是，宣判当日早上，由于关押孙宝东的监狱离宣判法庭最远，孙宝东被带到法庭门外时还穿着囚服，而此时宣判时间将至。我提出孙宝东需要换下囚服，看押孙宝东的工作人员坚决不同意，说宣判时间已到。我说不能让孙宝东穿着囚服参加最高人民法院的宣判，孙宝东应该换下囚服后再参加宣判。工作人员见我的态度十分坚决，便立即向胡云腾大法官请示，胡云腾大法官当即同意。为此，整个宣判比原计划推迟了 5 分钟。

整个宣判现场肃静而庄严，当胡云腾大法官宣告故意杀人罪和黑社会性质组织犯罪均被依法撤销时，我看到几名铁骨男儿的眼眶中有泪珠在打转，旁听席上有家属已经忍不住开始啜泣。在宣告完判决结果后，胡云腾大法官语重心长地告诫各被告人，在今后的生产生活中，一定要遵纪守法，要用法律的途径去解决问题，要用合法的方式来保护自己的权益。面对大法官如父如兄般的告诫，孙宝东等人均大声表示认可。这个案件，是他们每个人的人生中无比重要的一课。

孙宝东、孙宝国等四名正在服刑的被告人因已服刑的刑期超过此次再审判决的刑期，均被依法当庭释放。孙宝东穿着整套新衣服，走出法庭，无比激动地和家人相拥而泣。走出法院后，孙宝东三兄弟一起前往医院看望了病重的父亲，遗憾的是，他们的父亲已经因病重认不出他们了。他们又去母亲坟前祭拜了母亲，告诉九泉之下的母亲儿子们都已经洗冤回家。

今日，距孙宝东案件宣判已过去一年零三天。今年的 1 月 22 日，孙宝东给我发来微信说："今天是一个特别的日子，别人都不懂，只有你懂！"是啊，孙宝东回家的这一年多时间里，他老老实实地生活、勤勤恳恳地工作，对妻子和家人无比爱惜，对朋友和同事都无比感恩。苦难是人生的财富，祝愿孙宝东今后的人生平安幸福，也祝愿法治中国的道路越来越宽广！

孙宝东再审辩护人：张铁雁律师

2018 年 1 月 25 日　北京

■ 评　议

孙氏三兄弟涉黑案已经尘埃落定，但其影响却很深远。2017 年 11 月 4 日，中央电视台"新闻调查"栏目推出"巡回法庭"专题节目，把孙氏三兄弟涉黑案作为重点案例之一，来阐明我国司法体制改革让司法责任制从实验变成常态的决心。2017 年 12 月 10 日，中央电视台"今日说法"栏目推出"'大法官开庭'第三季收官之作'九年后的国家赔偿'"，宣扬大法官依法撤销故意杀人和黑社会性质组织罪名、一次宣判九名原审被告人无罪的正气。2017 年 12 月 28 日，《检察日报》评选年度十大刑事案件，孙氏三兄弟涉黑案以首位入选。2017 年 12 月 29 日，《法制日报》评选年度十大重大案件，孙氏三兄弟涉黑案名列第二。2018 年 1 月 19 日，2017 年度十大无罪辩护经典案例投票评选中，孙氏三兄弟涉黑案再次名列第一。

"今日说法"栏目报道孙氏三兄弟涉黑案

黑社会性质案件

谈到黑社会，人们往往会想到各种文艺作品，比如香港电影《古惑仔》、美国电影《教父》，以及意大利黑手党等经典设定。在我国刑法领域，黑社会是指"黑社会性质的组织"。《中华人民共和国刑法》第294条明确规定,"黑社会性质的组织"应当同时具备以下特征:第一,形成较稳定的犯罪组织,人数较多,有明确的组织者、领导者,骨干成员基本固定;第二,有组织地通过违法犯罪活动或者其他手段获取经济利益,具有一定的经济实力,以支持该组织的活动;第三,以暴力、威胁或者其他手段,有组织地多次进行违法犯罪活动,为非作恶,欺压、残害群众;第四,通过实施违法犯罪活动,或者利用国家工作人员的包庇或者纵容,称霸一方,在一定区域或者行业内,形成非法控制或者重大影响,严重破坏经济、社会生活秩序。

在最高人民法院对本案作出的再审判决中,也分别从"黑社会性质的组织"这四个特征详细论证了孙宝国等人"没有为违法犯罪形成比较明确的层级和职责分工,也不存在类似于犯罪组织的帮规等,现有证据不足以证明孙宝国等人符合黑社会性质组织犯罪的组织特征",取消了对全部涉案16人犯组织、领导、参加黑社会性质组织罪的认定。

人为"拔高"认定引发的错案

事实上,孙氏三兄弟涉黑案曾长期被吉林省打黑办、吉林省公安厅作为打黑典型案件进行宣传。2011年吉林省大量赞扬打黑典型的报道中,孙氏三兄弟涉黑案是被提及最频繁和最典型的一个,而1996年发生在鞍山火车站的一起杀人案无疑加重了这起涉黑案的分量。

1997年,鞍山市铁东区人民法院认定孙宝国、孙宝东防卫过当构成故意伤害罪,对二人依法判处刑罚,可到了2010年,这份早已生效并执行完毕的判决被撤销,并被指定移送管辖至吉林市人民检察院,并入涉黑案审理。后吉林市中级人民法院一审判决、吉林省高级人民法院二审判决均将这起故意伤害案认定为故意杀人，对孙宝国、孙宝东判处刑罚。

最高人民法院对本案作出的再审判决认定 1997 年鞍山市铁东区人民法院生效裁判的"事实认定、法律适用和政策把握并无错误，其既判力、安定性和权威性应当予以尊重和维护。有关法院将其撤销后重新审判并加重被告人刑罚，违反法律和司法解释规定，违背宽严相济刑事政策，不符合刑事司法的谦抑理念"。就像此案再审法官齐素接受媒体采访时所表示的，坏人也有作为人的权利，也要依法来评判他，"不能因为他坏，我们就可以拔高认定，比如在罪与非罪之间，我们选择罪；在轻罪和重罪之间，我们给他适用重罪，适用更重的刑罚——这都不符合法治原则"。

在此案审理过程中，四份事实认定、法律适用和政策把握均无错误的生效裁判被撤销，经指定管辖后重新并入此案审理，且加重了被告人刑罚的做法严重违背法定程序和司法正义，显然有人为"拔高"案件性质、强行认定黑社会性质组织犯罪的嫌疑。最高人民法院此前也曾下发通知，强调各级人民法院应严格按照法定标准认定黑社会性质组织犯罪，绝不允许在案件定性问题上出现人为"拔高"或"降格"处理的情况。

孙宝国、孙宝东、孙宝民三人罪名认定变化

被告人	吉林市中级人民法院 2011 年 11 月 11 日（2011）吉中刑初 56 号一审判决	吉林省高级人民法院 2013 年 9 月 4 日（2012）吉刑三终 48 号二审判决	最高人民法院第二巡回法庭 2017 年 1 月 20 日（2016）最高法刑再 2 号再审判决
孙宝国	故意杀人罪，组织、领导黑社会性质组织罪，故意伤害罪，非法拘禁罪，聚众斗殴罪，寻衅滋事罪，敲诈勒索罪，强迫交易罪，贷款诈骗罪，诈骗罪，妨害公务罪，非法处置查封财产罪	故意杀人罪，组织、领导黑社会性质组织罪，故意伤害罪，非法拘禁罪，寻衅滋事罪，敲诈勒索罪，强迫交易罪，妨害公务罪，非法处置查封财产罪	故意伤害罪、寻衅滋事罪、妨害公务罪、非法处置查封财产罪
孙宝东	故意杀人罪、参加黑社会性质组织罪、非法拘禁罪、寻衅滋事罪、妨害作证罪	故意杀人罪、参加黑社会性质组织罪、非法拘禁罪、寻衅滋事罪、妨害作证罪	非法拘禁罪、寻衅滋事罪、妨害作证罪
孙宝民	参加黑社会性质组织罪、非法拘禁罪、敲诈勒索罪、强迫交易罪	非法拘禁罪、敲诈勒索罪	无罪

最高人民法院纠正错案

2017 年 1 月 22 日，最高人民法院当庭宣布孙宝国、孙宝东的故意杀人罪等多项罪名被撤销，孙宝民被当庭宣告无罪。

涉案 16 名被告人中共有 9 人被改判无罪，另 7 名被告人有十余起犯罪被认定事实清楚，正在服刑的孙宝国、孙宝东等 4 名被告人因已服刑的期限超过此次再审判决的刑期，均被依法当庭释放。

最高人民法院第二巡回法庭庭长胡云腾当庭宣布，这16人都有向吉林省高级人民法院申请国家赔偿的权利。

最高人民法院纠正这个错案，其难度和勇气，堪比聂树斌案。巧合的是，这两起案件都是最高人民法院第二巡回法庭再审纠正的。聂树斌案被媒体誉为"中国法治进程的标志性案件"，是最高人民法院第二巡回法庭成立以来第一起再审直接纠正并改判无罪的刑事案件，也是2016年最高人民法院立案提审并纠正的唯一一起刑事再审案件。

孙氏三兄弟涉黑案，涉案人数众多，刑罚较重，社会影响大，且曾长期被吉林省打黑办、吉林省公安厅作为打黑典型案件进行宣传，是被提及最频繁和最典型的一个。这样的案件，一旦改判推翻，会涉及众多办案人员的责任，产生国家赔偿，还可能会涉及公众对司法机关的负面评价。但孙氏三兄弟涉黑案的再审改判，使"刑事司法的谦抑理念"首次出现在最高人民法院的判决书正文中，这无疑是人民法院坚定决心，纠正冤假错案的又一有力佐证。

严格司法是公正司法的重要方面，公正是法治的生命线，司法公正对社会公正具有重要引领作用。"努力让人民群众在每一个司法案件中感受到公平正义"，通过个案在全社会树立信仰法治、信赖司法的意识，法律人在路上。

重复抵押担保与诈骗的"一步之遥"

——黑龙江许立华诈骗案

■ 回　顾

　　肇源县，位于东北松嫩平原腹地，素有塞北江南的美誉。美丽的松花江穿境而过，将这里的土地滋养得无比富饶。

　　许立华系兰西县人，长年在大庆市生活和务工。2010 年中，许立华在肇源县参与王建文、刘立才挂靠的宇龙房地产开发有限公司（以下简称"宇龙公司"）开发远望松江小区。远望松江小区是个棚户区改造项目，许立华与王建文、刘立才协商，以 1 400 万元的价格取得该工程项目，许立华实际支付 100 万元，并给王建文、刘立才开具了部分售楼票据。后许立华办理了仁和房地产开发有限公司（以下简称"仁和公司"）的营业执照、税务登记证书、组织机构代码证、房地产开发资质证书等手续证明，并将该项目由宇龙公司转让至仁和公司名下，许立华以仁和公司的名义继续开发远望松江小区。

　　远望松江小区建设过程中，因资金周转的需要，许立华重复抵押多套住房，分别向朱连文、毛奕博、王佳晶高息借款。

2012年8月和9月，许立华将远望松江小区未完工的工程分别承包给肇源县第三建筑工程有限责任公司和李佰伏。2013年11月29日，肇源县人民法院以合同诈骗罪判处许立华有期徒刑3年，缓刑4年，并处罚金5万元。

2014年1月，王佳晶、毛奕博先后到哈尔滨市公安局报案，称许立华诈骗其二人共计300万元。公安机关立案后，于2014年4月15日在大庆市九龙潭洗浴中心将许立华抓获，次日将其刑事拘留。2014年4月25日，朱连文到哈尔滨市公安局报案，称许立华诈骗其300万元。

2014年7月28日，公安机关侦查终结，案件由哈尔滨市公安局移送哈尔滨市人民检察院审查起诉。哈尔滨市人民检察院于2016年2月16日向哈尔滨市中级人民法院提起公诉，案件进入审理阶段。

经过两次开庭审理，哈尔滨市中级人民法院于2016年9月27日作出（2016）黑01刑初49号刑事判决，认定2010年12月至2011年11月期间，许立华以工程用款为由，以支付高额利息为诱饵，使用以远望松江小区回迁户住房作抵押及以已经抵押的住房再次作抵押的手段，骗取朱连文钱款300万，毛奕博、王佳晶钱款228万，共计528万元，以诈骗罪判处许立华有期徒刑15年，并处罚金50万元。宣判后，许立华不服，提出上诉。

上诉后，由王世军律师担任许立华的二审辩护人。2017年6月9日上午，黑龙江省高级人民法院常务副院长、一级高级法官王树江担任审判长，组成合议庭到宾县人民法院巡回开庭审理此案。在充分听取检方与律师的意见后，二审法院认为许立华构成诈骗罪的事实不清、证据不足，并采纳了辩护人提出的许立华的借款行为不符合诈骗犯罪的构成要件以及一审据以定案的两个鉴定意见证明意义不强，且与其他证据相矛盾的辩护意见，并于2017年6月27日将许立华取保候审，2017 年 7 月 20 日作出无罪判决。

■ 控 诉

黑龙江省哈尔滨市人民检察院
起诉书

哈检刑诉 [2016] 27 号

被告人许立华（曾用名许建），男，汉族，初中文化。2013 年 11 月 29 日因犯合同诈骗罪被肇源县人民法院判处有期徒刑 3 年，缓刑 4 年。2014 年 4 月 16 日因涉嫌诈骗罪被哈尔滨市公安局刑事拘留。同年 5 月 22 日经本院以涉嫌诈骗罪批准逮捕，5 月 23 日由哈尔滨市公安局执行。

本案由哈尔滨市公安局侦查终结，以被告人许立华涉嫌合同诈骗罪于 2014 年 7 月 28 日向本院移送审查起诉。本院受理后，7 月 28 日已告知被告人有权委托辩护人，7 月 28 日已告知被害人有权委托诉讼代理人，依法讯问了被告人，审查了全部案件材料。于 2014 年 8 月 28 日、2015 年 1 月 28 日退回侦查机关补充侦查，侦查机关于 2014 年 12 月 13 日、2015 年 12 月 18 日补充侦查完毕，重新移送审查起诉。期间，于 2015 年 1 月 13 日、2016 年 1 月 18 日各延长审查起诉期限半个月。

经依法审查查明：

2010 年 2 月，被告人许立华从王建文、刘立才处接手位于肇源县的置地广场棚户区改造项目，以宇龙公司的名义与回迁户签订置地广场棚户区房屋置换协议书，后以已经注销的仁和公司执照与宇龙公司办理了楼盘整体转让手续，并将项目更名为远望松江小区。

2010 年 12 月 24 日，许立华在拖欠大量工程款无力偿还，工程项目无法继续进行的情况下，以工程用款为由并以高额利息为诱饵，将回迁户住房及已经抵押给他人的住房重复抵押给被害人朱连文，以借款之名诈骗朱连文 300 万元。2011 年 4 月 1 日，许立华以上述手段诈骗毛奕博 200 万元。2011 年 11 月 14 日，毛奕博将该债权转移给被害人王佳晶，许立华以上述手段再次骗取王佳晶 28 万元。

综上，被告人许立华诈骗总金额为 528 万元，案发后赃款被其转移、挥霍。

经侦查，公安机关于 2014 年 4 月 15 日在大庆市将被告人许立华抓获。

认定上述犯罪事实的主要证据如下：

1. 书证肇源县人民法院民事判决书、房屋买卖协议、远望松江小区项目转让合同、黑龙江省农村信用社存款凭条等；

2. 证人王建文、商亚生、苏良、张振刚等人的证言；

3. 被害人王佳晶、朱连文的陈述；

4. 被告人许立华的供述和辩解；

5. 哈尔滨裕隆司法鉴定所（2014）012 号司法会计鉴定意见。

本院认为，被告人许立华以非法占有为目的，使用欺诈手段骗取他人财物，数额特别巨大，其行为触犯了《中华人民共和国刑法》第 266 条之规定，犯罪事实清楚，证据确实、充分，应当以诈骗罪追究其刑事责任。在缓刑考验期内发现判决宣告以前被告人许立华还有其他罪没有判决，应根据《中华人民共和国刑法》第 77 条、第 69 条之规定对其进行处罚。依据《中华人民共和国刑事诉讼法》第 172 条之规定，提起公诉，请依法判处。

此致

黑龙江省哈尔滨市中级人民法院

检 察 员：杨永奎

代理检察员：国宇晶

黑龙江省哈尔滨市人民检察院

二〇一六年二月一日

■ 辩　护

北京大成（哈尔滨）律师事务所律师王世军接受上诉人许立华家属的委托，并征得上诉人许立华的同意，担任其二审刑事辩护人，为便于法庭查明案情，正确适用法律，公正处理本案，就本案的关键问题发表如下辩护意见，供法庭参考并采纳。

本辩护人认为，许立华无犯罪行为，一审法院判决许立华犯诈骗罪，严重缺乏法律依据和事实依据。

一、本案涉及的相关借款行为及事实属于许立华的民间借贷行为，且系职务行为

本案事实属宇龙公司、仁和公司的经营行为，本案上诉人许立华是上述两家公司的全权受托人，其行为是职务行为且不构成刑事犯罪。具体理由如下：

1. 宇龙公司实际控制人王建文、刘立才将该工程立项后的经营权以1 400万元转让给许立华，许立华作为宇龙公司股东，经宇龙公司及董事长何京龙于2010年6月2日授权，全权代表公司行使该工程的管理职权，由公司承担所有责任。

2. 从签订借款合同的履行过程来分析，许立华的借款行为为职务行为。

许立华代表宇龙公司向毛奕博、朱连文借款均采用假买卖、真借贷的非典型担保方式。从毛奕博、王佳晶和朱连文的报案记录及提交的证据就可以明显看出：许立华是以宇龙公司资质及印章代表宇龙公司进行借贷的，并且从本案卷宗中大量的民事判决书可以看出，宇龙公司认可 2011 年 5 月 12 日（项目转让）之前与涉案工程相关的合同及法律事实。

综上，许立华在 2011 年 5 月 12 日之前代表宇龙公司所为的行为，均应由宇龙公司承担责任。

二、许立华以仁和公司名义进行经营活动有合法的授权

现有证据材料可以证明仁和公司的实际控制人张振刚、孟磊授权许立华以仁和公司的名义进行经营活动，并向许立华交付相关资质及公章。证人张振刚、贺建向侦查机关作了不实陈述，试图推卸责任，实际上仁和公司至 2015 年仍在运行。

以上事实有张振刚、贺建的笔录以及侦查机关 2015 年 8 月 10 日出具的说明证实。旭升公司的调解书可以证实 2011 年 1 月 1 日仁和公司为许立华担保向孟磊为股东的旭升公司借款 1 300 万元，现旭升公司申报债权 3 000 余万元。结合大庆佳慧咨询公司的组成（2011 年 1 月 7 日）、孟磊替韩影（仁和公司股东）签字的商品房买卖合同（2010 年 10 月 26 日）、哈尔滨市公安局调取的龙江银行开户印鉴卡（2011 年 11 月 2 日）、仁和公司资金流水（2011 年 11 月 2 日贺建办理的预留印鉴卡、2014 年 5 月 13 日仁和公司对账单）、瑞华会计师事务所（2014）第 23040027 号专项审计报告等书证，以及张振刚、贺建等对于实缴注册资本 2 000 万元的公司被宣告破产的反应等证据，可以证明许立华得到了张振刚等仁和公司控

制人的授权,以仁和公司名义进行涉案工程的后续经营等活动。

三、一审据以定罪的两个鉴定机构的鉴定意见存在严重瑕疵

1. 本案中(哈)公(刑技)鉴(文检)字(2016)320鉴定意见送检的检材为远望松江小区项目转让合同(2011年5月12日),编号40201603200001;送检的样本为法人授权委托书(2011年4月15日),编号40201603201002。

以上检材及样本都是复印件。经咨询专业鉴定机构,对于复印件无法做出鉴定,并且以上两份合同均产生于许立华以仁和公司名义受让涉案工程之后。所以,该鉴定本身及内容不具有任何法律意义。

2. 对哈尔滨裕隆司法鉴定所(2014)012号鉴定意见进行审核查验,发现该鉴定意见与其他证据(毛奕博、王佳晶笔录,许立华还款凭证,一审出庭证人证言)相互矛盾,严重失实。

以上两份鉴定意见均未依法告知本案被告人,因此不具有法律效力,不应当作为定罪量刑的依据。

四、通过签订买卖合同,为借款提供担保的行为,不符合诈骗罪的犯罪构成

采取以买卖这种非典型的担保方式向毛奕博、朱连文借款的事实发生在2011年4月1日及之前。发生该借款行为时所签订的房屋买卖合同(事后确认回迁户之外的)涉及的房屋价值均超过借款数额(从破产申报债权的数额计算得出:毛奕博的合同总价款为4 356 720元,朱连文的合同总价款为7 826 840元,另一套门市房具体情况不明)。结合办理工程审批手续、资金投入、破产管理人审计报告等证据,可以证实许立华与毛奕博、朱连文签订借款合同及所谓的买卖房屋合同时未虚构事实,其在签订合同时(并至今)

拥有整个涉案工程民法意义上的全部财产性权益。成立诈骗罪，要求被害人是基于错误认识而交付财物，但本案中，朱连文、毛奕博二人均在审查了合法有效的宇龙公司相关建设资质的前提下，签订数倍于借款额的买卖合同，并未产生错误认识（朱连文、毛奕博、王佳晶均认可是借款行为及所谓的变相抵押可变通行为，事实上该小区入户时，大量的回迁户等进行了房产调换），并且所借贷款项都用来建设涉案工程（该工程已完成投资七八亿元），也没有非法占有的主观故意和客观行为，不符合诈骗罪的构成要件。

《最高人民法院关于审理民间借贷案件适用法律若干问题的规定》第 24 条规定了以签订买卖合同作为民间借贷合同担保时的处理方式，也就是说，人民法院审理中不认可以买卖合同为担保的担保方式，而是以基本法律关系（借贷关系）为审理依据。

五、毛奕博的借贷数额及债权转让事实不清

毛奕博自认 2011 年 4 月 1 日借给许立华 200 万元本金，王佳晶认可毛奕博借款 200 万元本金，鉴定意见也认可 200 万元本金，那么 2011 年 4 月 1 日后许立华及家人给毛奕博的转款，以及毛奕博陈述许立华给王佳晶的所谓还款都应计入还款数额。这可以与一审中辩护人举证的转款证据、出庭证人证言和毛奕博的笔录相互印证。

本案中，王佳晶不是所谓的被害人，其与毛奕博共同为乾润典当公司股东，并且其报案陈述隐瞒涉案事实，所谓的债权转让并重签买卖合同实际上是一种人格或财产的混同，不能等同于刑事案件中的被害人。

六、从申报债权材料的内容来分析，本案性质属民间借贷

仁和公司进入破产程序后，朱连文申报了 480 万元债权（实际借贷 300 万元），从侧面说明朱连文也认可是民间借贷。大庆市中

级人民法院及肇源县人民法院指定破产管理人，对朱连文的债权进行破产清算，也说明涉案的相关借贷关系属民事法律关系，并且，许立华在诉讼期间被限制人身自由，导致大量虚假债权及虚假房产合同得以申报。

七、相关生效判决确认涉案款项皆为民间借贷纠纷

在我国当前的经济状况下，高利贷常常导致借贷者家破人亡，严重摧毁实体经济活动，山东于欢案就是典型。在本案中，涉案借款利息在月息 5 分以上，远远高过普通借贷情形，说明毛奕博与王佳晶及朱连文都是以借贷为目的而交付财物，均明知不是买卖房产，没有产生错误认识。省内其他法院生效判决显示，毛奕博与其他主体以买卖商品房为担保的借贷行为并未被认定为刑事案件：绥化市中级人民法院作出的（2015）绥中法民三民初字第 6 号、第 7 号民事判决书，认定大连浩云公司将已抵押或买卖的房地产又以买卖的形式抵押给毛奕博。

八、从依法治国与以德治国相结合的角度出发，考虑到本案的社会效益和影响，也不宜追究犯罪嫌疑人的刑事责任

第一，被害人（权利义务相对人）和证人存在道德瑕疵。作为报案人（被害人）之一的毛奕博从事放高利贷的职业，经常采用非法手段勒索钱财，被勒索者不堪欺压，不久前用枪将其击毙；另一被害人朱连文当庭承认是被胁迫来报案的，认为其与许立华之间就是借贷关系，许立华没有诈骗行为。

第二，对许立华的刑事追诉给所有利益相关方都造成了巨大的经济损失。许立华是开发商，他的利益相关方包括购房者、借款人、建筑商、材料商等。许立华在工程未竣工的情况下被捕，并且被长期关押，使得各方权益都将得不到保障和兑现，国家也将遭受

巨大的税费损失。

第三，对许立华予以刑事追诉会产生不良的社会效果。许立华被捕后，被长期关押，导致社会上谣言四起，各利益相关方都陷入恐慌，争抢房产。

第四，对许立华予以刑事追诉会产生社会不安定因素。许立华被捕后，许多动迁户和买房者担心无法入户及办理产权证，准备组织集体上访，给政府施压。大庆市中级人民法院以生效的行政判决形式撤销了破产管理人的涉案工程接管人资格，目前，该工程收尾工作无人负责，必将导致大规模群体事件的发生。

第五，对许立华予以刑事追诉会违背社会公众的普遍价值判断。许立华开发的楼盘总价值远远超过其欠款的数额，具有解决债务危机的可能性。在这种情况下，对许立华的逮捕和审判颠覆了普通大众的社会价值评价标准。

综上，本案没有证据证明被告人有犯罪事实，其民间借贷行为应由民事法律关系调整。一审判决认定事实不清、适用法律错误，请依法判处许立华无罪。

上述辩护意见，恳请法庭采纳！

辩护人：王世军

许立华（左）与王世军律师（右）

■ **审　判**

黑龙江省高级人民法院

刑事判决书

（2017）黑刑终 62 号

原公诉机关哈尔滨市人民检察院。

上诉人（一审被告人）许立华，曾用名许建，男，汉族，初中文化，个体户，2013 年 11 月 29 日因犯合同诈骗罪被判处有期徒刑 3 年，缓刑 4 年。因本案于 2014 年 4 月 16 日被刑事拘留，同年 5 月

22 日被逮捕。现已取保候审。

辩护人王世军，北京大成（哈尔滨）律师事务所律师。

辩护人徐楷，黑龙江徐力律师事务所律师。

哈尔滨市中级人民法院审理哈尔滨市人民检察院指控被告人许立华犯诈骗罪一案，于 2016 年 9 月 27 日作出（2016）黑 01 刑初 49 号刑事判决。被告人许立华不服，提出上诉。本院依法组成合议庭，公开开庭审理了本案。黑龙江省人民检察院指派检察员赵倩、张友出庭履行职务，上诉人许立华及其辩护人王世军、徐楷到庭参加诉讼。现已审理终结。

哈尔滨市中级人民法院认定，2010 年 12 月至 2011 年 11 月期间，被告人许立华以工程用款为由，以支付高额利息为诱饵，使用以远望松江小区回迁户住房作抵押及以已经抵押的住房再次作抵押的手段，骗取被害人钱款共计 528 万元。具体犯罪事实如下：

1. 2010 年 12 月 24 日，被告人许立华使用远望松江小区 16 套回迁户的房产及已作抵押的 13 套房产作抵押，骗取被害人朱连文 300 万元。

2. 2011 年 4 月 1 日，被告人许立华伪造法人授权委托书，并使用以回迁户房产及已抵押的房产重复抵押的手段，骗取被害人毛奕博 200 万元。2011 年 11 月底，毛奕博因急需资金，将该债权转让给了被害人王佳晶，许立华再次骗取王佳晶 28 万元。王佳晶被骗金额总计 228 万元。

上述事实，有被害人朱连文、毛奕博、王佳晶的陈述，证人商亚生、韩宝、韩德、郑伟、张庆元、王建文、王骞、苏良、刘洪峰、李佰伏、孙继臣等人的证言，被告人许立华出具的证明，朱连文提供的商品房买卖合同、农村信用社存/取款凭证、中国农业银行取款凭证、收据，王佳晶提供的远望松江小区商品房买卖协议、中国工商银行汇款凭证；许立华伪造的法人授权委托书，哈尔滨裕隆司法鉴定所制作的司法会计鉴定意见，哈尔滨市公安局出具的鉴定意见，肇源县人民法院（2013）源刑初字第 70 号刑事判决及被告人许立华的供述和辩解等证据证实。

哈尔滨市中级人民法院认为，被告人许立华以非法占有为目的，采取用回迁户房产及已出售和抵押给他人的房产作抵押等手段骗取被害人钱款，数额特别巨大，其行为已构成诈骗罪。公诉机关指控的罪名成立。许立华诈骗钱款的事实有证人韩德、毛奕博等人的证言、被害人的陈述，以及被告人伪造的商品房买卖协议、法人授权委托书等书证及公安机关的鉴定意见等证据证实，足以认定。被告人的辩解没有证据支持，对其无罪辩解及辩护人的辩护意见均不予采纳。许立华诈骗数额特别巨大，应依法惩处，并属于在缓刑考验期内新发现的罪行，应当撤销缓刑，数罪并罚。依照《中华人民共和国刑法》第 266 条，第 69 条第 1 款、第 3 款，第 77 条第 1 款之规定，认定被告人许立华犯诈骗罪，判处有期徒刑 15 年，并处罚金 50 万元，与原判合同诈骗罪有期徒刑 3 年，并处罚金 5 万元并罚，决定执行有期徒刑 18 年，并处罚金 55 万元。

宣判后，被告人许立华不服，提出上诉。许立华提出如下上诉理由：①我向毛奕博借的是本金 150 万元，不是一审认定的本金 200 万元；一审认定我向王佳晶借了 28 万元，实际是毛奕博向我借 28 万元，约定借一天，第二天有一笔 28 万元打到我爱人的卡上；我归还毛奕博 70 万元和三套房产。②我向朱连文借的 300 万元，曾用现金 300 万加房产还了借款本息，总价值 516 万元，我继续借款 300 万元后，与朱连文签了保证书、还款协议，在我被抓时尚未到约定的还款期限。③本案所有证人证言都是虚假的。④一审法院对我提出的异议没有调查，开庭时申请出庭作证的证人证实的情况，一审法院没有采信。

其辩护人提出如下辩护意见：①本案涉及的相关借款行为及事实属于许立华的民间借贷行为；②许立华以仁和公司名义进行经营活动有合法的授权；③一审据以定案的两个鉴定机构的鉴定意见，不具有任何法律意义，且与其他证据相矛盾；④许立华的借款采取了非典型的担保方式，并且所借款项均用来建设涉案工程，没有非法占有目的及非法占有行为，不符合诈骗犯罪的构成要件。

出庭检察员认为，依据现有证据，能够认定许立华隐瞒房产的真实状态，采取以回迁户住房、已经出售或者抵押的房产作抵押的手段向朱连文、王佳晶借款的事实。请二审法院结合本案的证据及查明的案件事实依法裁判。

经审理查明，上诉人许立华系兰西县人，长年在大庆市生活和务工。2010年七八月份，许立华在肇源县参与王建文、刘立才挂靠的宇龙公司开发的远望松江小区项目。后许立华与王建文、刘立才协商，以1 400万元的价格取得该工程项目，许立华实际支付100万元，并给王建文、刘立才开具了部分售楼票据。在开发建设的过程中，2010年12月24日，许立华使用远望松江小区房产29套（含回迁户的房产及已经抵押的房产）作抵押，向朱连文高息借款300万元。2011年4月1日，许立华使用远望松江小区房产56套，实际为55套，有一套重复（含回迁户的房产及已经抵押的房产）作抵押，向毛奕博高息借款。2011年4月和5月，许立华分别通过其女儿许春雪和其同居女友郑伟向毛奕博转账70万元。2011年，许立华通过他人获得了仁和公司的营业执照、税务登记证书、组织机构代码证、房地产开发资质证书等手续证明。2011年5月12日，宇龙公司与仁和公司签订协议，将远望松江小区项目转让给仁和公司。后许立华以仁和公司的名义继续开发远望松江小区。2011年11月14日，王佳晶与毛奕博共同来到肇源县找到许立华，三人口头商定，将毛奕博的债权转移到王佳晶的名下，许立华用远望松江小区的56套商品房作为借款的抵押物。当日，王佳晶与许立华代表的仁和公司签订商品房买卖协议，约定王佳晶购买远望松江商品房56套，总价款621万余元。2011年11月15日，王佳晶给郑伟的银行卡转款28万元。

2012年8月，因重复抵押多套住房，肇源县公安局将许立华刑事拘留。2012年8月和9月，许立华将远望松江小区未完工的工程分别承包给肇源县第三建筑工程有限责任公司和李佰伏。2013年11月29日，肇源县人民法院以合同诈骗罪判处许立华有期徒刑3年，缓刑4年，并处罚金5万元。

2014年1月，王佳晶、毛奕博先后到哈尔滨市公安局报案，称许立华诈骗其二人共计300万元。公安机关立案后，于2014年4月15日在大庆市九龙潭洗浴中心将许立华抓获，次日将其刑事拘留。2014年4月25日，朱连文到哈尔滨市公安局报案，称许立华诈骗其300万元。

上述事实，有下列经过庭审举证、质证的证据证实：

1. 证人朱连文、毛奕博、王佳晶、商亚生、韩宝、韩德、王骞、苏良、刘洪峰、郑伟、张庆元、王建文、刘立才、李佰伏、孙继臣等的证言……

2. 证人朱连文提供的许立华出具的证明、商品房买卖合同、农村信用社存/取款凭证、中国农业银行取款凭证、收据……

3. 证人王佳晶提供的远望松江小区商品房买卖协议、中国工商银行汇款凭证……

4. 辩护人提供的银行转账凭单复印件……

5. 公安机关提取的远望松江小区项目转让合同、建设工程规划许可证、房地产开发项目许可证、商品房预售许可证等书证……

6. 哈尔滨裕隆司法鉴定所（2014）012 号司法会计鉴定意见……

7. 肇源县人民法院（2013）源刑初字第 70 号刑事判决……

8. 上诉人许立华的供述和辩解……

本院认为，上诉人许立华开发远望松江小区的事实存在。认定许立华开发远望松江小区，有证人王建文、刘立才的证言证实，毛奕博、王佳晶、朱连文亦承认远望松江小区为许立华开发，建设工程规划许可证、建设用地规划许可证、房地产开发项目许可证、商品房预售许可证等证实开发单位原为宇龙公司，后为仁和公司，许立华亦坚称自己为实际开发人。一审法院认定许立华伪造商品房买卖协议以及伪造法人授权委托书骗取毛奕博、王佳晶钱款的事实不清，证据不足。

认定许立华向毛奕博、王佳晶借款以及还款的数额事实不清，证据不足。许立华供述向毛奕博借款本金是 150 万元，毛奕博和王佳晶陈述借款本金是 200 万元；许立华供述王佳晶转款 28 万元是归还借款，毛奕博和王佳晶陈述转款 28 万元是又借给许立华 28 万元。许立华供述归还 70 万元并卖了三套房产，将房款直接给了毛奕博；毛奕博陈述给王佳晶利息 15 万元和两套房产的房款；王佳晶对还款数额没有证实。

被害人的借款有房产抵押作担保，其中含许立华有权处置的房产，债权能否实现不清。

许立华借款之后，没有证据证实其转移或者挥霍，也没有证据证实其将借款直接、全部用在了远望松江小区的建设上，故从许立华的行为判断，认定其有非法占有目的的事实不清，证据不足。

综上，一审法院认定许立华以非法占有目的，采取用回迁户住房和已经出售或已经抵押的房产重复抵押的手段骗取被害人钱款，构成诈骗罪，事实不清，证据不足。辩护人提出许立华的借款行为不符合诈骗罪的构成要件的辩护意见，予以采纳。一审据以定案的两个鉴定意见，证明意义不强，且与其他证据相矛盾，二审已经未予采信，故辩护人提出该鉴定意见不具有法律意义的辩护意见，予以支持。依照《中华人民共和国刑事诉讼法》第 53 条、第 225 条第 1 款第 3 项、第 195 条第 3 项的规定，判决如下：

一、撤销哈尔滨市中级人民法院（2016）黑 01 刑初 49 号刑事判决。

二、上诉人许立华无罪。

本判决为终审判决。

审判长　王树江

审判员　陈永刚

审判员　刘艳东

二〇一七年七月二十日

书记员　马　瑞

附：本案相关法律条文

《中华人民共和国刑法》

第 266 条　诈骗公私财物，数额较大的，处 3 年以下有期徒刑、拘役或者管制，并处或者单处罚金；数额巨大或者有其他严重情节的，处 3 年以上 10 年以下有期徒刑，并处罚金；数额特别巨大或者有其他特别严重情节的，处 10 年以上有期徒刑或者无期徒刑，并处罚金或者没收财产。本法另有规定的，依照规定。

《中华人民共和国刑事诉讼法》（2012 年修正）

第 53 条　对一切案件的判处都要重证据，重调查研究，不轻信口供。只有被告人供述，没有其他证据的，不能认定被告人有罪和处以刑罚；没有被告人供述，证据确实、充分的，可以认定被告人有罪和处以刑罚。

证据确实、充分，应当符合以下条件：

（一）定罪量刑的事实都有证据证明；

（二）据以定案的证据均经法定程序查证属实；

（三）综合全案证据，对所认定事实已排除合理怀疑。

第 225 条第 1 款　第二审人民法院对不服第一审判决的上诉、抗诉案件，经过审理后，应当按照下列情形分别处理：

……

（三）原判决事实不清楚或者证据不足的，可以在查清事实后改判；也可以裁定撤销原判，发回原审人民法院重新审判。

第 195 条　在被告人最后陈述后，审判长宣布休庭，合议庭进行评议，根据已经查明的事实、证据和有关的法律规定，分别作出以下判决：

……

（三）证据不足，不能认定被告人有罪的，应当作出证据不足、指控的犯罪不能成立的无罪判决。

■ 律师手记

忽如一夜春风来
——记无罪辩护成功的二审诈骗案

一、委托过程

老许（许立华）是大庆一家房地产开发公司的实际控制人，在开发房地产项目过程中，因资金周转的需要，以本人和房地产开发公司的名义进行了部分借贷、融资活动。所有的借贷、融资活动均采用以在建工程房屋买卖形式为抵押担保的非典型方式进行。2014年初，两名高利贷放贷者向哈尔滨市公安局举报老许涉嫌诈骗。2014年7月28日，公安机关侦查终结，案件移送哈尔滨市人民检察院审查起诉。哈尔滨市人民检察院于2016年2月16日向哈尔滨市中级人民法院提起公诉。经过两次开庭审理，2016年11月15日，哈尔滨市中级人民法院认定老许诈骗罪名成立，作出判处有期徒刑15年，并处罚金50万元的一审判决。

我作为本案的二审辩护人，接受委托的过程也是经历了一番周折。

一审判决书下达后，老许的女儿通过他人介绍来北京找我。我当时正在深圳办理一起重大的刑事案件，我们只在电话里进行了简单的交流。案情了解不多，对于这起诈骗案，我并没有足够的信心和把握能够翻案，只好先叫我们律所的另外一名律师从老许的女儿手中收下材料，答应回去后先看看材料再决定是否提供辩护。深圳的案件庭审告一段落后，我马上飞回哈尔滨，连夜看了下案件材料,初步判断该案的审理存在一些问题,于是约老许的家属了解一些案件相关情况。老许的家属一致认为老许有罪,只是罪行并没有那么严重,请求我进行罪轻辩护。但是,依我多年办理刑事案件的经验,本案仍有若干疑点,经过初步判断还是想做深入的探讨。因此,我决定先去会见一下老许,进行深入了解后再考虑是否担任辩护人。

我同助理驱车去了哈尔滨市宾县看守所,第一次见到了老许,详谈了3个多小时。此时,老许已经被限制人身自由1 100多天,但是精神状态还不错,对自己的案件有信心,也有疑惑。老许不懂法律,但是具有一种朴素的情感,坚信自己并没有骗人,不应该被判刑。经过这次会见,我对于本案有了更加深入和全面的了解,发现这个案子的判决文书记载与老许叙述的"事实"之间有很大出入,这更加坚定了我最初要做无罪辩护的判断。老许对于我的业务水平非常佩服,也强烈表达了请我担任辩护人的意思。从看守所回来后,我决定说服其家属,转变辩护思维。

二、庭前准备

受理案件后,我赶紧去黑龙江省高级人民法院复制了全部的17本案卷,共计3 000多页。我用三天两夜的时间仔细研读了全部案卷,中间只睡了几个小时,终于发现了若干疑点,其中最明显的疑点就是作为定案证据的两个鉴定意见。此时,已可以初步认定,本案在实体和程序上都存在瑕疵,证据不够确实、充分,老许未得到公正的判决。

为了在二审庭审时拿出有力证据并查清案件事实,我驱车1 000多公里,跑遍了大庆市、兰西县、肇源县等地的工商局等单位,对于本案中老许是否为房地产公司的实际负责人、老许案件中涉及的几个关系人的实际身份进行了调查，取得了很多无可辩驳的关键证据。

随着开庭时间日益临近，我又先后几次去看守所会见了老许，就案件中的细节问题进行询问。回来后，我一边为 3 000 多页的案卷添加标识，一边整理证据目录，并最终形成了辩护词。通过和老许的接触以及实地的调查，我对黑龙江省的经济形势、房地产开发商的生存状态有了更深的了解。我认为，法律的滞后性在本案中已经凸显无疑，本案的辩护不能局限于法律本身，要突破法律人的固有思维，从更加宏观的视角、个案的社会效应以及司法改革的大背景进行辩护。

三、庭审现场

2017 年 6 月 9 日，黑龙江省高级人民法院公开开庭审理老许的案件。本案由黑龙江省高级人民法院常务副院长王树江同志担任合议庭审判长，由黑龙江法院网进行现场直播，要求全省法院系统的员额制法官同时在线观看。这么大的场面给我造成了一定的心理压力，但更激起了我的无限斗志。我深知本案要做无罪辩护的困难点很多，主要包括：①老许于 2014 年 4 月 16 日被刑事拘留，2014 年 5 月 22 日被捕，2017 年 6 月 27 日被取保候审，被限制人身自由共计 1 168 天；②一审法院是哈尔滨市中级人民法院，级别较高，且以诈骗罪判处许立华有期徒刑 15 年，并处罚金 50 万元；③老许确实存在将在建工程多次"抵押"的行为，且暂时无力清偿巨额债务。虽然面对诸多现实困难，但我有信心通过老许的案件为推动我国的司法改革尽一份绵薄之力。

庭审的过程紧张有序，我的辩护要点主要有：①本案涉及的相关借款行为及事实属于老许的民间借贷行为，且系职务行为；②老许以房地产开发公司名义进行经营活动有合法的授权；③一审法院据以定案的两个鉴定机构的鉴定意见存在严重瑕疵，依法不应采信；④采取签订在建房屋买卖合同的形式，为民间借款提供担保的"非典型的担保方式"，并不符合诈骗罪中的"虚构事实、隐瞒真相"的行为要件；⑤诈骗的"受害人"在破产案件中进行债权申报的行为说明涉案的相关借贷关系属民事法律关系；⑥相关生效判决确认涉案欠款系民间借贷，而非诈骗犯罪。

本案采取了以法律性辩护为基础，以道德性辩护为补充的辩护策略。首先，从法律性辩护的视角指出本案在实体和程序上存在的瑕疵，初步动摇了法官对犯罪嫌疑人的有罪确信。其次，运用道德性辩护的方式，从被害人（权利义务相对人）和证人存在道德瑕疵、刑事追诉给所有利益相关方都造成巨大的经济损失、产生不良的社会效果、产生社会不安定因素、违背社会公众的普遍价值判断标准等方面进行辩护。

庭审中戏剧性的一幕发生在主审法官对证人（被害人）的询问环节：证人（被害人）当场承认自己是被另一位被害人胁迫才向公安机关报的案，自己和老许之间是真实的民间借贷，老许并没有欺骗自己。（另一名被害人则因发放高利贷，勒索敲诈他人被人击毙。）

庭审结束时，法庭外大雨滂沱，稍解郁闷之气。

四、忽如一夜春风来

我对庭审过程较为满意，深信二审法官在本案实体和程序方面都存在较大瑕疵的情况下，一定会充分考虑我的辩护意见，做出公正判决。但是，我也深知老许的案件很复杂，不像"真凶出现""死者复生"类无罪案件那样顺理成章，内心还是有些惴惴不安。为了使辩护更加扎实有力，按照合议庭的要求，我在庭审结束后又进一步补充细化了关键证据。庭审结束后的十几天，接到了可以为老许办理取保候审的通知，真是忽如一夜春风来，这个喜讯令我精神一振。

2017年6月27日，我为老许办理了取保候审。当我办理取保手续的时候，看守所通知老许整理个人物品，他拎着一个袋子出来的时候看到我，显得很惊讶。他本以为自己又要被转到另外的看守所关押，正心里七上八下地犯嘀咕，却惊闻被取保候审了。在被限制人身自由1 168天之后重获自由，意外、惊愕、兴奋、感动……真是五味杂陈，难以言表。

五、千树万树梨花开

黑龙江省高级人民法院通知我要公开宣判，让我通知老许去一趟。我没敢直接告诉他要宣判，而是找了个到法院继续开庭、核实几个问题的借口通知他来一趟。2017年7月20日，法院当庭宣读了老许无罪的终审判决。

黑龙江省高级人民法院认为：本案构成诈骗罪的事实不清，证据不足。辩护人提出许立华的借款行为不符合诈骗犯罪的构成要件的辩护意见，予以采纳。一审据以定案的两个鉴定意见，证明意义不强，且与其他证据相矛盾，二审已经未予采信，故辩护人提出该鉴定意见不具有法律意义的辩护意见，予以支持。

当审判长宣告老许无罪时，老许一下瘫坐在椅子上，久久没有站起来。随后老许给自己的女儿打电话，把判决书用微信发给女儿，叫她给自己念念，但始终不敢相信，恍如梦中。老许说，被释放之后20多天还不敢关灯睡觉。得到无罪判决之后的一段时间，老许每天都给我打两三个电话咨询，产生了严重的依赖感和不安全感。

老许继续找我代理他的国家赔偿申请。本案属于二审改判无罪的案件，哈尔滨市中级人民法院为作出一审有罪判决的人民法院，依据《中华人民共和国国家赔偿法》第 21 条，应作为赔偿义务机关。老许于 2014 年 4 月 16 日被刑事拘留，2017 年 6 月 27 日被取保候审，我们请求 1 168 天的违法羁押赔偿金，按 2016 年职工日平均工资计算，应为 302 383.52 元。同时，老许被违法羁押近四年，给他的生活和工作造成了严重影响，应认定造成了精神损害，后果严重，据此，我们申请赔偿老许精神损害抚慰金。

2017 年 12 月 4 日，哈尔滨市中级人民法院作出国家赔偿决定书，同意了我们的人身自由赔偿金的申请，即 302 383.52 元，并依据案件具体情况酌定赔偿老许精神损害抚慰金 45 000 元。

六、余音不绝

老许虽然无罪释放了，但是其被羁押 1 168 天，导致很多诉讼权利无法主张，多起案件因缺席审判而败诉。老许的绝大部分资产被法院查封，众多纠纷等待解决。大庆市中级人民法院对老许的房地产开发公司做出了破产裁定，但是由于涉案人员众多，状况复杂，破产案件被无限期搁置，无法进行清算。在此期间，众多购房者、债权人、施工方到黑龙江省信访局、大庆市中级人民法院、肇源县人民法院进行上访，引发很多社会不稳定因素。

黑龙江省人民检察院对本案的无罪判决进行了多次研讨，对民间借贷行为与诈骗罪之间的边界进行明确规范，尤其是对检察机关在本案中出现的问题进行了进一步反思，规范了办案思路和程序。老许本人在得到无罪判决后对律师表示感谢，坚信中国法治进步进程里不能没有律师。

正义或许会迟到，但绝不会缺席。可是，不公正的司法对公民个体的伤害是无法弥补的，对受害人家庭的伤害也是无以复加的。社会主义法治国家建设，社会公平正义的实现任重道远，需要我辈律师不畏艰辛、砥砺前行！

与诸位律师同仁共勉。

王世军

■ 评　议

辩护策略与时俱进　拓展刑事辩护维度

十八大以来依法治国和以德治国相结合、推进以审判为中心的刑事诉讼制度改革，为刑事辩护律师提供了两个新的历史机遇。律师辩护要满足社会主义法治国家的需要，努力实现社会公平正义，在贯彻法治原则，坚守法律底线的同时，要高度关注社情民意，将个案的审判置于国法、天理、人情之中综合考量，统筹兼顾法律正义和社会正义，坚守法律底线和道德底线，努力探讨和实现法理情的有机结合。

本案采用了"多维度刑事辩护"的理念，即以法律性辩护的实体辩护和程序辩护的双维视角为基础，增加"道德性辩护"的视角，形成多维立体辩护体系，充分保证被告人的权益，为被告人争取更加符合社会基本评价标准的裁判结果。

道德性辩护，就是指律师在刑事诉讼中依据道德性理念为嫌疑人、被告人所作的辩护，即通过道德说理的方法打动法官，从而使法官做出有利于被告人的决定或判决。道德性辩护在我国应该具备顺应国情、贴近民情、契合事理、重视习惯与公序良俗的特征。

本案辩护人首先从法律性辩护的视角指出本案在实体和程序上

存在的瑕疵，初步动摇了法官对犯罪嫌疑人的有罪确信，其次运用道德性辩护的方式，指出被害人（权利义务相对人）和证人存在道德瑕疵，本案实质是高息借贷的民事纠纷，予以刑事追诉将给所有利益相关方造成巨大的经济损失，产生不良的社会效果，不利于社会稳定，违背社会公众的普遍价值判断标准。

民刑交叉案件处理

本案发生在我国房地产行业发展的震荡下行期间，房地产行业资金压力增大，出现大量违规、违法现象。为了保证资金周转与开发项目的正常运营，许多开发商在其楼盘开发过程中都会采取非典型房产抵押借款的方式盘活资金，因此极易产生民刑交叉案件。

无论是立法还是司法，尤其是在不同部门法相互重合或交叉的领域，均应维护统一法秩序的法则，不做出相互矛盾、冲突的解释。但在司法领域，尤其在民刑交叉领域，存在着不同法院之间、同一法院内部裁判尺度不一的现象，公安机关、人民检察院、人民法院处理类似问题的立场也不尽相同。这不仅无法为社会公众提供一个明确的行为指导，也消极影响着司法维护社会秩序功能的充分发挥。

在涉及房地产的民事案件中，由于房地产本身的高价值等特点，当事人往往会为了追求自身利益最大化而采取各种诉讼策略，手段具有多元性、多样性，甚至会有一些比较极端的行为，如伪造公证书、公文，一房多卖，以及本案中将相同房产做重复抵押担保高息贷款等。这是市场经济活跃多样集中反映到诉讼程序中的一大特点，是市场经济中的正常现象。但刑事犯罪与民事纠纷之间的裁量，如果没有一个统一的标准，一方面既不能有效惩办严重犯罪，另一方面可能也会导致经济纠纷的泛犯罪化。市场经济法律规范，大量是民法规范、行政法规范，刑法规范只是最后的、最严厉的手段，一般不能轻易动用。公安机关和检察机关要严格把好市场经济行为犯罪的立案关，尽量防止人情关系驱动的非正常立案。

在司法实践中，民刑诉讼并无优劣之分，作为促进形成并共同维护统一法秩序的两大法律部门，在保护基本人权、维护社会交易秩序等方面具有同等地位，仅是调整方式及法律责任有所不同。但由于刑罚的威慑力高于其他法律后果，只有重大的违法行为、侵犯的法益较为严重时，才得以适用刑法对相关行为人施以刑罚。因此，基于罪刑法定原则，在民法领域可以予以规制的行为绝不应该上升至刑罚处罚的高度。

本案中，原公诉机关和一审法院都认为许立华在工程建设期间，将相同房产做重复抵押，担保其向不同权利人的高息贷款，属于虚构事实、隐瞒真相，骗取他人钱款，成立诈骗罪。但在本案二审过程中，经审理查明，现有证据并不能证实许立华开发远望松江小区以及与他人签订的商品房买卖合同系伪造，且许立华陈述的与两名被害人主张的借款、还款事项数额不清，无法认定，许立华的房产抵押能否实现被害人的债权也处于不明确的状态，本案现有证据无法证明许立华有转移或挥霍借款的行为，其非法占有的主观故意也不能认定。因此，从犯罪构成要件分析，许立华被指控的诈骗罪不能认定。

法院裁判不仅在微观上对类案或同案具有参考和指导作用，还从宏观上发挥着规范社会主体行为、维护整体秩序的功能。民刑交叉案件虽在个案细节中有差别，但法院作为案件处理过程中极为关键的环节，需要统一案件受理、案件移送、中止审理及外部协调等程序问题，并在案件实体处理方面避免冲突。程序上回归统一和实体上避免矛盾，首先依赖于典型个案裁判的遵循，如通过裁判文书公开平台的建设、最高人民法院指导性案例以及各级法院参考案例制度的建立，强化个案裁判效果的外部性，正确处理民刑交叉案件，保护当事人合法民事权益。同时，我国正在进行的司法改革，将使庭审实质化，案件的审理将更加公正。本案正是在此背景下得到了公平公正的处理。

男幼师卷入猥亵四岁女童案漩涡
——河北邯郸孔成杰猥亵儿童案

■ 回　顾

　　2015 年 6 月 12 日，搜狐网、邯郸贴吧、邯郸电视台、河北电视台等媒体争相报道：邯郸县（2016 年撤销，其下辖地区分别划归邯山区和丛台区，以下为行文方便，仍以"邯郸县"称之）圣博翰幼儿园男老师猥亵四岁女童，致该女童下体红肿，家长已报警，女童家属在幼儿园门口拉条幅讨说法。本案因系媒体关注的热点案件而引起邯郸市有关部门及相关领导的高度重视。

　　孔成杰刚满十八周岁，职业技校幼师专业毕业后，进入当地一家幼儿园工作。在幼儿园领导的安排下，孔成杰负责幼儿园的体育教学工作。孔成杰性格开朗，工作积极，受到幼儿园帅生及家长一致好评，如遇其他课程的老师请假，孔成杰也临时代课。该幼儿园只有孔成杰一名男老师。

　　2015 年 6 月 12 日，幼儿园一四岁女童家长到公安局报案，称自己的女儿昨天被幼儿园男幼师孔成杰猥亵，导致女童下体红肿。当天，女童家长带领多人拉条幅围堵幼儿园，同时一则配有幼儿园和孔成杰照片的"幼儿园男老师猥亵四岁女童，致该女童下体红肿，家长已报警"的新闻也席卷该市一些论坛及微信朋友圈，许多网友对此义愤填膺，留言称"禽兽老师丧尽天良""必须还孩子一个公道！"随即，邯郸电视台、河北电视台对此事件也做了相关报道，该幼儿园被迫关门停业。

这起案件被定性为特大恶性案件，媒体将此案件作为反面教材进行了报道，以此呼吁社会关注儿童被性侵问题，在社会上引起强烈反响。伴随着铺天盖地的严惩罪犯的报道，孔成杰在新闻爆出第二天就被公安机关刑事拘留，并很快被检察院批准逮捕。

2016年3月18日，邯郸县人民检察院向邯郸县人民法院提起公诉，指控孔成杰于2015年6月11日在邯郸县圣博翰幼儿园内利用其老师身份之便，对该幼儿园内女童王某某进行猥亵。

2016年5月9日，一审开庭审理，刘彦成律师做无罪辩护。2016年6月14日，邯郸县人民法院审判委员会经讨论决定判决孔成杰犯猥亵儿童罪，判处有期徒刑3年。

众多媒体和老百姓似乎已经看到了法律的威严和正义，一切似乎理所当然。然而事实是否果真如此？

拿到一审判决的孔成杰不服提出上诉，邯郸市中级人民法院于2016年9月26日裁定撤销原一审判决，发回邯郸县人民法院重审。邯郸县人民法院经过三次开庭审理后于2017年10月30日以"部分事实不清，证据达不到确实、充分，指控罪名不能成立"为由作出无罪判决。

■ 控 诉

邯郸县人民检察院
起诉书

邯县检未检刑诉 （2016） 2 号

被告人孔成杰，男，汉族，中专文化程度，案发前系邯郸县圣博翰幼儿园老师。因涉嫌猥亵儿童罪，于 2015 年 6 月 13 日被邯郸县公安局刑事拘留，同年 6 月 25 日经本院批准，于同日被邯郸县公安局执行逮捕。

本案由邯郸县公安局侦查终结，以被告人孔成杰涉嫌猥亵儿童罪，向本院移送审查起诉。本院受理后，已告知被告人有权委托辩护人，已告知被害人及其法定代理人有权委托诉讼代理人，依法讯问了被告人，听取了辩护人、被害人及其诉讼代理人的意见，审查了全部案件材料。

经依法审查查明：

2015 年 6 月 11 日，被告人孔成杰在邯郸县圣博翰幼儿园内利用其老师身份之便，对王某某（女，生于 2011 年 3 月）生殖器进行抠摸。经邯郸县医院诊断，王某某大阴唇内侧、小阴唇稍出血，左侧小阴唇与大阴唇间沟处 1.5cm×0.1cm 破裂口，属轻微伤。

认定上述事实的证据如下：

1. 证人证言：证人李某、胡某等人的证言；

2. 被害人陈述：被害人王某某的陈述；

3. 被告人的供述与辩解：被告人孔成杰的供述与辩解；

4. 鉴定意见：法医学人体损伤程度鉴定书；

5. 勘验、检查、辨认、侦查实验等笔录：现场勘查笔录及照片、辨认笔录；

6. 被告人、被害人户籍证明等其他证据。

本院认为，被告人孔成杰抠摸女童生殖器，其行为触犯了《中华人民共和国刑法》第 237 条之规定，犯罪事实清楚，证据确实、充分，应当以猥亵儿童罪追究其刑事责任。根据《中华人民共和国刑事诉讼法》第 172 条之规定，提起公诉，请依法判处。

此致
邯郸县人民法院

邯郸县人民检察院
2016 年 3 月 1 日

■ 辩　护

受本案被告人孔成杰家属的委托，并征得孔成杰本人的同意，河北盛仑律师事务所指派刘彦成律师担任被告人孔成杰涉嫌猥亵儿童罪案辩护人，依法参与本案的审理。介入本案后，辩护人通过多次会见被告人、详细阅读案卷及参加一审、二审审理程序，更加了解本案相关事实，更加坚定地认为孔成杰无罪。现依法发表如下辩护意见：

一、公诉机关认定被告人孔成杰构成猥亵儿童罪的证据不确实、不充分

1. 本案能够证明被告人孔成杰犯罪的证据只有被害人王某某的陈述，没有其他任何证据可以证明被告人实施了犯罪行为。被害

人王某某的陈述（卷宗85页）这唯一的证据也不具有真实性，理由如下：

（1）被害人王某某在陈述其遭遇时刚四周岁，年龄尚小，其认知、表达会影响其陈述的真实性。因此，我们在看被害人尤其是特殊未成年人陈述时，应该考虑其年龄、智力发育程度、所做证言的时间、所做证言的稳定性，能否与其他证据相互印证且没有矛盾等因素来综合认定。

（2）被害人王某某的第一次询问笔录（卷宗87页）里，王某某说孔成杰摸她"屁屁"的时间是在午饭前，地点是在舞蹈房，且班里同学胡某看见了。但在胡某（2010年出生，比王某某大一岁）的询问笔录（卷宗111页）里，胡某说孔老师是在中午睡完觉之后去的舞蹈房，并没有说看见孔老师摸王某某"屁屁"。在申某的询问笔录（卷宗133页）里，申某说6月11日上午孩子们没有出过教室，被害人上午根本没有去过舞蹈房。以上事实更加印证了王某某的询问笔录不具有真实性。

更为重要的是，辩护人通过查看同步录音录像发现在公安机关询问王某某的整个过程中，王某某的父母均在提示王某某如何回答公安机关提出的问题，比如在公安机关对王某某第一次询问过程中，公安民警问王某某来公安局干啥，王某某没有作答，王某某父亲便提示王某某说是报案；公安民警问王某某报什么案，王某某同样没有回答，王某某父亲便提示说她"屁屁"疼；公安民警问王某某为什么尿尿的地方疼，在王某某回答之前，其父亲便提示说是不是有人摸你"屁屁"；王某某的父亲还多次诱导王某某，例如，你快说，说了我给你100元钱。……故恳请二审法院查看王某某的同步录音录像，核实王某某陈述的真实性。

2. 本案的关键证据监控录像已损坏

（1）通过卷宗材料得知该录像在被损坏前只有李某、李某静、张某三人看见过，"事发后"三人均表示观看录像时未看到孔成杰对被害人实施猥亵行为。

李某静的询问笔录（卷宗 116 页）、张某的询问笔录（卷宗 127 页）、李某在补充侦查期间即 2015 年 12 月 29 日的询问笔录均记载，其看到的监控显示，在 2015 年 6 月 11 日上午，孔成杰只是在教室抱了抱王某某，并没有将王某某抱出教室及实施猥亵行为。三人的证言和被告人庭审供述也一致。另外，这三个证人看到的监控画面发生在 2015 年 6 月 11 日上午，这个时间请法庭给予高度重视。

（2）损坏录像的不是孔成杰，而是幼儿园，损坏录像的动机是害怕引起家长的误会。卢某讯问笔录（卷宗 80 页）记载："李某说没有看见孔老师打孩子，就看见孔老师抱着王某某在教室转了一圈，李某说要不咱把监控删了吧，别让王某某家长看见，引起误会。"李某在补充侦查期间的询问笔录记载："因看到孔成杰有抱孩子的动作，我怕家长看到这段录像发生误会，就赶紧给芦某打电话，让她看怎么处理这件事，因时间短，我没有看其他录像。"

（3）在本案一审时，被告人孔成杰就要求寻找第三方恢复被损坏录像，因为该录像能够证明孔成杰的清白，但由于技术原因，被损坏录像无法恢复。

二、一审法院认定孔成杰犯猥亵儿童罪的证据没有形成一个完整的证据链条，证据之间不能相互印证，不能排除合理怀疑

1. 不能排除有其他人对被害人实施猥亵行为的可能。

（1）李某的询问笔录（卷宗 71 页）显示，李某静说班上的学生王某某妈妈打电话说发现王某某尿尿的地方有一道红肿，问孩子怎么回事，孩子刚开始说是胡某弄的，后来说是班里小男生弄的。补充侦查阶段李某静的询问笔录显示，2015 年 6 月 11 日晚上王某某的妈妈打电话来说王某某的下体红肿，王某某刚开始说是胡某弄的，后来说是班里的其他小朋友弄的。

通过李某、李某静的证言可知，王某某一开始并没有说其下体损伤是孔成杰弄的，而是说是班里的同学胡某弄的，故不能排除王某某的伤是由胡某造成的可能性。

（2）关于李某静于 2017 年 7 月 23 日、李某于 2017 年 8 月 15 日在公安机关的询问笔录，辩护人对该两份证人证言的真实性有异议。

李某静于 2017 年 7 月 23 日所做的笔录与其在 2016 年 1 月 5 日所做的笔录不一致，李某于 2017 年 8 月 15 日所做的笔录与其在 2015 年 6 月 13 日所做的笔录不一致，而李某静于 2016 年 1 月 5 日所做的笔录和李某在 2015 年 6 月 13 日所做的笔录能够相印证。按照正常人的记忆规律，该案发生在 2015 年 6 月 11 日，证人证言离案发时间越近越真实，因为时间久了不可避免会遗忘某些事实。李某静、李某两位证人各自的最后一份笔录距离案发已经两年多，且与案发后第一时间所做笔录存在差异，基于正常的记忆和遗忘规律，应当采信李某静于 2016 年 1 月 5 日、李某于 2015 年 6 月 13 日所做的笔录。

退一步讲，即使证人李某、李某静的最后一次询问笔录内容是真实的，也只能排除班里的胡某或其他小朋友对王某某实施触摸下体行为的可能，而不能证明孔成杰实施了犯罪行为。

2. 被害人下体虽然有轻微伤鉴定，但并没有证据证明是孔成杰造成的。

（1）被害人陈述（卷宗 85 页）说孔成杰是午饭前在舞蹈房摸

她的，但结合其他在案证据可以证实班上的同学们在上午根本没有出过教室，孔成杰根本没有作案条件。

（2）即使上午或者下午孔成杰带着被害人去过舞蹈房，也不能证明是孔成杰对被害人实施了猥亵行为。从幼儿园5点放学到晚上9点被害人家长发现其受伤并给老师打电话，中间有长达4个小时的时间间隔，无法排除被害人下体损伤是在该时间段遭受其他外力所致的可能。

（3）本案十个证人没有一个证人能够证明孔成杰实施了犯罪行为；公安机关对孔成杰多次讯问，孔成杰也始终没有承认猥亵过被害人。仅凭一个年仅四岁的被害人的陈述这一孤证来定案，有失公正，违背刑事诉讼原则。

3. 被害人王某某父母的笔录（卷宗90页、107页、108页）存在的问题。

被害人王某某父母的笔录记载：发现孩子下体红肿后，问孩子怎么回事，孩子就是一直不说，就问是不是哪个老师摸你了，孩子还是不说话，又问孩子是不是老师不让说，说了还吵你打你，孩子说是。通过该笔录发现，被害人一开始并没有直接说自己的伤是怎样造成的，后面的回答是在父母的步步紧逼下作出的。鉴于被害人年龄太小，且被害人父母在向孩子发问的过程中存在逼问和严重诱导的情形，故被害人的陈述不具有真实性。这一点，辩护人通过查看王某某的同步录音录像资料更加确信，在公安机关询问王某某的整个过程中，王某某的父母均在提示、诱导王某某回答公安民警的问题。再次恳请二审法院予以明察。

三、关于本案的程序问题

1. 公安机关询问未成年被害人、证人时没有女工作人员在场。

依据《中华人民共和国刑事诉讼法》第270条的规定，询问未成年被害人、证人应当有女工作人员在场，但询问被害人王某某、证人胡某的均为男性工作人员，违反法定程序。辩护人通过观看同步录音录像得知公安机关询问被害人王某某时没有女性工作人员在场。虽然公安机关出具了相关情况说明，但该情况说明并不符合客观事实，请法院予以核实。

2. 邯郸县公安局聘请第三方对本案被损坏硬盘（本案关键证据）进行数据恢复违反法律规定。

（1）鉴定机构主体不明。邯县（刑四）鉴聘字［2015］0042号鉴定聘请书（卷宗19页）显示邯郸县公安局委托赵力进行鉴定，然而出具检测报告（卷宗20页）的却是北京技佳瑞康科技发展有限公司。

（2）鉴定人、鉴定机构不具备鉴定资质。辩护人在卷宗里没有看到任何关于该鉴定人或鉴定机构具备对被损坏硬盘进行数据恢复的资质的证据。

（3）邯郸县公安局对被损坏硬盘这一关键证据，即对检材的提取、保管、送检等环节没有记录，严重违反程序规定。

依据《公安机关办理刑事案件程序规定》第241条之规定，侦查人员应当做好检材的保管和送检工作，并注明检材送检环节的责任人，确保检材在流转环节中的同一性和不被污染。但在本案中找不到任何关于该检材的提取、保管、送检等记录。虽然被告人没有举证的义务，但已被损坏的录像是本案的关键证据，如果能够再行委托相关专业机构将被损坏的硬盘数据恢复成功，就有可能查明事实，还孔成杰清白。

3. 本案审查批捕阶段，检察院批捕工作人员在没有讯问孔成杰的情况下，直接作出批捕决定，属于程序违法。

《中华人民共和国刑事诉讼法》（2012 年修正）第 86 条第 1 款规定，人民检察院审查批捕，可以讯问犯罪嫌疑人；有下列情形之一的，应当讯问犯罪嫌疑人：对是否符合逮捕条件有疑问的；犯罪嫌疑人要求向检察人员当面陈述的；侦查活动可能有重大违法行为的。在本案诉讼过程中，孔成杰自始至终没有承认对被害人实施过猥亵行为。本案只有被害人陈述这一证据，属于有重大疑问的案件，况且公安机关的侦查活动存在违法行为，检察院在审查批捕时应当讯问孔成杰。如果检察院在批捕阶段严格审查证据，本案不至于两次退回补充侦查，孔成杰也不至于被羁押近一年。

四、本案应着重从"作案"时间、空间来分析

在被害人王某某的第一次询问笔录（卷宗 87）里，王某某说孔成杰摸她"屁屁"的时间是在午饭前，经公安机关补充侦查，发现王某某所说的"午饭前"指的是中午睡觉起来后的那顿饭之前。那么，王某某所说的中午睡觉起来后的那顿饭之前到底是几点之前呢？

依据李某静 2016 年 1 月 5 日的询问笔录，幼儿园一天吃 5 次饭，分别是上午 8 点 20 分早餐、10 点加餐、11 点午餐、下午 2 点 30 分加餐、下午 4 点晚餐。结合被害人王某某的陈述和孔成杰的庭审供述可以得出，王某某所说的中午睡觉起来后的那顿饭之前即下午 2 点 30 分之前。

根据公安机关的现场勘查笔录（卷宗 29 页）及被害人陈述，孔成杰摸她"屁屁"的地点是舞蹈房。而被害人王某某所说的中午睡觉起来后的那顿饭之前，即下午 2 点 30 分之前，孔成杰根本就没有去过舞蹈房，这一点有证人张某的询问笔录（卷宗 126 页）证明：2015 年 6 月 11 日下午 3 点左右，孔成杰带着十来个孩子到舞

蹈室内。

在被害人王某某所陈述的孔成杰"作案"时间（午饭前），孔成杰并没有去过舞蹈房，其带着被害人及其他孩子去舞蹈房的时间是在孩子们中午睡觉醒来吃完加餐饭之后。这一点，再次证明被害人陈述的虚假性。

综上，辩护人认为对于本案的被害人陈述、证人证言应当从多个方面进行审查，综合判断后予以认定。要考虑被害人、证人的年龄，判断其认知、记忆和表达能力以及生理和精神状态是否影响作证；其陈述与其他在案证据之间能否相互印证，或有无矛盾。若被害人陈述、证人证言出现反复，前后不一致，应仔细分析之前和之后的陈述分别是在什么情况下做出的，是否受到外界的压力和其他因素的影响，改变说法的理由是否充分、客观，与其他证据相容还是相冲突等，才能做出是否采信、采信哪份证据的结论。

截至目前，所有的在案证据中，除了年仅四岁的王某某的陈述将嫌疑指向孔成杰以外，没有能够证实孔成杰实施了猥亵行为的直接证据。在没有客观物证的情况下，仅凭真实性存疑的言词证据就对孔成杰定罪量刑是违背法律的，加之本案程序存在重大瑕疵甚至违法情形，望法院判决孔成杰无罪。

辩护人对被害人王某某的遭遇也表示同情，对猥亵儿童这样的行为我们也是深恶痛绝，但是身为法律人，我们不能被情绪引导，更不能用个人情绪来代替法律。如果仅凭这样的证据就能认定犯罪，对于刚参加工作的孔成杰来说，显然是不公平的，这对孔成杰以后的工作、恋爱、婚姻甚至一生来说将是什么样的打击，真的很难想象。

辩护人：刘彦成

■ 审 判

邯郸县人民法院
刑事判决书

（2017）冀 0421 刑初 4 号

公诉机关邯郸县人民检察院。

被告人孔成杰，男，汉族，案发前系邯郸县圣博翰幼儿园老师，中专文化，捕前暂住邯郸县圣博翰幼儿园。因涉嫌犯猥亵儿童罪于 2015 年 6 月 13 日被刑事拘留，同月 25 日被逮捕，现押邯郸第二看守所。

辩护人刘彦成、李曼曼，河北盛仑律师事务所律师。

邯郸县人民检察院以邯县检未检刑诉（2016）2 号起诉书指控被告人孔成杰犯猥亵儿童罪，于 2016 年 3 月 18 日向本院提起公诉。本院于即日立案，并组成合议庭，因本案涉及个人隐私，依法不公开开庭审理了本案，并于 2016 年 6 月 14 日作出（2016）冀 0421 刑初 96 号刑事判决书，被告人孔成杰不服提出上诉。邯郸市中级人民法院于 2016 年 9 月 26 日作出（2016）冀 04 刑终 455 号刑事裁定书，以部分事实不清，撤销原判，发回重审。本院依法另行组成合议庭，不公开开庭审理了本案。邯郸县人民检察院指派检察员王利红出庭支持公诉，被告人孔成杰及其辩护人均到庭参加诉讼。在本院审理期间，公诉机关申请补充证据，延期审理两个月，因本案重大复杂，经邯郸市中级人民法院批准延长审理期限三个月，现已审理终结。

邯郸县人民检察院指控，2015 年 6 月 11 日，被告人孔成杰在邯郸县圣博翰幼儿园内利用其老师身份之便，对王某某（女，生于2011年3月）生殖器进行抠摸。经邯郸县医院诊断，王某某大阴唇内侧、小阴唇稍出血，左侧小阴唇与大阴唇间沟处有1.5cm×0.1cm破裂口，属轻微伤。公诉机关认为，起诉书指控的犯罪事实清楚，证据确实、充分，并且提供了相应的证据，证明被告人孔成杰的行为触犯了《中华人民共和国刑法》第237条之规定，应当以猥亵儿童罪追究其刑事责任，并建议对被告人孔成杰在有期徒刑3年至5年幅度内量刑。

被告人孔成杰辩称，其未对被害人实施起诉书指控的猥亵行为。

辩护人主要辩称：①指控被告人孔成杰犯罪的直接证据只有被害人王某某的陈述，王某某当时刚满四岁，认知表达能力有限；②本案的关键证据监控录像已被毁坏，看过录像的三位证人只看到上午孔成杰抱过王某某的录像，并未看到被告人对被害人实施猥亵行为；③被害人下体有轻微伤，没有证据证明是孔成杰造成的，不排除其他人对被害人实施了猥亵行为或者被害人自己导致的可能；④被害人父母对被害人的询问存在严重的诱导性；⑤公安机关在询问未成年的被害人及证人时没有女工作人员在场。

经审理查明，被害人王某某出生于2011年3月，系邯郸县圣博翰幼儿园学生，被告人孔成杰系该幼儿园体育老师。2015年6月11日，孔成杰、申某、李某静负责带王某某所在班。当天上午，孔成杰、申某带领该班学生在教室内活动。当天下午幼儿园加餐后，孔成杰带领该班孩子们到幼儿园二楼舞蹈室活动，并让孩子们坐在舞蹈室内蛇形板凳上，孔成杰坐在孩子们对面。当时，该幼儿园老师张某坐在舞蹈房的镜子对面，背对着孔成杰和孩子们准备教案。之后孔成杰和李某静带领孩子们回到本班教室直至当天放学。当日下午，王某某回家后称下体疼，家长查看后发现王某某外阴部红肿并有破口。经邯郸县医院诊断，王某某大阴唇内侧、小阴唇稍出血，右侧小阴唇与大阴唇间沟处有 1.5cm×0.1cm 的破裂口。经邯郸县公安局物证鉴定室鉴定，该损伤符合钝性物外力作用所致，评定为轻微伤。王某某在其母亲追问下称在幼儿园二楼舞蹈房内，孔成杰将手伸进其内裤摸其下体。王某某母亲给李某静打电话称"在王某某晚上洗澡时发现王某某的阴部有点红肿，问王某某，王某某刚开始说是胡某弄的，后来说是班里小朋友弄的，最后说是孔老师弄的，第二天要到幼儿园讨个说法"。次日，王某某父母到幼儿园要求查看案发当天监控录像，园长李某及老师李某静、张某提前查看了当天的监控录像，在看到案发当天上午孔成杰有抱过王某某的行为后，该幼儿园园长李某关闭监控录像并将当天录像删除。在幼儿园园长李某及卢某的指使下，该幼儿园工作人员孙某将监控录像机拆卸，交由孙某的儿子孙某军将该录像机硬盘毁坏，致使该录像机硬盘数据无法恢复。

另查明，被告人孔成杰于 2015 年 6 月 12 日经传唤到案，邯郸县圣博翰幼儿园园长卢某于 2015 年 7 月 1 日与王某某监护人达成和解协议。

……

经庭审质证，公诉机关提交的王某某母亲证言中关于电话内容部分与证人李某静证言、李某证言及被告人孔成杰供述等证据相矛盾，无法排除被害人伤情由其他小朋友所致的可能；其他证据之间能够相互印证，本院依法予以确认。

本院认为，公诉机关未提交证据证明在起诉书指控的案发时间至被害人放学之前，被害人在幼儿园有身体不适、情绪低落等异常表现，亦未提交证据排除被害人在放学后至所述身体不适期间造成损害的可能性。证人李某、李某静、卢某证言以及被告人孔成杰当庭陈述均反映出被害人伤情存在由"其他小朋友"造成的可能性，但公诉机关未提交证据排除上述合理怀疑。公诉机关指控被告人孔成杰犯猥亵儿童罪的直接证据仅有被害人陈述，无其他证据予以印证，而被害人在案发时刚刚年满四周岁，其智力发育有限，仅凭该证据认定被告人犯罪，达不到证据的确实、充分。公诉机关指控被告人犯猥亵儿童罪的部分事实不清，证据达不到确实、充分，指控罪名不能成立。依据《中华人民共和国刑事诉讼法》第195条第3项、《最高人民法院关于适用〈中华人民共和国刑事诉讼法〉的解释》第241条第1款第4项之规定，判决如下：

被告人孔成杰无罪。

如不服本判决，可在接到判决书之次日起十日内，通过本院或者直接向河北省邯郸市中级人民法院提出上诉。书面上诉的，应交上诉状正本一份，副本三份。

> 审　判　长　王　枫
> 审　判　员　李瑞敏
> 人民陪审员　潘禹衡
> 二〇一七年十月三十日
> 书　记　员　吉丹妮

附：本案适用的法律条款

《中华人民共和国刑法》

第237条　以暴力、胁迫或者其他方法强制猥亵他人或者侮辱妇女的，处5年以下有期徒刑或者拘役。

聚众或者在公共场所当众犯前款罪的，或者有其他恶劣情节的，处5年以上有期徒刑。

猥亵儿童的，依照前两款的规定从重处罚。

《中华人民共和国刑事诉讼法》（2012年修正）

第195条　在被告人最后陈述后，审判长宣布休庭，合议庭进行评议，根据已经查明的事实、证据和有关的法律规定，分别作出以下判决：

（一）案件事实清楚，证据确实、充分，依据法律认定被告人有罪的，应当作出有罪判决；

（二）依据法律认定被告人无罪的，应当作出无罪判决；

（三）证据不足，不能认定被告人有罪的，应当作出证据不足、指控的犯罪不能成立的无罪判决。

《最高人民法院关于适用〈中华人民共和国刑事诉讼法〉的解释》

第241条　对第一审公诉案件，人民法院审理后，应当按照下列情形分别作出判决、裁定：

……

（四）证据不足，不能认定被告人有罪的，应当以证据不足、指控的犯罪不能成立，判决宣告被告人无罪；

……

■ 律师手记

案情初探

2015年6月23日，河北盛仑律师事务所接受孔成杰父亲委托，指派我办理本案，经过多次会见、阅卷、调查取证，我了解到如下关键信息：首先，本案系媒体关注的热点案件，引起了邯郸市有关部门及相关领导的高度重视，客观上会增加办案人员的压力，可能会影响本案的公正处理；其次，孔成杰到案后始终未供述有猥亵女童的行为，并强烈要求查看案发现场监控录像来证明清白，而本案的关键证据监控录像被删除，该录像机硬盘也被损坏，导致该录像机硬盘数据无法恢复。孔成杰要求办案单位重新委托专业机构对该录像机硬盘数据进行恢复以证清白；通过进一步对证据进行分析，发现被害人王某某的陈述是在其父母严重诱导下做出的，且侦查机关、检察机关存在程序违法行为；综合来看，本案相关证据既不能排除有其他人作案的可能，也不能明确指向孔成杰……

很快，我确定了无罪辩护的思路，并及时向办案单位提出了书面辩护意见，也引起了办案单位的高度重视。邯郸县人民检察院两次将本案退回邯郸县公安局补充侦查，并经历一审、二审、发回重审共三次开庭，历时两年五个月，好在等来了一个无罪的结果，不负所望。

压力与责任

2015年6月23日早晨，和以往一样，我一大早就兴冲冲地赶到了律师事务所。这天，孔成杰的父亲拿着孔成杰涉嫌猥亵儿童罪的刑事拘留通知书找到我，想聘请律师为孩子辩护。

强奸案、猥亵案不好办，这是业内人士的共识。强奸案件除了少数情况能提取到物证，比如精液、精斑以外，往往只有被害人的陈述和被告人的供述作为证据。通常情况下，被告人要么不承认与被害人发生过性行为，要么就说女方是自愿的。在司法实践中，只要被害人指认发生性行为的时候是违背她的意志的，被告人的辩解就很难被采信。猥亵案更难办，因为猥亵案一般都提取不到被告人任何遗留物（精液、精斑等），尤其是本案被害人刚满四周岁，再加上媒体的造势、百姓的呼声、猥亵儿童案的复杂性，都过早地为这一案件涂上了沉重的色彩。

尽管有压力，但看到家属期待的目光，我还是选择了为孔成杰辩护。因为，作为律师，我们应当坚信，即使是十恶不赦的罪犯，仍然享有基本人权，在刑事诉讼中获得辩护就是他们的基本权利之一。就像歌德的一句名言所说的："不管应惩罚人，还是关爱人，必定把人当人。"

首次会见

孔成杰被刑事拘留时刚满十八周岁。第一次在看守所见到孔成杰时，他只穿了一件很薄的坎肩，赤裸着双臂，双手被手铐束缚得很紧，一脸稚气。他在我对面的铁凳子上坐定之后，我们开始会见。

"虽然我是幼儿园唯一的男老师，但是我绝对没有对小女孩实施过任何伤害行为，我给警察也是这么说的，我说的都是实话，求你一定要帮帮我！"孔成杰哭着对我说。我见此情形，先让孔成杰控制一下情绪，并宽慰他如果事情不是他做的，法律也不会冤枉他。我让他按时间顺序讲一下案发当天的全部具体细节。

"2015 年 6 月 11 日晚上，小女孩的家长给我们学校的李某静老师打过电话，小女孩一开始说是班里的小男生弄的，说要第二天来学校查看监控。"孔成杰情绪又出现波动。听到这里我暗自思量，这个接到小女孩家长电话的李某静老师，将是这个案子里重要的证人。小女孩家长在电话里跟李某静老师到底说了些什么呢？案子还在侦查阶段，辩护人无法阅卷，案件事实到底是什么，暂时还不得而知。

调查取证

幼儿园的监控按要求是全覆盖的，而监控录像将是本案至关重要的客观证据。我们来到幼儿园向园长表达来意之后，她说："孔老师是被冤枉的，小女孩家长就是想讹钱……"园长说她得知家长要来幼儿园查看监控录像，就事先和幼儿园的老师们一起看了监控，监控显示孔老师没有打孩子，就看见孔老师抱着小女孩在教室转了一圈，也没有走出教室。李某静老师提议把监控录像删除，避免小女孩家长看见引起误会，所以园长就叫人把监控录像删除了。

女园长说到这里时，我颇为震惊："你不怕公安机关指控你毁灭证据吗？"园长一时还没意识到问题的严重性，只说学校好几个老师都看过监控，孔老师确实没有对小女孩实施过伤害行为。

后来还真印证了我的猜测，女园长因涉嫌毁灭证据罪被公安机关采取了强制措施，知道案情的几个老师也相继被公安机关传唤调查。我隐约感觉到如果再深入地进行调查取证，很可能遭遇执业风险，故中止了对本案证人的取证工作。案发两年之后，公安机关再次对这两位关键证人进行了调查取证，两位证人的证言和两年前的证言出现了巨大反差……这让我不禁后背发凉，幸亏当时没有对这几位证人做调查笔录，不然被送进看守所的就是我这个辩护人了。

刑事辩护的高风险性导致了很多律师不愿意碰刑事案件。很多律师都曾这样劝诫后辈："如果你要当律师，就千万不要去办刑事案件；如果你要办刑事案件，就千万不要去调取证人证言；如果这一切都做不到，那你就自己到看守所报到吧！"这句话道出了我国律师参与刑事辩护的困境和苦衷，也展现了我国刑事辩护的现实障碍与司法环境。《中华人民共和国刑法》第306条规定，在刑事诉讼中，辩护人毁灭、伪造证据，帮助当事人毁灭、伪造证据，威胁、引诱证人违背事实改变证言或者作伪证的，处 3 年以下有期徒刑或者拘役；情节严重的，处 3 年以上 7 年以下有期徒刑。正是这令许多律师"谈刑色变"的 306 条，成了悬在刑辩律师头上的一把随时可能落下的利剑。

为了规避执业风险，我把主要工作放在调取客观证据上。我去幼儿园查看了"指控"孔成杰对小女孩实施猥亵的幼儿园舞蹈房，舞蹈房内装有监控。虽然本案幼儿园的监控录像被删除，但说不定利用一定技术措施可以恢复。于是，我再次去看守所会见孔成杰，而孔成杰根本不知道监控录像被删除。我问孔成杰是否同意提出对被毁坏的监控做数据恢复的请求，他斩钉截铁地说："刘律师，你一定要让公安机关对监控数据进行恢复，这样才能证明我的清白。"

孔成杰的回答在某种程度上解答了我在后来阅卷时产生的诸多疑问。但孔成杰说的真的是事实吗？

办案三部曲

无论如何，基于案件中呈现出来的诸多疑点以及孔成杰及其家人的万般嘱托和信赖，我还是选择无罪辩护的思路。

首先，从被害人陈述入手。本案能够证明孔成杰犯罪的证据只有被害人王某某的陈述，没有其他任何证据可以证明孔成杰实施了犯罪行为。但被害人王某某的陈述也不具有真实性：第一，王某某在陈述其遭遇时刚满四周岁，年龄尚小，其认知、表达会影响其陈述的真实性，若没有全面考虑其年龄、智力发育程度、所做证言的时间、所做证言的稳定性，以及能否与其他证据相互印证且没有矛盾等因素，我认为是不能贸然将其作为定罪的依据的。被害人所说的孔成杰对其实施猥亵行为的时间、地点都与其他证据存在矛盾之处，因此其陈述的真实性应受质疑。第二，在公安机关询问被害人王某某的整个过程中，王某某的父母均在提示或诱导王某某如何回答公安机关提出的问题，被害人一开始并没有直接说自己的伤是怎样造成的，后面的回答是在父母的步步紧逼下作出的，鉴于被害人年龄太小，且被害人父母在向孩子发问的过程中存在逼问和严重诱导的情形，被害人的陈述不具有真实性。公安机关在询问被害人王某某时没有女工作人员在场，违反法定程序。

其次，从证人证言入手。本案的关键证人是幼儿园的老师李某静和李某，二人在案发后第三天的证言均指出，被害人王某某的妈妈于2015年6月11日晚给李某静老师打电话说，发现王某某尿尿的地方有一道红肿，王某某刚开始说是胡某弄的，后来说是班里小男生弄的。二人的证言能够相互印证，证实被害人王某某一开始并没说其下体损伤是孔老师所致，故不能排除王某某的伤是由其他人造成的可能。

最后，从客观证据入手。本案唯一的客观证据，也是最关键的证据，就是幼儿园被损坏的监控录像。一方面，通过卷宗材料可知，监控录像在被损坏前只有李某、李某静、张某三人看过，且三人在观看录像时均未看到孔成杰对被害人王某某实施猥亵行为。另一方面，孔成杰在得知公安机关委托的数据恢复机构无法恢复监控数据时，要求寻找第三方专业机构恢复，但没有被司法机关准许。

综合来看，孔成杰坚信自己是清白的，有着强烈的寻求证据洗清自己嫌疑的意愿。

一审宣判

一审开庭结束后，法院迟迟不下判决，我有一种不祥的预感。终于，在孔成杰被关押整整一年后，我们收到了一审判决书：经本院审判委员会讨论决定，孔成杰犯猥亵儿童罪，判处有期徒刑

3年。

收到一审判决书的那天晚上，我整夜没有睡着，在我的个人微信公众号上写了一篇文章，题目为"眼泪为谁而流——办理某猥亵女童一案有感"，内容为：

做律师多年，最喜欢的还是刑事辩护。在最初办理刑事案件的时候，经常会陷入这样非常矛盾的心情，作为法律人，我痛恨犯罪。犯罪行为得不到制裁，最终也会对我和亲人的生活构成潜在的威胁。对于律师而言，法律不能只是挣钱的工具。我希望在办案过程中实现自己的法律理想，让有罪的人得到惩罚，让受害者得到抚慰，让正义得到伸张。然而，作为被告人的辩护人，面对侦查机关搜集的证据，我总是要想法设法寻找其中的漏洞，寻找其他的可能性，为被告人开脱罪责，内心深处难免会有一些分裂和抗拒。

事情一旦发生，就永远无法还原到当初的样子。作为法律人，只能根据证据反映出来的情况，去探求真相、接近真相，对事实作出判断。如果证据出现缺失，或者证据的取得不合法，那么，我们只能遵循法定的程序规则，作出对被告人有利的处理。律师代理案件过程中，不能掺杂个人感情色彩，对于公检法的办案人员也是如此。也许在某个案件中，真凶逃脱了制裁，但我们守护的是法律的程序正义，避免了更多无辜的人受到冤枉。这就是法律的价值，也是刑事辩护的意义所在。

本案被告人父亲几次对我说："律师，如果我的孩子真的犯了罪，我们绝对不会包庇他，哪怕是死罪，我们也认了！但是，如果他没有犯罪，我们一定会坚持到底，为他讨回公道！"结合案卷材料及被告人始终未承认犯罪，我们没有退路，只能选择无罪辩护。被告人刚刚成年，不能有任何犯罪污点。对于一个尚未结婚甚至没有谈过恋爱的小男孩来说，这个莫须有的"猥亵儿童罪"将是他一生的阴影，会严重影响到他今后的恋爱、婚姻和工作。在看守所、监狱，"强奸犯、猥亵女童犯"是最为人所不齿的，他们在看守所、监狱里的地位最卑贱，受尽他人的歧视和欺凌。这是一个孩子无法承受的。

本案的证据、程序存在诸多问题，从侦查阶段到审查起诉阶段，检察院两次退回补充侦查，最后到法院判决整整一年的时间。在此期间，被告人一直待在看守所。按照昨天收到的一审判决，被告人还要服刑两年。

相信接下来被告人家属会义无反顾地选择上诉、申诉……

我相信，法院最终会还他清白，同时坚信，玩火者必自焚。就像那句著名的预言：我们等得到。

写上述文章，算是一个情感的宣泄吧！之前，听过许多刑辩大咖的讲座，大概意思就是律师办案应该是用心不用情，心在案里，情一定要在案外，面对社会阴暗面，律师首先要保护好自己的身心健康，情不能跟着当事人走。但是，我觉得刑辩律师不仅仅需要很强的专业技能和职业素养，也应该有同理心和强大的共情能力，否则我们只是没有了激情和信仰的机器而已。

孔成杰收到一审判决后坚决上诉，孔成杰及家属表示愿意继续委托我办理该案。但是，孔成杰父母都是农民，为了孔成杰的案件，孔成杰的父亲已经一年多时间没有外出打工，生活很拮据，无力支付二审律师费。面对孔成杰父亲无助又充满期待的眼神，我当即向孔成杰父亲表示以后的诉讼程序我将全程免费为孔成杰辩护。

二审法院没有开庭，我提交了书面辩护词，并三次约见二审法官，也幸运地遇到了一个很负责任的二审法官。不久，二审法院以事实不清、证据不足为由撤销一审判决，发回重审。虽然二审法院没有直接改判孔成杰无罪，但发回重审已经为孔成杰赢得了一次宝贵的机会。

三次开庭

案件发回重审后，原一审法院另行组成合议庭开庭审理。

第一次开庭，我再次着重提到以上两个关键证人的证言，即李某、李某静的证言，没想到这次终于引起了审判长的重视。审判长宣告休庭，开庭时间另行通知。

时隔43天后第二次开庭，公诉机关出具了新的证据，即所谓的情况说明。情况说明写道：经公安机关侦查，未联系上证人李某、李某静。我对该意见进行了充分质证，法官再次宣告休庭。

到第三次开庭时，距上次开庭已60天。这次公诉机关终于拿出了新证据，即关键证人李某、李某静的最新询问笔录。我看到这两位证人的询问笔录，至今仍心有余悸——新的询问笔录和案发之初的询问笔录完全是两个版本！

其实，经过前两次休庭，我也意识到，公安机关肯定要找这两位关键证人。我对这两份新的询问笔录提出以下质证意见：

首先，李某的询问笔录（卷宗71页）显示，李某静说班上的学生王某某妈妈打电话说发现王某某尿尿的地方有一道红肿，问孩子怎么回事，孩子刚开始说是胡某弄的，后来说是班里小男生弄的。补充侦查阶段李某静的询问笔录显示，2015年6月11日晚上王某某的妈妈打电话来说王某某的下体红肿，王某某刚开始说是胡某弄的，后来说是班里的其他小朋友弄的。

通过李某、李某静的证言可知，王某某一开始并没有说其下体损伤是孔成杰弄的，而是说是班里的同学胡某弄的，故不能排除王某某的伤是由胡某造成的可能。

其次，李某静于 2017 年 7 月 23 日、李某于 2017 年 8 月 15 日在公安机关的询问笔录，辩护人对其真实性有异议。

李某静于 2017 年 7 月 23 日的笔录与其在 2016 年 1 月 5 日所做的笔录不一致，李某于 2017 年 8 月 15 日的笔录与其在 2015 年 6 月 13 日所做的笔录不一致，而李某静于 2016 年 1 月 5 日的笔录和李某在 2015 年 6 月 13 日的笔录能够相印证。按照正常人的记忆规律，该案发生在 2015 年 6 月 11 日，证人证言离案发时间越近越真实，因为时间久了不可避免会遗忘某些事实。李某静、李某两位证人各自的最后一份笔录距离案发时间已经两年多，且与案发后第一时间所做笔录存在差异，基于正常的记忆和遗忘规律，应当采信李某静于 2016 年 1 月 5 日、李某于 2015 年 6 月 13 日所做的笔录。

退一步讲，即使证人李某、李某静的最后一次询问笔录内容是真实的，也只是排除了胡某或其他小朋友对王某某实施触摸下体行为的可能性。但本案证据除了王某某的陈述外没有一项证据能够证明孔成杰实施了犯罪行为。

法庭辩论环节结束后，孔成杰做了最后陈述，审判长宣布休庭，择期宣判。

本案的开庭审理到这里就结束了。每次开庭，不仅仅是对被告人的考验，对被告人的家属也是一种巨大的折磨。当警车押着孔成杰离开法院驶向看守所时，孔成杰的父母跟着警车奔跑，边跑边呼喊着孔成杰的名字，直到实在跟不上，看着警车消失在路的尽头，他们才绝望地停下脚步，有的跪在地上，有的仰天哭喊，发出撕心裂肺的呼喊……那一幕幕场景让我刻骨铭心。

一起猥亵女童案让整个家庭陷入命运的漩涡，也给刚刚步入社会的被告人的前途蒙上了阴影。我们都在期待，期待着一个公正的判决。

2017 年 10 月的最后一天，一个难忘的日子，在孔成杰被关押 871 天后，法院依法宣告其无罪。

刘彦成

■ 评 议

电影《狩猎》(*The Hunt*) 中的情节与本案有极大的相似之处。故事发生在丹麦某小镇，这里人烟稀少，彼此都熟悉。主人公 Lucas 是一个幼儿园男老师，他热爱自己的职业，心地善良，很受小朋友喜爱。Lucas 好友的女儿 Klara 也在幼儿园上学，非常喜欢他。某日，Klara 在幼儿园玩游戏时，扑在 Lucas 身上并亲吻了他，Lucas 告诫她只能和爸爸妈妈亲吻。没想到，Klara 敏感地以为 Lucas 不喜欢自己，还向幼儿园主任撒谎，说 Lucas 给她看了他的性器官。其实是之前她的哥哥无意中给他看了一张男性生殖器的照片，小女孩将此情节安到了 Lucas 头上。很快，这个谎言成为一个巨大的绯闻，从幼儿园主任到同事、小女孩的父母、Lucas 的女朋友、警察甚至镇上所有的人，都相信了这个谎言，没有一个人愿意听 Lucas 辩解，也没有人想去调查真相。

其实，这是当前非常普遍的社会现象。对于似是而非的事情，人们总是一群乌合之众，尤其对于这种看似黑白分明的社会事件，每个人都迫不及待地要占领道德制高点，展现自己的义愤填膺。

本案中，"男幼师猥亵园内四岁女童"的新闻一经曝光，便火速引发热议，知情的、不知情的都在谴责"无良的老师""枉为人师表"，却极少有人在意真相。

电影《狩猎》中，导演用一个幼儿园小朋友的谎言来探究人性。小朋友被我们认为是不会撒谎的、纯洁的，但警方调查幼儿园其他小朋友时，小朋友们居然都说老师有过侵犯他们的举动，并且都说是在老师家的地下室，甚至连沙发的颜色描述的都一样。看起来言之凿凿，可谁能想到老师家里根本就没有地下室呢？

这下人们应该相信这是个谎言了吧？并没有。我们不禁思考，谎言产生之后要如何去揭穿呢？尽管后面 Klara 承认了这是她胡编乱造出来的，但是家长们不同意，认为这事一定发生了，只不过是小孩害怕，故意遗忘，所一定要追究 Lucas 的责任，整个小镇几乎每个人都开始仇恨 Lucas。

看见了吗？你看见了什么？

电影《狩猎》截图

好在本案中的被告人孔成杰虽受到不少的抹黑和指责，他的父母依然相信他，相信自己的儿子不会做出如此令人不齿的行为，坚决要证实儿子的清白。

世有千案，案案不同，但每起案件都必有其要害之处，这个要害就是"辩点"：或在证据的衔接点，或在定案的物证之中，或在证言的矛盾之处，或在法条的理解之上……找到"辩点"，就意味着找到了案件最佳解决途径。

本案辩护人在接受案件委托后，完成了会见、阅卷、实地调查、向证人取证等一系列工作。基于本案被告人孔成杰自案发后至庭前陈述均未承认其实施过猥亵行为，在没有有罪供述的情况下，相关的客观物证和证人证言就显得尤为重要。但最为重要的证据，即幼儿园的监控录像，在案发后被人为毁坏，这为本案又增加了不少难度。

综合来看，本案最终能获得无罪判决的关键在于，除了被害人王某某的陈述外，没有其他在案证据能证实检察院的指控。另外，现有证据不能排除本案有其他作案人的可能，即认定孔成杰实施犯罪行为不能达到证据确实充分的证明标准，不能定罪量刑。

我国刑事诉讼证明标准要求认定犯罪嫌疑人、被告人犯罪要达到"案件事实清楚、证据确实充分"的程度，这是一个主客观相结合的证明标准：案件事实清楚是指认定事实的司法人员对定罪量刑有关的事实和情节已经查清或认识清楚，这是从主观状态上说的；证据确实充分是对证据的质和量的综合要求，证据确实要求每个证据必须是客观真实的，证据充分要求一切定罪量刑的事实都有证据加以证明，且足以确定地认定案件事实。具体而言，证据确实充分要求：①定罪量刑的事实都有证据证明；②据以定案的证据均经法定程序查证属实；③综合全案证据，对所认定事实已经排除合理怀疑。

事实上，排除合理怀疑是英美法系的证明标准，《中华人民共和国刑事诉讼法》2012年吸收了这一标准。排除合理怀疑是指"对于事实的认定，已没有符合常理的、有根据的怀疑，实际上达到确信的程度"[1]。一方面，排除合理怀疑蕴含着无罪推定的精神内核，在整个审判过程中有罪证明责任始终由控方承担而不得转移给辩方，在控方未能说服事实裁判者，使其对被告人有罪的问题再无任何合理怀疑的情况下，则应遵从疑罪从无原则，不得作出有罪判决。另一方面，排除合理怀疑包含着确立最高定罪标准虽然可能导致错判无罪、放纵罪犯，但为防止对个人的不正当伤害，法律可以容忍这一错误以减少错判无辜的风险的价值权衡。

电影《狩猎》的后段，Lucas 证实了自己的清白，Klara 也再次勇敢地拥抱了 Lucas。电影里的 Klara 说了一个谎言，可能是对爱与渴求的表达，而非伤害与仇恨，但在现实世界中，一切还需要依靠法官来甄别。

电影《狩猎》截图

〔1〕 详见全国人大常委会法制工作委员会刑法室编：《关于修改中华人民共和国刑事诉讼法的决定：条文说明、立法理由及相关规定》，北京大学出版社 2012 年版。

十六年前抢劫案　两判死缓终无罪
——河北沧州杨有军抢劫案

■ 回　顾

2001 年 7 月，献县的冯某报案称，其母李树新被人杀死在家中，并被抢走现金 300 余元。

2011 年，有人到公安机关自首，说他曾伙同杨有军、梁某、刘某在献县入室抢劫杀人。

2014 年 7 月 22 日，家住湖北省竹山县的杨有军被献县公安局羁押归案。沧州市人民检察院指控杨有军犯抢劫罪。原判认定，2001 年 7 月 15 日凌晨 1 点许，杨有军伙同梁某、张某、刘某来到献县子牙河新大桥南头东侧平房内实施盗窃，张某和刘某负责放哨，杨有军和梁某进入里屋翻找财物。行窃过程中，被害人李树新被惊醒，杨有军手持铁棍击打被害人李树新头部，致李树新钝状物作用颅脑损伤死亡。

2015 年 7 月 22 日，沧州市中级人民法院作出（2015）沧刑初字第 34 号刑事附带民事判决，以杨有军犯抢劫罪，判处死刑，缓期 2 年执行，剥夺政治权利终身，并处没收个人全部财产；与原判犯拐卖儿童罪，判处有期徒刑13年，剥夺政治权利3年，数罪并罚；决定执行死刑，缓期2年执行，剥夺政治权利终身，没收个人全部财产，并限制减刑。宣判后，杨有军以原判量刑过重为由提出上诉。

2015年12月24日，河北省高级人民院作出（2015）冀刑一终字第132号刑事裁定，裁定撤销原判，发回重审。

沧州市中级人民法院另行组成合议庭公开开庭审理了本案，于2016年7月21日作出（2016）冀09刑初37号刑事判决书：根据杨有军犯罪的事实、性质、情节及对社会的危害程度，认定杨有军犯抢劫罪，判处死刑，缓期2年执行，剥夺政治权利终身，并处没收个人全部财产；与原判犯拐卖儿童罪，判处有期徒刑13年，剥夺政治权利3年，并处罚金5 000元，两罪并罚；决定执行死刑，缓期2年执行，剥夺政治权利终身，并处没收个人全部财产。

2016年8月19日，杨有军不服一审判决，提出上诉，主要内容为：在其偷东西的过程中被害人惊醒，其很害怕，就顺手打了被害人一下，不知道打在什么地方，本意并不想打死被害人，原判量刑过重。

本案二审由河北省高级人民法院审理。在重审二审程序启动时，因杨有军无经济条件委托辩护律师，河北省高级人民法院依据《中华人民共和国刑事诉讼法》第34条的规定通知河北省法律援助中心指派律师为其提供辩护。2017年2月16日，河北省法律援助中心决定指派河北侯凤梅律师事务所周志远律师为杨有军抢劫案二审阶段的辩护人，为其提供法律援助。

2017年8月28日，河北省高级人民法院作出（2016）冀刑终538号刑事判决书，采纳辩护人辩护意见，对河北省人民检察院关于本案能认定杨有军犯抢劫罪的出庭意见不予支持。二审宣判后，杨有军被无罪释放。

■ 控　诉

沧州市人民检察院
起诉书

沧检公一刑诉［2015］19 号

被告人杨有军，男，汉族，因涉嫌抢劫，经献县人民检察院批准，于 2014 年 9 月 17 日被献县公安局执行逮捕。

本案由献县公安局侦查终结，以被告人杨有军涉嫌抢劫于 2014 年 10 月 20 日移送献县人民检察院审查起诉。献县人民检察院于 2014 年 10 月 21 日转至本院审查起诉。本院受理后，已于 2014 年 10 月 23 日告知被告人有权委托辩护人，2014 年 10 月 24 日告知被害人的法定代理人有权委托诉讼代理人，依法讯问了被告人，听取了辩护人、被害人及其诉讼代理人的意见，审查了全部案件材料。期间，分别于 2014 年 11 月 17 日、2015 年 1 月 22 日两次退回补充侦查，侦查机关于 2015 年 2 月 9 日再次移送审查起诉。

经依法审查查明：2001 年 7 月 15 日凌晨，被告人杨有军伙同梁某（存疑不起诉）、张某（另案处理）、刘某（存疑不起诉）来到献县子牙河新大桥南头东侧平房内实施盗窃，张某和刘某负责在外放哨，杨有军和梁某进入里屋翻找财物。在行窃过程中，被害人李树新惊醒，杨有军手持铁棍击打被害人李树新头部，致李树新死亡。

认定上述事实的证据如下：

1. 杨有军户籍证明等书证；

2. 冯某等证人的证言；

3. 被告人杨有军以及同案人梁某、张某、刘某的供述与辩解；

4. 献县公安局关于李树新死因的鉴定意见；

5. 献县公安局对案发现场的勘验笔录；

6. 案发现场视频资料。

本院认为，被告人杨有军在盗窃过程中，为隐匿罪行，当场使用暴力，致一人死亡，其行为触犯了《中华人民共和国刑法》第269条、第263条第5款的规定，犯罪事实清楚，证据确实、充分，应当以抢劫罪追究其刑事责任。根据《中华人民共和国刑事诉讼法》第172条的规定，提起公诉，请依法判处。

此致

沧州市中级人民法院

检　察　员：蔡　丽

代理检察员：王武燕

河北省沧州市人民检察院

2015 年 3 月 13 日

■ 辩　护

河北侯凤梅律师事务所受河北省法律援助中心的指定，指派我担任杨有军抢劫案二审阶段的辩护人。通过查阅全部案卷材料，依法会见，辩护人对案件事实有了较为全面的了解，为维护其合法权益，现依据本案事实和相关法律规定，提出如下辩护意见。

辩护人认为现有证据不确实、不充分，不能得出上诉人杨有军有罪的唯一性结论。

一、上诉人杨有军虽然做了有罪供述，但其供述的案发现场与本案的案发现场不一致

上诉人杨有军指出检察机关出示证据证明的案发现场与其陈述实施犯罪的案发现场并非同一案发现场。

第一，被害人屋内的设施不一致。杨有军陈述被害人屋内有一个一人多高的柜子，而检察机关出示的案发现场的柜子与杨有军陈述的案发现场的柜子高度明显不一致。

第二，床上的物品也与陈述案发现场不一致。公安机关现场勘查笔录中没有记载蚊帐，而献县公安局刑警大队刑事技术室出具的办案说明证实案发现场有一个带血迹的蚊帐，并未提取该蚊帐。冯某夫妇证实被害人睡觉时挂着蚊帐，并且蚊帐呈放下状，撩起蚊帐看到被害人……但杨有军等四人供述案发现场并未发现蚊帐。

第三，案发现场房屋的正面有一辆废弃的警车，而杨有军供述在盗窃地点的门外没有见过废弃的警车。

第四，屋内的化肥、灶台，杨有军也没有见过。公安机关的现场勘查笔录记载，案发现场的房屋内有化肥、做饭的灶台。杨有军供述屋内有一个四方的桌子，一个一人多高的柜子，没有化肥，没有做饭的地方。

综上，可以证实上诉人杨有军供述的案发现场与检察机关出示证据证明的案发现场不一致。

二、本案中四名同案犯供述的作案时间与其他证据所证不一致

第一，杨有军先后供述的作案时间分别有 2000 年或 2001 年 7 月的一天、2000 年六七月的一个晚上；同案犯张某先后供述作案时间是 2003 年秋天、2001 年夏天或秋天；同案犯刘某供述作案时间是 2001 年 7 月的一天凌晨；同案犯梁某供述是 2001 年夏天。即使离案发有一定时间，也不至于四人对年份、季节全部都记忆混乱，无法得出一致结论。

第二，证人冯某 2001 年的笔录证实，"凌晨 3 点来钟，我听见动静后，看到四个人各骑一辆自行车由南向北行驶到了桥头"。证人杨某 2001 年 7 月 15 日的笔录证实，"凌晨 3 点听到狗叫后，我妻子起来看了看，四个人骑自行车向东去了……看见岳母屋里正亮着灯逮蚊子……"四名同案犯的供述均称其作案时间是在当天晚上十一二点左右，而上述证人证言证实被害人李树新凌晨 3 点左右还未被伤害，因此不排除有其他人员进入屋内伤害被害人的可能。

三、本案中四名同案犯供述的作案具体情节存在多处不一致

第一，四名同案犯对谁进入案发房屋、谁在外望风以及谁拿手电筒等关键事实细节陈述存在多处不一致，不能还原客观的案发事实。

杨有军供述其和梁某进入人睡觉的屋内拿钱，另外两人守门，其在屋内拿了 1 000 多元的零钱，拿完钱后就跑了；梁某供述四个人都进去了，杨有军用手电一照，发现一个人在睡觉，就让刘某和张某在外屋里望风；张某供述称他和刘某进去了，进了西侧里屋一看，屋内有一条炕，屋子已经被翻得乱七八糟了。

第二，关于打击被害人的次数供述不一致。杨有军供述怕床上的人醒来，就用手里拿的那个顶门的铁棍子打了睡觉的那个人头部一下，别人没有打；梁某供述杨有军从门口拿了铁棍子，然后用手里拿着的铁棍子打了那个老人头部两下；张某供述没有看见杨有军打人，听见两声咚的声音；刘某供述听见啪啪打人的声音。

综上，关于四人夜间入室盗窃、被人发现后失手打死被害人的作案情节，四人均无法得出一致结论，不能证实案件事实。

四、关于本案被害人在什么情况下被打击，杨有军陈述前后不一致

杨有军的讯问笔录显示，案发时他怕床上睡觉的人醒了发现他们，才拿起铁棍子打了睡觉的人头部一下，但其当庭陈述又称其发现被害人醒了才打了被害人一下，关于击打被害人头部这一关键情节的前后供述不一致。如果被害人当时没有醒，本案定性为盗窃罪和故意伤害罪更为合适，而不是抢劫罪。

五、被害人并非杨有军的一次打击致死

上诉人杨有军多次供述其仅打击了被害人头部一下，其他同案三人供述的打击次数也仅有两次，而2001年作出的被害人尸检报告显示被害人的损伤有五处，2017年公安机关出具的办案说明显示上述损伤的形状及特征符合同一钝器所致。该说明证实被害人是被钝器多次伤害致死，因此，不排除本案的被害人因其他人员或原因受到二次伤害致死的可能性。

六、现场辨认、指认不规范，不能得出一致的案发现场事实

第一，上诉人杨有军虽然观看过案发现场的录像，辨认是案发现场，但并没有具体指出录像中的案发现场与其实施犯罪的案发现场的一致之处，且辨认的现场是经过变动的，而非原始现场，辨认的真实性、可靠性大打折扣；第二，案发现场录像未完整播放，没有播放室内部分；第三，案发现场录像显示办案人员的着装不符合法律规定，其身穿短袖、短裤、沙滩凉鞋等，违反《公安机关人民警察着装管理规定》。因此，该现场辨认过程违反法定程序。本案庭审中，上诉人杨有军更加明确地指出了多处与其作案现场不一致之处，因此，应以其庭审质证为准。

综上所述，请求法院综合本案事实，改判上诉人杨有军不构成抢劫罪。

以上辩护意见请合议庭合议时给予充分考虑并采纳。

此致

河北省高级人民法院

辩护人：周志远

■ 审 判

河北省高级人民法院
刑事判决书

（2016）冀刑终 538 号

原公诉机关沧州市人民检察院。

上诉人（原审被告人）杨有军，男，汉族，2005 年 3 月 4 日因犯拐卖儿童罪，被河南省平顶山市石龙区人民法院判处有期徒刑 13 年，剥夺政治权利 3 年，并处罚金 5 000 元。判决生效后在河南省豫南监狱服刑。2014 年 7 月 22 日被献县公安局解回，2014 年 7 月 24 日羁押于献县看守所。2014 年 7 月 31 日异地羁押于沧州市看守所。因涉嫌犯抢劫罪，经献县人民检察院批准，于 2014 年 9 月 17 日被献县公安局依法执行逮捕。现羁押于沧州市看守所。

指定辩护人周志远，河北侯凤梅律师事务所律师。

沧州市中级人民法院审理沧州市人民检察院指控原审被告人杨有军犯抢劫罪、原审附带民事诉讼原告人冯某提起附带民事诉讼一案，于 2015 年 7 月 22 日作出（2015）沧刑初字第 34 号刑事附带民事判决。宣判后，原审被告人杨有军不服，提出上诉。本院于 2015 年 12 月 24 日作出（2015）冀刑一终字第 132 号刑事裁定，撤销原判，发回重审。沧州市中级人民法院依法另行组成合议庭公开开庭审理了本案，于 2016 年 7 月 21 日作出（2016）冀 09 刑初 37 号刑事判决。宣判后，原审被告人杨有军不服，提出上诉。本院受理后，依法组成合议庭，公开开庭审理了本案。河北省人民检察院指派检察员陆立永、书记员侯梦洁出庭履行职务。上诉人杨有军及其指定辩护人周志远到庭参加诉讼。现已审理终结。

原判决认定，2001 年 7 月 15 日凌晨 1 点许，被告人杨有军伙同梁某（存疑不起诉）、张某（另案处理）、刘某（存疑不起诉）来到献县子牙河新大桥南头东侧平房内实施盗窃，张某和刘某负责放哨，被告人杨有军和梁某进入里屋翻找财物。行窃过程中，被害人李树新被惊醒，被告人杨有军手持铁棍击打被害人李树新头部，致李树新钝状物作用颅脑损伤死亡。

上述事实，有经原审法院庭审质证、认证的下列证据证实：

1. 被告人杨有军供述……

2. 同案犯梁某、刘某、张某的供述……

3. 证人冯某、杨某、刘某国、张某奎、张某民的证言……

4. 杨有军、梁某、刘某、张某、张某奎的辨认笔录……

5. 现场勘查笔录……

6. 刑事科学技术鉴定书……

7. 受案登记表等相关书证……

原审法院认为，被告人杨有军在盗窃被害人财物被发觉后，手持铁棍击打被害人头部，致被害人李树新死亡。被告人杨有军的行为已构成抢劫罪。公诉机关指控被告人杨有军犯抢劫罪的罪名成立。根据被告人杨有军犯罪的事实、性质、情节及对社会的危害程度，依照《中华人民共和国刑法》第269条，第263条第1项、第5项，第57条第1款，第59条，第69条，第70条之规定，认定被告人杨有军犯抢劫罪，判处死刑，缓期2年执行，剥夺政治权利终身，并处没收个人全部财产；与原判犯拐卖儿童罪，判处有期徒刑13年，剥夺政治权利3年，并处罚金5000元，两罪并罚；决定执行死刑，缓期2年执行，剥夺政治权利终身，并处没收个人全部财产。

原审被告人杨有军上诉主要提出，在其偷东西的过程中被害人被惊醒，其很害怕，就顺手打了被害人一下，不知道打在什么地方，本意并不想打死被害人，原判量刑重。二审庭审时辩称，现场勘查所附照片和现场录像中的地点不是其伙同张某、刘某、梁某入室盗窃并打人的地点。

辩护人主要提出，现有证据不确实、不充分，不能得出上诉人杨有军有罪的唯一性结论。理由是：①杨有军虽做了有罪供述，但其所供述的案发现场与本案的案发现场不一致。屋内设施不一致，床上物品不一致，杨有军没有见过废弃的警车以及屋内的化肥、灶台。②根据杨某的证言，其看到四个人骑自行车离开时，其岳母房间仍亮着灯抓蚊子，说明李树新当时并没有被伤害，不排除有其他人员进入屋内伤害被害人的可能。③四名作案人的供述存在多处不一致。四人对谁进入案发房屋、打击被害人次数、谁拿手电筒等关键事实细节陈述存在多处不一致。④被害人并非杨有军打击一下致死。杨有军供述其仅打击了被害人一下，尸检报告显示被害人损伤有五处，不排除被害人因其他人员或原因受到二次伤害致死的可能。⑤杨有军虽然对案发现场的录像进行过观看、辨认，但并未指出与其实施犯罪的案发现场的一致之处，且录像显示办案人员没有规范着装，而是身穿短袖、短裤、沙滩凉鞋等，因此该辨认违反法定程序。

河北省人民检察院出庭意见为，本案证据能够认定上诉人杨有军犯抢劫罪的犯罪事实，原判定性准确，审判程序合法，杨有军的上诉理由不能成立。杨有军在二审庭审中对现场照片和录像出现反复，但其之前的辨认中均承认系作案现场且又有其他被告人证实，不能仅以二审庭审的反复就不予认定。建议二审法院根据本案证据及查明的事实依法裁判。

二审庭审中，河北省人民检察院除出示一审判决所列证据之外，还出示了二审期间献县公安局出具的三份办案说明，即①献县公安局刑事科学技术室出具的办案说明：依据现有材料，综合分析死者李树新头部损伤的形状及特征，符合同一钝器形成。②献县公安局刑警大队刑事技术室出具的办案说明：经现场勘查，死者李树新所在房间的地上有一个带血迹的蚊帐，因考虑该蚊帐与案件并无直接联系，故未提取该蚊帐，但现场确实有蚊帐。③献县公安局乐寿刑警队出具的办案说明：经核查，2001 年 6 月、7 月、8 月，在献县辖区未发生过与李树新被杀案类似的案件。

二审庭审向上诉人杨有军出示了现场勘查笔录所附照片，并为其播放了献县公安局于 2001 年 7 月 17 日录制的现场录像光盘。

上述证据，本院在二审庭审中充分听取了控辩双方意见，现具体评判如下：

一、原审认定杨有军于 2001 年 7 月 15 日凌晨 1 点许作案的证据不充分

1. 杨有军等四人归案后对作案日期供述不一。张某到案后曾先后供述作案时间是 2003 年秋天、2001 年夏天或是秋天，其中关于作案日期的细节还曾供述"分钱时还在地里摘了几朵开好的棉花……"刘某供述是在 2001 年 7 月的一天凌晨；梁某曾供述是

2001 年夏天；杨有军先后供述是 2000 年或 2001 年 7 月的一天、2000 年六七月晚上，亦曾供述过具体哪一年记不清了，大约是七八月的一天凌晨。

2. 对于具体作案时间，在案供证相互矛盾。证人冯某 2001 年报案时证实凌晨 3 点许听见狗叫后，看见四个男子每人骑一辆自行车从附近经过。证人杨某在 2001 年也证实凌晨 3 点许，其妻冯某起来看见四个人骑自行车向东去了，其岳母在屋内亮着灯逮蚊子，并于 2014 年再次证实上述情节是听妻子所说。而冯某 2014 年又证实案发当晚 11 点许，看见李树新挂着蚊帐正在睡觉。根据两名证人 2001 年所做的原始证言，凌晨 3 点许李树新还未遇害。

杨有军等四人对具体作案时间与证人所证不一致，供述之间也不尽一致。张某先后供认作案时间是晚上 11 点或是 10 点许，还曾供认细节"梁某看了戴的电子表是晚 10 点 40 分左右，到新大桥南头也就是晚 11 点左右"；刘某供认是在凌晨作案；梁某供认是在晚上 12 点许，作案那晚没戴表；杨有军供述是在晚上 11 点左右。

二、现场辨认、指认不规范，缺乏证明力，影响对事实的认定

原审将杨有军等四人与李树新被害案相关联的一个重要证据是讯问过程中对 2001 年现场录像的辨认以及 2014 年对现场的指认。但存在下列问题：

1. 视听资料显示给杨有军等四人播放的 2001 年现场录像不完整，只播放了室外部分让其辨认，没有播放室内部分。

2. 杨有军、梁某、刘某于 2014 年指认的现场已经是变动的现场，该指认现场的证明力相对较弱。

3. 辨认、指认的真实性、可靠性存疑。虽然四人均对现场表示确认，但并未说出十几年后依然能够确认这是作案现场的充分理由，除张某外也没有人提到门外的警车、中间屋的化肥等现场明显特征。例如刘某供述其盗窃的地点是在献县县城外的一个平房，具体不清楚，且自始至终也未供述过作案地点的特征，但是却"准确"辨认、指认出现场，该指认、辨认的证明力相对较弱。

4. 一审庭审未让杨有军当庭辨认现场照片，也没有当庭播放现场录像。二审庭审杨有军辩称不是其作案现场，只记得有个桥，别的东西没有，是一个四方的桌子，一个跟其差不多高的柜子，屋内没有化肥，没有做饭的地方。所供与李树新被害现场不一致。

三、原审认定的作案工具存在重大疑问，不能确认

1. 被告人供述与证人证言相互矛盾。杨有军等四人供述，当晚均未携带作案工具，杨有军是用被害人家顶门铁棍打的被害人，后杨有军将铁棍扔在了逃跑的路上，而冯某、杨某证实案发后在厨房地上发现了顶门铁棍，一头已经弯了，杨某并证实家中顶门铁棍只有一根。

2. 证人证言与现场勘查不一致。现场勘查笔录所附照片显示在被害人遇害的屋内桌子角竖着一根铁棍，与冯某夫妇证言也不一致，而且该铁棍没有提取，也未送检。

3. 尸检报告记载被害人系钝状物作用颅脑损伤死亡。被害人是何钝状物致死，铁棍是否系致死被害人的凶器，现有证据无法证明。

四、关于盗窃财物情况，供述不一致，且供证相矛盾

张某供述抢的赃款有1 900多元或1 700多元，以及收藏的各种布票、粮票和各种面值人民币，还曾供认细节"粮票是红色的，布票是蓝色的，装粮票、布票的兜子是花色的"；刘某供述抢了三四百元；梁某供述其在墙上挂的上衣找出几十元、杨有军在抽屉内找

了二三百元；杨有军供述在一个柜子的抽屉里找了 1 000 多元，二审庭审供称还有粮票。在钱的数额以及有没有其他物品上，四人供述不一。冯某夫妇案发后证实仅丢失了三四百元零钱，供证相互矛盾。

五、原办案程序存在明显缺陷，收集、固定证据存在重大瑕疵

1. 现场勘查笔录记载 "2001 年 7 月 15 日勘查中在杨某家背侧堤坡下发现菜刀一把"，所附照片标明 "凶器菜刀"，与冯某所证其 "于案发后第三天在堤坡上发现自家菜刀后通知公安，公安来后取走了" 相矛盾。菜刀来源不明，为何标明为凶器不清楚，标明为凶器后又没有送检不符合办案规定。

2. 结合现场照片、被害人尸检伤情、冯某夫妇证言，现场有血迹，但现场勘查笔录中无记载。

3. 现场勘查无见证人违反规定。本案现场勘查没有邀请见证人参与，且部分参加勘验、检查人员未签名，违反了 1996 年《中华人民共和国刑事诉讼法》的有关规定。

4. 根据冯某所证，其听见狗叫，看见四个年轻男子各骑一辆自行车从国道由南向北行驶，案发后发现北房北侧斜靠着一根木把三齿叉，不是其家的。四个男子、三齿叉是否和李树新被害案有关，没有进行彻底排查。

六、证据之间存在的其他矛盾，无法排除合理怀疑

1. 根据冯某夫妇所证，被害人睡觉时挂着蚊帐，发现被害人遇害时蚊帐仍是放下的。对于蚊帐，现场勘查笔录中没有任何记载，二审期间公安机关补充说明称被害人房间地上确实有血蚊帐，但考虑与本案无关，故没有提取，而杨有军等四人自始至终均未供述过被害人挂有蚊帐这一具有明显特征的情节。是否挂有蚊帐对于持械

打击的手段、方法以及对蚊帐的破坏会有明显不同。

2. 现场勘查笔录记载"炕下地面上发现一撬坏的抽屉锁鼻"，根据四人供述，杨有军、梁某进屋翻钱，但杨有军、梁某均没有供述过撬锁的情节。

3. 被害人头部伤情是否系杨有军所为，不能得出唯一性结论。尸检报告记载被害人头部有五处创口，其中一处创内可见颅骨粉碎性骨折。张某供述没有看见杨有军打人，听见两声"咚"的声音；刘某供述听见"啪啪"打人的声音；梁某供述在门口看到杨有军拿铁棍打了老人头部两下；杨有军自始至终供述其只打了被害人一下。被告人供述与尸检鉴定不一致。

4. 如前所述，冯某证实其家的菜刀在堤坡上发现，现场勘查亦可佐证。但杨有军等四人亦未供述过菜刀的情节。被害人家的菜刀于案发后为何会出现在堤坡上，无法排除合理怀疑。

综上，被害人李树新被害的事实客观存在，但是本案证据之间存在诸多无法排除的矛盾和无法解释的疑问，据以定案的证据没有形成完整锁链，不能排除合理怀疑，不能得出唯一性结论，没有达到证据确实充分的法定证明标准。

本院认为，原审判决认定杨有军犯抢劫罪的事实不清、证据不足，不能认定杨有军有罪。故对辩护人所提现有证据不确实、不充分，不能得出杨有军有罪的唯一性结论的意见予以采纳；河北省人民检察院关于本案能认定杨有军犯抢劫罪的出庭意见不予支持。根据《中华人民共和国刑事诉讼法》第 225 条第 1 款第 3 项、第 195 条第 3 项、第 233 条之规定，判决如下：

一、撤销沧州市中级人民法院（2016）冀 09 刑初 37 号刑事判决中以抢劫罪判处被告人杨有军死刑，缓期 2 年执行，剥夺政治权利终身，并处没收个人全部财产和两罪并罚，决定执行死刑，缓期

2年执行，剥夺政治权利终身，并处没收个人全部财产的部分；

二、上诉人（原审被告人）杨有军在本案中无罪。

本判决为终审判决。

审　判　长　王晓辉

审　判　员　彭立中

审　判　员　薄会军

二○一七年八月二日

书　记　员　陶坤峰

附：本案适用的法律条款

《中华人民共和国刑法》

第269条 犯盗窃、诈骗、抢夺罪，为窝藏赃物、抗拒抓捕或者毁灭罪证而当场使用暴力或者以暴力相威胁的，依照本法第263条的规定定罪处罚。

第263条 以暴力、胁迫或者其他方法抢劫公私财物的，处3年以上10年以下有期徒刑，并处罚金；有下列情形之一的，处10年以上有期徒刑、无期徒刑或者死刑，并处罚金或者没收财产：

（一）入户抢劫的；

（二）在公共交通工具上抢劫的；

（三）抢劫银行或者其他金融机构的；

（四）多次抢劫或者抢劫数额巨大的；

（五）抢劫致人重伤、死亡的；

（六）冒充军警人员抢劫的；

（七）持枪抢劫的；

（八）抢劫军用物资或者抢险、救灾、救济物资的。

《中华人民共和国刑事诉讼法》（2012年修正）

第225条　第二审人民法院对不服第一审判决的上诉、抗诉案件，经过审理后，应当按照下列情形分别处理：

（一）原判决认定事实和适用法律正确、量刑适当的，应当裁定驳回上诉或者抗诉，维持原判；

（二）原判决认定事实没有错误，但适用法律有错误，或者量刑不当的，应当改判；

（三）原判决事实不清楚或者证据不足的，可以在查清事实后改判；也可以裁定撤销原判，发回原审人民法院重新审判。

原审人民法院对于依照前款第3项规定发回重新审判的案件作出判决后，被告人提出上诉或者人民检察院提出抗诉的，第二审人民法院应当依法作出判决或者裁定，不得再发回原审人民法院重新审判。

第195条　在被告人最后陈述后，审判长宣布休庭，合议庭进行评议，根据已经查明的事实、证据和有关的法律规定，分别作出以下判决：

（一）案件事实清楚，证据确实、充分，依据法律认定被告人有罪的，应当作出有罪判决；

（二）依据法律认定被告人无罪的，应当作出无罪判决；

（三）证据不足，不能认定被告人有罪的，应当作出证据不足、指控的犯罪不能成立的无罪判决。

第233条　第二审的判决、裁定和最高人民法院的判决、裁定，都是终审的判决、裁定。

■ 律师手记

本案二审由河北省高级人民法院审理，杨有军没有委托辩护律师，河北省高级人民法院依据《中华人民共和国刑事诉讼法》第34条第3款之规定通知河北省法律援助中心指派律师为其提供辩护。河北省法律援助中心经审查，认定该案符合法律援助条件，于2017年2月16日决定指派河北侯凤梅律师事务所周志远律师为杨有军涉嫌抢劫二审阶段的辩护人，为其提供法律援助。

我接受指派后立即与河北省高级人民法院主办法官联系阅卷事宜，递交指派手续后于2017年3月8日到河北省高级人民法院复制了案卷材料，随后又两次与其联系，查阅随案光盘。通过阅卷发现本案存在以下几点问题：

第一，本案案情重大复杂，案发时间较长，卷宗较多。

第二，辩护人多次翻阅卷宗，对其中的勘查现场与被告人陈述的作案现场进行比对，发现勘查现场与被告人陈述的作案现场有多处不一致，比如公安机关录制的勘查现场录像中存在报废的警车，屋内存放有化肥，而杨有军的笔录中均没有提到过，等等。

第三，公安机关让杨有军辨认案发现场录像时并未完整播放，杨有军即对案发现场给予确认，违反辨认程序规定。

第四，将被告人与其他同案犯对作案现场及过程的陈述相比对，同案犯对作案时间、作案现场及杨有军伤害被害人的过程陈述不一致。

第五，本案检察机关指控的案发现场是否是杨有军实施抢劫的案发现场，杨有军打了被害人一下是否导致被害人死亡，这些都是本案的关键，对杨有军在本案中是有罪还是无罪有决定性作用。根据检察机关现有的证据，不能认定杨有军实施了本案抢劫致人死亡的行为。

2017年4月7日，辩护人带着梳理出来的案件疑点，从石家庄赶到沧州市看守所会见杨有军，详细询问杨有军有关本案的具体细节，如案发现场的情况、同案犯的分工、被害人被害过程、对勘查现场的辨认、一审开庭情况、上诉理由等。杨有军一一作出陈述，称案发现场没有警车，其只打了被害人一下，被害人是否死亡不清楚，一审量刑过重。根据卷中证据及会见杨有军的情况，辩护人认为根据"疑罪从无"的原则，应认定杨有军在本案中无罪。

2017年4月10日，辩护人到河北省高级人民法院领取出庭通知书。

2017年4月13日，河北省高级人民法院在沧州市中级人民法院公开开庭审理本案。辩护人根据庭审情况，结合法律法规，提出检察机关出示的证据不确实、不充分，不能得出杨有军有罪的唯一性结论，依法应改判杨有军无罪的辩护意见。辩护意见从以下六个方面进行了论述：

1. 杨有军虽然做了有罪供述，但其所供述的案发现场与本案的案发现场不一致。杨有军指出检察机关出示证据证明的案发现场与其陈述实施犯罪的案发现场并非同一案发现场，被害人屋内的设施不一致，床上的物品也与陈述案发现场不一致，公安机关现场勘查笔录中没有记载蚊帐；案发现场房屋的正面，杨有军供述盗窃地点的门外没有见过废弃的警车，屋内的化肥、灶台，杨有军也没有见过。

2. 四个作案人的作案时间与其他证据所证不一致。杨有军先后供述作案时间是2000年或2001年7月的一天、2000年六七月的某个晚上；同案犯张某先后供述作案时间是2003年秋天、2001年夏天或秋天；刘某供述作案时间是 2001 年 7 月的一天凌晨；梁某供述是 2001 年夏天。杨有军供述作案时间是晚上 11 点左右；张某供述作案的时候应该在那天的晚上 11 点多；梁某供述作案时间是当晚 12 点；刘某供述作案时间大概是晚上 12 点以后。根据冯某、杨某两位证人的证言，被害人李树新凌晨 3 点左右并没有被伤害，不排除有其他人员进入屋内伤害被害人的可能。

3. 本案中四个作案人的供述存在多处不一致。四个作案人对谁进入案发房屋、谁拿手电筒等关键事实细节陈述存在多处不一致，不能还原客观的案发事实。

4. 关于本案被害人是在什么情况下被打击的，上诉人杨有军陈述前后不一致。杨有军供述其是怕床上睡觉的人醒来，才拿起铁棍子打了睡觉的人头部一下。上诉人当庭又陈述其发现被害人醒了才打了被害人一下，前后供述不一致。

5. 被害人并非杨有军打击一下致死。上诉人杨有军多次供述其仅打击了被害人头部一下，其他同案三人供述的打击次数最多也仅有两次。而 2001 年作出的被害人尸检报告显示被害人的损伤有五处，2017 年公安机关出具的办案说明显示上述损伤的形状及特征符合同一钝器形成。该说明证实被害人是被钝器多次伤害致死，因此，不排除本案的被害人因其他人员或原因受到二次伤害致死的可能性。

6. 现场辨认、指认不规范，不能得出一致的案发现场事实。上诉人杨有军虽然观看过案发现场的录像且辨认是案发现场，但并没有指出与其实施犯罪的案发现场一致之处，且侦查人员未完整播放现场视频，也没有播放室内部分。录像显示办案人员身穿短袖、短裤、沙滩凉鞋等，着装并不规范，违反《公安机关人民警察着装管理规定》，该辨认过程违反法定程序。庭审中，杨有军更加明确地指出了多个与其实施犯罪的案发现场不一致之处，因此，应以其庭审质证为准。

检察机关对辩护人的辩护意见不予认可，辩护人与检察机关出庭检察官进行了两轮激烈的辩论。

2017 年 6 月 27 日，辩护人接到河北省高级人民法院通知，去复制了庭后河北省人民检察院补充提交的对同案犯梁某、被害人家属的询问笔录。辩护人提出对补充证据的质证意见，坚持杨有军无罪的辩护意见。

2017 年 8 月 28 日，河北省高级人民法院作出（2016）冀刑终538 号刑事判决书，采纳辩护人辩护意见，对河北省人民检察院关于本案能认定杨有军犯抢劫罪的出庭意见不予支持。二审宣判后，杨有军被无罪释放。

2018 年 4 月 26 日河北省高级人民法院作出的（2018）冀委赔7 号国家赔偿决定书决定：赔偿义务机关沧州市中级人民法院赔偿杨有军人身自由权赔偿金 274 164.51 元，赔偿精神损害抚慰金30 000元。

2018 年 5 月 16 日，辩护人为杨有军代写了支付赔偿申请书，向赔偿义务机关沧州市中级人民法院申请支付国家赔偿金。

■ 评　议

本案是一起典型的"疑罪从无"案件，控方虽有证据支持控诉，但其证据链条存在硬伤、环节脆弱、疑点重重，且具有程序瑕疵，被辩方一一反驳。本案如此规格的证据链条，难以承受定罪之重。在经历过一审、二审、重审等数次审判程序后，本案被害人家破人亡的悲惨遭遇与被告人悬于一线的人身自由交织成价值的矛盾体，考验着法律援助律师的责任感、使命感以及专业素养和办案能力。

辩护律师接受指派后，对案卷进行认真细致的分析研究，关注每一个证据细节，发现案件事实方面的众多疑点，与此同时，还依据相关法律规定对办案机关的办案程序进行了研判，找出多处程序瑕疵。以此为基础，辩护人梳理总结出系统、严谨的辩护思路和辩护意见，在法庭上据理力争，最终辩护意见被法院采纳，二审改判杨有军无罪。

被改判无罪的杨有军和他70多岁的老母亲表示非常感谢周志远律师，并亲自向其赠送了一面锦旗。

杨有军（左）与辩护人周志远律师（右）

事实上，在周志远律师被指派为杨有军辩护之初，杨有军并没有太大信心。这是一起法律援助案件，意味着律师几乎是"义务辩护"。杨有军想的是，律师收代理费也不一定能打赢官司，不收代理费打赢官司的可能性更小。他觉得法律援助只是走走法律程序而已。

不可否认，确实有少数律师因各种原因在法律援助辩护中没有尽到辩护人的责任，难以保障当事人的合法权益。本案辩护人接受指派后，认为案情重大复杂，案发时间较长，卷宗较多，且已经经过三次审理程序，但案件中暴露的诸多问题仍未引起审理法院的足够重视，因而格外负责。在前三次审理过程中，原审被告人杨有军及辩护人提出的意见只是量刑过重，并没提出过无罪的观点，本案辩护人基于对案情的分析、对现有证据的解读，坚持做无罪辩护，并自费竭力收集对杨有军有利的证据，让本没有与辩护人建立信任的杨有军刮目相看。

本案辩护人认为，作为法律援助律师，尤其是重审案件的法律援助律师，除了具备一定的办案经验和一定的经济实力外，更要有热爱公益的责任心、使命感和政治素养，办理每起法律援助案件都要依靠自己多年的办案经验和专业的法律知识，尽全力维护当事人的合法权益。

中国政法大学教授、博士生导师阮齐林表示，周律师依据此案事实和客观证据提出无罪辩护意见，依靠的是律师的专业法律知识和丰富的办案经验，体现了律师恪尽职守的品格。他从细节出发，认真履行了律师的辩护职责。而且，他将法律援助案件由死缓做成无罪，彰显出律师在法律援助案件中的责任感、使命感、专业素养和办案能力，难能可贵。

关于法律援助辩护

法律援助辩护是国家在司法制度运行的各个环节和各个层次上，对因经济困难或其他因素而难以通过一般意义上的法律救济手段保障自身权利的社会弱者，减免收费、提供法律帮助的一项法律保障制度。法律援助是一项国家行为，我国法律规定了几种应当指派律师援助辩护的情形，基于经济困难或其他原因没有委托辩护人的，也可以提出指派律师援助的申请。

在我国，律师进入刑事诉讼领域为犯罪嫌疑人、被告人辩护，一种方式是当事人自行委托律师，另一种方式就是办案机关为犯罪嫌疑人、被告人依法指派法律援助律师。当前我国司法实践中，刑事案件辩护率大概为30%，法院在一审程序中依法为当事人指派法律援助律师的比例在2003年至2011年间平均为14.47%[1]。

当前我国刑事案件律师辩护全覆盖试点工作还在实施之中，可以说法律援助是实现律师辩护全覆盖的主要依靠，因为从我国的国情来讲，现阶段乃至今后相当长的时期，依靠当事人自行委托律师提高刑事案件辩护率是不太现实的。而要依靠法律援助实现刑事案件律师辩护全覆盖，首先要在全国法律援助的业务领域内着力发展刑事法律援助业务，提高所占比例，同时刑事法律援助案件的总数也必须大大提高。这又产生两个问题，一个是律师资源短缺的问题，另一个则是法律援助经费投入的问题，这些都是当前刑事案件律师辩护全覆盖试点工作需要解决的。

依靠法律援助实现刑事案件律师辩护全覆盖的目的是在涉及人

---

〔1〕 参见顾永忠、陈效："中国刑事法律援助制度发展研究报告（1949—2011）"，载顾永忠主编：《刑事法律援助的中国实践与国际视野》，北京大学出版社2013年版，第15页。

的生命权、自由权的刑事诉讼程序中，保障被追诉人的合法权益，这就要求我们不仅仅要实现形式意义上的"辩护全覆盖"，对辩护的质量也应有所要求。但我国并未确立有效辩护规则，刑事辩护全覆盖之后，刑事辩护的数量问题解决了，质量要如何保证，是另一个需要思考的问题。

现实中，因受制于犯罪的隐蔽性、复杂性及侦查手段局限性等诸多因素，很多刑事案件难以通过已获取的证据还原客观事实，尤其像本案这种案发经过 14 年又被检察院追诉的特殊情况，原始现场不复存在，物证湮灭，相关证人记忆模糊，在这种情况下，本案辩护人作为法律援助律师恪尽职守，从细节出发，认真履行辩护职责，人民法院恪守证据裁判规则，没有为了片面追求打击效果而背离"疑罪从无"的刑法精神，实属难能可贵。

"他们虽然不是法官，但一样守护着正义的天平；他们虽然不叫青天，但一样呵护着百姓的冷暖。"有学者表示，"河北沧州杨有军抢劫案"的审理过程，再次证明了法律援助对保障社会弱势群体合法权益的必要性，充分体现了"疑罪从无"的刑法精神是对任何有可能身陷囹圄的公民的基本人身权利的有力保障。作为法律援助律师，更不能缺少正义、良知和责任。正如阮齐林教授所说的，社会需要周志远这样的律师，法律援助案件更需要这样的律师。

一桩因农民收购玉米引发的刑事案件

——内蒙古王力军非法经营案

■ 回　顾

"我叫王力军，本是一个奉公守法、本本分分的农民，没想到在 2016 年 4 月 15 日却成了一个高墙外的罪犯，这一结果让我以及家人非常痛苦和不解，也很无奈。变成了高墙外的犯人，人身自由受到限制，不能自由地走出临河区，身心受到沉重的打击。"

本案原审被告人王力军

　　王力军本是内蒙古自治区巴彦淖尔市临河区白脑包镇永胜村十组的农民，平日里以走家串户上门收购村民的玉米为业，家中有玉米脱粒机和运输工具，收好的玉米再由他自己送到粮库卖掉。案件起源是 2015 年 3 月，因被群众举报在秤上做了机关，疑似存在坑农行为，王力军被临河区工商部门立案调查。经过调查，工商部门没有发现王力军存在坑农行为。不过，工商部门却以王力军收购玉米属于无证经营为由将王力军移交临河警方。

　　临河区人民检察院经审查查明，2014 年 11 月 13 日至 2015 年 1 月 20 日期间，王力军未办理粮食收购许可证、未经工商行政管理机关核准登记办理营业执照，在临河区白脑包镇附近村组收购玉米，经营数额达 21.8 万余元，随后将所收购的玉米卖给巴彦淖尔市粮油公司杭锦后旗蛮会分库，获利 6 000 元。临河区人民法院经开庭审理，于 2016 年 4 月 15 日作出刑事判决，认定王力军犯非法经营罪，判处有期徒刑 1 年，缓刑 2 年，并处罚金 2 万元。一审判决作出后，原审被告人王力军未提出上诉，临河区人民检察院也未抗诉，判决生效。

　　2016 年 7 月 7 日，《华西都市报》封面新闻以"探访贩卖玉米获罪农民：干这行的上千人都没有证啊"为题，深度关注了王力军案。报道刊发后，在引发全国媒体关注的同时，也引起了最高人民法院的关注。2016 年 12 月 16 日，尽管王力军本人并未提出上诉，最高人民法院却径直作出再审决定，指令由巴彦淖尔市中级人民法院对此案进行再审。

　　2017 年 2 月 13 日，元宵节刚过，巴彦淖尔市中级人民法院依法公开开庭再审本案，并于第二日作出再审判决，撤销原判，宣告王力军无罪。

　　从 2015 年 3 月 27 日被警方刑拘，到再审开庭，王力军已"戴罪"690天。第一次坐在被告席上时,完全不懂法的王力军内心极为害怕,因为他听人讲自己犯的是非法经营罪,有可能要坐3年至5年的牢,他也不敢说自己没有犯罪。拿到一审判决后虽然不甘、心痛,也没有想过去上诉……

但这次不一样了,"因为最高人民法院在再审决定书中肯定了我收购农民玉米的作用"。王力军相信自己没有犯罪,"等改判无罪,我一定会让脱粒机、农用车再次响起来,为我的家庭和周边粮农忙碌起来!"

■ 控　诉

临河区人民检察院
起诉书

临检公诉刑诉〔2016〕51号

被告人:王力军,男,汉族,初中文化,内蒙古自治区巴彦淖尔市临河区人,务农。2015年3月26日因涉嫌非法经营罪被临河区公安局立案侦查,2015年3月27日因涉嫌非法经营罪被临河区公安局刑事拘留,2015年3月31日被临河区公安局取保候审。

本案由临河区公安局侦查终结,以被告人王力军涉嫌非法经营罪,于2015年8月17日向本院移送审查起诉,本院受理此案后,于2015年8月18日已告知被告人有权委托辩护人,依法讯问了被告人,审查了全部案件材料,核实了案件事实与证据。期间,于2015年9月17日、12月2日退回临河区公安局补充侦查,临河区公安局补充侦查完毕后,于2016年1月2日重新移送本院审查起诉，经检察长批准于 2015 年 11 月 17 日延长审查起诉期限半个月。

经依法审查查明：

2014 年 11 月 4 日至 2015 年 3 月 11 日，被告人王力军未办理粮食收购许可证、未经工商行政管理机关核准登记颁发营业执照，擅自在临河区白脑包镇附近村组，无证照经营违法收购玉米，非法经营数额 218 288.6 元，将所收购的玉米卖给巴彦淖尔市粮油公司杭锦后旗蛮会分库，非法获利 6 000 元。案发后，被告人王力军主动到公安机关投案，如实供述了自己的犯罪事实，退缴非法获利 6 000 元。

认定上述事实的证据有：

涉嫌犯罪案件移送书、涉嫌犯罪情况说明、证人证言、扣押清单、照片收购玉米结算单、汇总表、证明、视听资料、抓捕经过及被告人供述等证据。

本院认为，被告人王力军违反国家规定，未经粮食部门许可及工商行政管理机关核准登记颁发营业执照，非法经营数额 218 288.6 元，数量较大，其行为已触犯了《中华人民共和国刑法》第 225 条第 4 项的规定，犯罪事实清楚，证据确实充分，应当以非法经营罪依法追究被告人王力军的刑事责任。被告人王力军主动投案，如实供述自己的犯罪事实，属自首，同时适用《中华人民共和国刑法》第 67 条第 1 款的规定。根据《中华人民共和国刑事诉讼法》第 172 条的规定，依法提起公诉，请依法判处。

此致
临河区人民法院

检察员：刘玉明

临河区人民检察院

2016 年 1 月 29 日

■ 辩　护

被告人王力军非法经营罪一案，受被告人的委托，并受北京京师（天津）律师事务所指派，由王殿学律师担任本案辩护人。通过查阅案卷、会见当事人、进行充分的调查，经过庭审，辩护人认为：首先，本案被告人无证收购玉米的行为，不符合犯罪行为的特征，不具有社会危害性、刑事违法性和应受惩罚性。其次，依据《粮食流通管理条例》（2016 年 2 月 6 日修订）和《粮食收购资格审核管理办法》（国粮政 ［2016］ 207 号）的规定，农民等个体进行无证收购玉米的行为，属于合法行为。因此，本案被告人应被宣告无罪。

根据本案的事实和法律，辩护人提出以上辩护意见的理由如下：

一、王力军无证收购玉米，没有社会危害性，不具有构成非法经营罪的根本前提

非法经营罪的认定需要以侵犯法益（具有社会危害性）为前提，因为"刑法之本质乃在于法益保护"。非法经营罪所意图保护的法益就是特定的市场经济秩序。在非法经营罪之认定中，必须考虑实质法益侵害性（社会危害性）。

（一）王力军无证收购玉米并未侵犯"国家规定"保护的法益

《粮食流通管理条例》第 1 条规定："为了保护粮食生产者的积极性，促进粮食生产，维护经营者、消费者的合法权益，保障国家粮食安全，维护粮食流通秩序，根据有关法律，制定本条例。"该条例在首条指明了其意欲保护的法益。《粮食流通管理条例》出台，主要是规范粮食流通秩序，如果购买者行为没影响粮食流通秩序，没恶意抬高价格，便没有违背该条例的实质精神。

王力军收购粮食之后，并没有进行囤积居奇、投机倒把等行为，没有危害到我国粮食流通市场秩序。被告人行为属于农民个体收购玉米卖给粮库的倒买倒卖行为，这样做等于在农民和国家粮库之间架起了桥梁，不仅没有破坏粮食流通的主渠道，反而有利于解决农民卖粮渠道不畅的问题。

（二）王力军无证收购玉米，不仅没有社会危害性，反而有益于社会

社会危害性，根据通说，应当注意以下三个方面：①要用历史的观点看问题。社会危害性是一个历史范畴，现实社会条件的变化可能导致社会危害性的有无与大小随之变化。②要有全面的观点。社会危害性是由多种因素决定的，衡量社会危害性的大小不能只看一种因素，而应全面综合各种主客观情况。③要透过现象看本质。有些表面违法的行为在实质上是符合法律的精神的，这需要通过仔细研判。

粮食收购许可制，或许在"计划经济"时期具有一定的合理性，但早在2004年，"中央一号文件"就明确主张"国家将全面放开粮食收购和销售市场"；十八大报告明确指出要"让市场在资源配置中发挥决定性作用"；以习近平总书记为核心的新一届政府，一再主张"简政放权"。目前全国粮食库存居历史最高点，突出表现为玉米阶段性供过于求。面对过剩的玉米市场，政府应鼓励市场收购，尤其是大额收购。国家粮食局调控司副司长罗守全在2016年12月指出："我国玉米生产连获丰收，玉米阶段性过剩特征明显，主产区收储矛盾尖锐，中央和地方政府收储压力不断增加。"2016年，国家在内蒙古和东北三省按照"市场定价、价补分离"的原则，将以往的玉米临时收储政策调整为"市场化收购"加

"补贴"的新机制，玉米价格由市场形成，供求关系靠市场调节，生产者随行就市出售玉米，鼓励各类市场主体自主入市收购。2016年改革的玉米收储制度，是党中央、国务院为推动"三农"工作全局，保障国家粮食安全大局，推动农业供给侧结构性改革做出的一项重要决策。在此背景下，继续设置收购粮食的高门槛准入资格，并据此判断社会危害性，显然不合时宜。

犯罪划分为自然犯和法定犯，自然犯本身就是反社会的，故对自然犯的成立不需要考察其违法性认识；但因为法定犯本身并不当然具有反社会性，只是国家基于行政取缔的需要，所以对于法定犯，行为人仅仅认识符合构成要件的事实还不够，还必须知道该事实为法律所不允许，即认识其违法性，否则阻却责任中的故意要件。王力军没有违法性认识，其不知无证收购粮食违法，故其没有非法经营罪的故意内容，缺乏构成犯罪的主观要件。

虽然无证收购粮食这一行为为国家规定的某一条文所禁止，但这一条文已显然不合时宜，不仅与国家的宏观粮食政策相悖，也与《粮食流通管理条例》这一行政法规的实质精神不符。无证收购粮食，特别是对农民等个体无证收购粮食，在本质上是没有违反国家规定的，既不是犯罪行为，也不是实质上的行政违法。

综上，从社会危害性的角度来看，王力军无证收购玉米，不仅没有社会危害性，反而对粮食收购和销售市场秩序是有益的，其不具有构成非法经营罪的根本前提。

二、王力军无证收购玉米，不具有刑事违法性，不具有构成非法经营罪的规范前提

犯罪是触犯刑法的行为，即具有刑事违法性。刑事违法性，是指违反刑法条文中所包含的刑法规范。刑事违法性这一特征是罪刑法定原则在犯罪概念上的体现。只有当行为不仅具有社会危害性，而且违反了刑法时，才能被认定为犯罪。反之，某种行为虽然具有严重的社会危害性，但如果该行为没有触犯刑法，就不能把它作为犯罪处理。这是罪刑法定的必然要求。

（一）王力军无证收购玉米，不具有刑事违法性

1. 现有的法律、司法解释对非法经营的规定中，并未禁止无证收购玉米。

根据《中华人民共和国刑法》（以下简称《刑法》）第225条和截至2017年1月15日所有与非法经营罪相关的司法解释，构成非法经营罪所涉及的经营范围和客体一共有20种，具体包括：①违法专营、专卖物品；②违法经营许可证或者批准文件；③违法经营证券、期货、保险、资金支付结算业务；④违法经营危险废物；⑤非法贩卖麻醉药品或者精神药品；⑥非法经营药品或不符合药用要求的非药品原料、辅料；⑦非法生产、销售赌博功能的电子游戏设施设备或者其专用软件；⑧非法生产、销售、使用"伪基站"设备；⑨以营利为目的，提供有偿删除信息服务，或者明知是虚假信息，通过信息网络有偿提供发布信息等服务；⑩生产、销售国家禁止用于食品生产、销售的非食品原料或私设生猪屠宰厂（场）；⑪非法买卖麻黄碱类复方制剂或者运输、携带、寄递麻黄碱类复方制剂进出境，没有证据证明系用于制造毒品或者走私、非法买卖制毒物品，或者未达到走私制毒物品罪、非法买卖制毒物品罪的定罪数量标准；⑫擅自发行基金份额募集基金；⑬非法经营烟草专卖品；⑭非法使用销售点终端机具（POS机）等方法向信用卡持卡人直接支付现金；⑮擅自发行、销售彩票；⑯灾害期间，哄抬物价、牟取暴利；⑰非法生产、储运、销售食盐；⑱非法生产、销售盐酸克仑特罗等禁止在饲料和动物饮用水中使用的药品；⑲非法经营国

际或港澳台地区电信业务；⑳非法出版、印刷、复制、发行司法解释规定以外的其他非法出版物。

由此可见，无证收购玉米，不在以上禁止经营的范围之内。

2. 根据罪刑法定的刑法基本原则，无证收购玉米不应入罪。

最高人民法院《关于准确理解和适用刑法中"国家规定"的有关问题的通知》（法发〔2011〕155 号）第 3 条规定，各级人民法院审理非法经营犯罪案件，要依法严格把握《刑法》第 225 条第 4 项的适用范围。对被告人的行为是否属于《刑法》第 225 条第 4 项规定的"其它严重扰乱市场秩序的非法经营行为"，有关司法解释未作明确规定的，应当作为法律适用问题，逐级向最高人民法院请示。最高人民法院在《关于依法平等保护非公有制经济促进非公有制经济健康发展的意见》（法发〔2014〕27 号）中强调："坚持罪刑法定，确保无罪的非公有制经济主体不受刑事追究。准确把握立法精神，正确适用法律和司法解释，严格区分罪与非罪、犯罪与行政违法、犯罪与民商事纠纷。对非公有制经济主体在生产、经营、融资活动中的创新性行为，要依法审慎对待，只要不违反法律和司法解释的规定，不得以违法论处。违反有关规定，但尚不符合犯罪构成条件的，不得以犯罪论处。"不仅如此，最高人民法院在指令本案再审时也认为："《刑法》第 225 条第 4 项是在前三项规定明确列举的三类非法经营行为具体情形的基础上，规定的一个兜底性条款，在司法实践中适用该项规定应当特别慎重，相关行为需有法律、司法解释的明确规定，且要具备与前三项规定行为相当的社会危害性和刑事处罚必要性，严格避免将一般的行政违法行为当作刑事犯罪来处理。"

由此可知，即使某一非法经营行为在具备社会危害性和应受惩罚性的前提下，若这一行为并未被法律、司法解释所明确禁止，也不能将之作为犯罪处理。这符合罪刑法定这一刑法基石性原则。

（二）玉米不属于专营专卖之物，农民等个体无证收购玉米亦未违法

对非法经营罪兜底条款的解释，应坚持同类解释规则。非法经营罪中"其他严重扰乱市场秩序的非法经营行为"这一兜底性条款，显然应和《刑法》第 225 条第 1 项至第 3 项中非法经营专营专卖物品、非法买卖经营许可证以及非法经营金融业务等在行为性质特征、危害结果特征、行为与危害结果的关系特征等方面具有同质性。因此，根据《刑法》第 225 条第 1 项至第 3 项的规定，非法经营罪的行为对象只能是经营专营专卖的物品、服务。

2016 年 2 月 6 日，第 666 号国务院令修订了《粮食流通管理条例》第 9 条，将第 1 款中"取得粮食收购资格，并依照《中华人民共和国公司登记管理条例》等规定办理登记的经营者，方可从事粮食收购活动"，修改为"依照《中华人民共和国公司登记管理条例》等规定办理登记的经营者，取得粮食收购资格后，方可从事粮食收购活动"。依此条例，非公司的个人收购粮食已不需要取得资格。因此，自 2016 年 2 月 6 日起，个人收购粮食已经不为"国家规定"所禁止，王力军作为农民收购粮食的行为，也非行政违法行为。但在 2016 年 4 月 15 日，王力军仍被临河区人民法院以非法经营罪判处有期徒刑 1 年，缓刑 2 年，并处罚金 2 万元，并退缴"非法获利"6 000 元。

虽然按照《粮食流通管理条例》，公司经营者收购粮食需要具有资格才能进行，但是行政条例并没有将粮食归类为专营专卖物品。因此，粮食早已不属于专营专卖、限制买卖的货物、物品，也就不能适用于《刑法》第 225 条的启用条件。原审法院不但混淆了"农民等个体收购者"与"公司收购者"之间的区别，也混淆了

"粮食收购要有资格"与"粮食是否属于专营专卖物品"二者之间的区别,进而混淆了合法与违法、行政违法与刑事犯罪的界限。农民等个体无证收购粮食不是行政违法,更不是犯罪行为,原审法院以犯罪论处绝对是错误的。

2016年9月14日,国家粮食局出台《粮食收购资格审核管理办法》,对《粮食流通管理条例》关于收购粮食资格的要求作出了进一步明确,其中第3条规定:"农民、粮食经纪人、农贸市场粮食交易者等从事粮食收购活动,无需办理粮食收购资格。"这不是国家粮食局对《粮食流通管理条例》作出的修改,而是对其内涵的明确化和准确解读。

综上,根据现有的法律、司法解释,无证收购粮食不在非法经营罪的涵射范围之内。并且,根据国家规定,农民等个体无证收购粮食亦非违法。王力军无证收购玉米,不具有行政违法性,更不具有刑事违法性。

三、王力军无证收购玉米,无应受惩罚性,不具有构成非法经营罪的责任前提

(一)非法经营罪的认定应考虑罪责刑相适应原则

作为《刑法》所明文确定的三大基本原则之一的罪责刑相适应原则,在非法经营罪认定中应当予以认真考虑。相较而言,非法经营罪是一个较为严厉的重罪。《刑法》第225条规定,非法经营罪中情节严重的,处5年以下有期徒刑或者拘役,并处或者单处违法所得1倍以上5倍以下罚金;情节特别严重的,处5年以上有期徒刑,并处违法所得1倍以上5倍以下罚金或者没收财产。因此,在非法经营罪之认定中,如果不遵循罪责刑相适应原则,极易造成处罚方面实质的不公平。

即使无证收购玉米的行为违反国家规定并被司法解释规定为犯罪，由前所述，其社会危害性也不明显。其对社会造成的危害，与司法解释规定的非法经营危险废物、麻醉药品或者精神药品、烟草专卖品、禁止在饲料和动物饮用水中使用的药品等严重危害社会的限制、禁止流通物品，不可同日而语。

即使无证收粮扰乱了粮食正常流通秩序，从案情来看，王力军作为农民个体，将从散户手中收购的玉米陆续卖到当地粮库和淀粉厂，这种影响相对于公司经营者进行的粮食收购数量来说，也微乎其微。况且，这种农民个体上门收购的价格并不高，其最大的优势在于灵活方便，无论对消费者还是粮农，都有所裨益，客观上对粮食市场并无害处，并不属于扰乱市场秩序，情节严重的情形，由工商部门进行处罚更为恰当，上升到刑罚的高度则违背了罪责刑相适应原则。

（二）非法经营罪的认定应考虑刑法的谦抑性

根据刑法谦抑原则，绝不能将一般的市场经济秩序和刑法规定非法经营罪所意图保护的特定市场经济秩序混为一谈，更不能仅以某一经营行为在形式上违规，就将其想当然地作为非法经营罪处理。

基于刑法谦抑原则，在某种非法经营行为出现时，如果采用行政处罚的手段能够有效制约，则不必启动刑事程序来追究行为人的刑事责任。就本案而言，即便将王力军无证收购玉米的行为视为非法经营的行为，持证收购粮食的政策也饱受诟病，难以得到有效执行。同时，更为重要的是，"国家将全面放开粮食收购和销售市场"，农民等个体无证收购粮食的做法会愈发普遍。事实上，《粮食流通管理条例》于2016年修订之前，在粮食收购过程中，由粮农个体或集体自己组织进行收购的现象已经屡见不鲜。在此形势下，行政执法部门对此类案件都采取淡然处之的态度，公安机关将其认定为非法经营罪，不合刑法谦抑原则的精神，因而也难以令人信服。更何况在《粮食流通管理条例》于 2016 年修订之后，农民等个体无证收购粮食已为合法行为，不属于非法经营。对王力军启动刑事追诉，不仅违背了刑法谦抑性原则，更涉嫌违法。

综上，即便无证收购玉米是非法经营的行为，王力军作为农民个体进行的无证收购，也无应受惩罚性，不具有构成非法经营罪的责任前提。

综上所述，本案被告人无证收购玉米，不符合犯罪的特征，其不具有社会危害性、刑事违法性和应受惩罚性。并且，依据《粮食流通管理条例》和《粮食收购资格审核管理办法》的规定，农民等个体无证收购玉米的行为属于合法行为。因此，法院应判决本案被告人无罪。

辩护人：王殿学

■ 审　判

巴彦淖尔市中级人民法院
刑事判决书

（2017）内 08 刑再 1 号

原公诉机关巴彦淖尔市临河区人民检察院。

原审被告人王力军，男，汉族，初中文化，住巴彦淖尔市临河区，农民。因涉嫌犯非法经营罪于 2015 年 3 月 27 日被巴彦淖尔市临河区公安局刑事拘留，同年 3 月 31 日取保候审。

辩护人王殿学，北京京师（天津）律师事务所律师。

辩护人张雪峰，北京京师律师事务所律师。

巴彦淖尔市临河区人民检察院指控原审被告人王力军犯非法经营罪一案，巴彦淖尔市临河区人民法院于 2016 年 4 月 15 日作出（2016）内 0802 刑初 54 号刑事判决。宣判后，原审被告人王力军未上诉，检察机关未抗诉，判决发生法律效力。最高人民法院依照《中华人民共和国刑事诉讼法》第 243 条第 2 款之规定，于 2016 年 12 月 16 日作出（2016）最高法刑监 6 号再审决定，指令本院对本案进行再审。本院依法组成合议庭，于 2017 年 2 月 13 日公开开庭审理了本案。巴彦淖尔市人民检察院检察员甄磊、助理检察员李颖出庭履行职务。原审被告人王力军及其辩护人王殿学、张雪峰到庭参加诉讼。本案现已审理终结。

原审判决认定，2014 年 11 月 13 日至 2015 年 1 月 20 日，被告人王力军未办理粮食收购许可证，未经工商行政管理机关核准登记并颁发营业执照，擅自在临河区白脑包镇附近村组无证照经营，违法收购玉米，将所收购的玉米卖给巴彦淖尔市粮油公司杭锦后旗蛮会分库，非法经营数额 218 288.6 元，非法获利 6 000 元。案发后，被告人王力军主动退缴非法获利 6 000 元。2015 年 3 月 27 日，被告人王力军主动到巴彦淖尔市临河区公安局经侦大队投案自首。

原审判决认定上述事实的证据有巴彦淖尔市临河区工商行政管理局涉嫌犯罪案件移送书和受案登记表、银行资金往来明细、玉米收购结算记账单据、粮食局和工商管理机关的证明、公安机关出具的归案情况、证人证言、被告人王力军的供述及上缴非法所得缴款书等。

原审法院认为，被告人王力军违反国家法律和行政法规规定，未经粮食主管部门许可及工商行政管理机关核准登记并颁发营业执照，非法收购玉米，非法经营数额 218 288.6 元，数额较大，其行为构成非法经营罪。鉴于被告人王力军案发后主动到公安机关投案自首，主动退缴全部违法所得，有悔罪表现，对其适用缓刑确实不至再危害社会，决定对被告人王力军依法从轻处罚并适用缓刑。依照《中华人民共和国刑法》第 225 条第 1 款第 4 项，第 72 条第 1款，第 73 条第 2 款、第 3 款，第 52 条，第 53 条之规定，认定被告人王力军犯非法经营罪，判处有期徒刑 1 年，缓刑 2 年，并处罚金人民币 2 万元；被告人王力军退缴的非法获利款人民币 6 000 元，由侦查机关上缴国库。

再审中，检察机关提出了原审被告人王力军的行为虽具有行政违法性，但不具有与刑法规定的非法经营行为相当的社会危害性和刑事处罚必要性，不构成非法经营罪，建议再审依法判决的意见。

原审被告人王力军在庭审中对原审认定的事实及证据无异议，但认为其行为不构成非法经营罪。

辩护人提出了原审被告人王力军无证收购玉米的行为，不具有社会危害性、刑事违法性和应受惩罚性，不符合刑法规定的非法经营罪的构成要件，也不符合刑法谦抑性原则，应宣告原审被告人王力军无罪的意见。

经本院再审，原审被告人王力军及检辩双方对原审判决认定的事实无异议，再审查明的事实与原审判决认定的事实一致。

本院再审认为，原判决认定的原审被告人王力军于 2014 年 11月至 2015 年 1 月期间，没有办理粮食收购许可证及工商营业执照买卖玉米的事实清楚，其行为违反了当时的国家粮食流通管理有关规定，但尚未达到严重扰乱市场秩序的危害程度，不具备与刑法规定的非法经营罪相当的社会危害性和刑事处罚的必要性，不构成非法经营罪。原审判决认定王力军构成非法经营罪适用法律错误，检察机关提出的王力军无证照买卖玉米的行为不构成非法经营罪的意见成立，原审被告人王力军及其辩护人提出的王力军的行为不构成犯罪的意见成立，本院均予以采纳。经本院审判委员会决定，依照《中华人民共和国刑事诉讼法》第 245 条第 1 款、第 195 条第 2 项，《最高人民法院关于适用〈中华人民共和国刑事诉讼法〉的解释》第 389 条第 1 款第 3 项之规定，判决如下：

一、撤销内蒙古自治区巴彦淖尔市临河区人民法院（2016）内 0802 刑初 54 号刑事判决。

二、原审被告人王力军无罪。

如不服本判决，可在接到判决书的第二日起十日内，通过本院或者直接向内蒙古自治区高级人民法院提出上诉。书面上诉的，应当提交上诉状正本一份，副本两份。

审判长　辛永清

审判员　百　灵

审判员　何　莉

二〇一七年二月十四日

书记员　韩　姣

附：相关法律条文

2012 年《中华人民共和国刑事诉讼法》

第 243 条第 2 款　最高人民法院对各级人民法院已经发生法律效力的判决和裁定，上级人民法院对下级人民法院已经发生法律效力的判决和裁定，如果发现确有错误，有权提审或者指令下级人民法院再审。

第 245 条第 1 款 人民法院按照审判监督程序重新审判的案件，由原审人民法院审理的，应当另行组成合议庭进行。如果原来是第一审案件，应当依照第一审程序进行审判，所作的判决、裁定，可以上诉、抗诉；如果原来是第二审案件，或者是上级人民法院提审的案件，应当依照第二审程序进行审判，所作的判决、裁定，是终审的判决、裁定。

第 195 条 在被告人最后陈述后，审判长宣布休庭，合议庭进行评议，根据已经查明的事实、证据和有关的法律规定，分别作出以下判决：

……

（二）依据法律认定被告人无罪的，应当作出无罪判决；

……

《最高人民法院关于适用〈中华人民共和国刑事诉讼法〉的解释》

第 389 条 再审案件经过重新审理后，应当按照下列情形分别处理：

……

（三）原判决、裁定认定事实没有错误，但适用法律错误，或者量刑不当的，应当撤销原判决、裁定，依法改判；

……

资料图

王力军案庭审现场

■ 律师手记

2016 年底第一次在网上看到王力军收玉米被判非法经营罪时，我便感到十分疑惑。这是一个很明显的不构成犯罪的情形。在我国内蒙古及东三省等玉米产量阶段性过剩的地区，这是一个十分普遍的现象，也是很多年来当地农民生存的一个主要手段，完全不至于产生能够被刑法评价的严重的社会危害性。

2016 年 12 月，最高人民法院依法指令巴彦淖尔市中级人民法院再审该案，确认该案一审判决适用法律错误。最高人民法院在再审决定书中明确指出："原审被告人王力军没有办理粮食经营许可证和工商营业执照而进行粮食收购活动，虽然违反了国家粮食流通管理有关规定，但其行为尚不具备与《刑法》第 225 条规定的非法经营行为相当的社会危害性和刑事处罚必要性，原生效判决在适用法律上确有错误。"最高人民法院的再审决定书证实了我的初步判断是正确的。

在接手王力军的案件后，我们去王力军家中了解具体情况。虽然在去王力军家前听说他家不富裕，但眼前的景象还是让人惊讶——几间平房，堆满杂物，院子没有围栏。印象最深的是，王力军家中的门框很低，我去了两次，碰了两次头，也就一米六七左右的门。从这扇低矮的门进去，就是王力军和妻子以及老母亲住的地方。

王力军从 2008 年开始收购玉米，做了六年，在很大程度上改善了家里的条件，还通过收玉米的收入供女儿读了大学，供儿子去学美发。父亲 2014 年不幸患了癌症，如果不去收玉米，到医院治病的钱都拿不出来。一审判决之后，虽然不需要进监狱，但是要交 2 万元的罚金，适用缓刑需要每个星期给司法所打电话汇报，每个月去司法所报到一次。用王力军的话来说，他成了一个高墙外的罪犯，不能出去务工，仅靠种玉米维持生活，如果碰上收成不好的年头，种地几乎挣不到钱。王力军本人也变得沉默寡言，脾气比原来暴躁了许多。一审判决王力军构成非法经营罪严重影响了他们全家的生活。

家中的王力军

　　农业的分散化经营及比较高的粮站收购标准（如对粮食的容重、水分的要求很高），使得"卖粮难"的问题在我国很多地区一直存在。这就产生很多"粮食经纪人""粮贩子"，农民可以在村头直接把粮食卖给他们，虽然价格低点，但不需要反复晾晒、去杂质。这对农民、对粮站都大有裨益。在巴彦淖尔市，像王力军这样收玉米的有上千人，在当地农民看来都是件好事。本质上，王力军的行为很难冲击、破坏中国的购粮秩序，即便违反行政法规，这种小规模的无证购粮在刑法意义上也不具有社会危害性，不应认为是犯罪。对于王力军的行为，最高人民法院也直接表态——"就本案而言，王力军从粮农处收购玉米卖予粮库，在粮农与粮库之间起了桥梁纽带作用，没有破坏粮食流通的主渠道，没有严重扰乱市场秩序，且不具有与《刑法》第 225 条规定的非法经营罪前三项行为相当的社会危害性，不具有刑事处罚的必要性"。

关于非法经营罪，《最高人民法院关于准确理解和适用刑法中"国家规定"的有关问题的通知》第 3 条规定，各级人民法院审理非法经营犯罪案件，要依法严格把握《刑法》第 225 条第 4 项的适用范围。对被告人的行为是否属于《刑法》第 225 条第 4 项规定的"其它严重扰乱市场秩序的非法经营行为"，有关司法解释未作明确规定的，应当作为法律适用问题，逐级向最高人民法院请示。"最高人民法院在指令本案再审时也认为："《刑法》第 225 条第 4 项是在前三项规定明确列举的三类非法经营行为具体情形的基础上，规定的一个兜底性条款，在司法实践中适用该项规定应当特别慎重，相关行为需有法律、司法解释的明确规定，且要具备与前三项规定行为相当的社会危害性和刑事处罚必要性，严格避免将一般的行政违法行为当作刑事犯罪来处理。"即使某一非法经营行为具备社会危害性和应受惩罚性，若这一行为并未被法律、司法解释明确禁止，也不能将之作为犯罪处理。王力军收购玉米的行为并非法律、司法解释明确规定的犯罪行为，不能作为犯罪论处。

在王力军案件的辩护过程中，我始终认为原审判决不符合刑法的谦抑性原则，再审判决也将此观点写入判决书。这是谦抑性原则首次进入判决书。王力军无证收购玉米这种原本社会影响微乎其微的案件之所以引起如此广泛的关注，就是因为收购玉米这种在日常生活中司空见惯的对多方有利的事情被处以畸重的刑罚，超出了公民的理解。该案给司法机关的一点启示就是，当某种非法经营行为出现时，如果采用行政处罚的手段能够有效制约，则不必启动刑事程序来追究行为人的刑事责任。就本案而言，王力军的行为不仅没有社会危害性，反而对粮农、粮站有利，架起了农民与国家粮库之间的桥梁，对王力军启动刑事追诉，显然违背了刑法谦抑性原则。

一审判决依据的《刑法》第 225 条第 4 项"从事其他非法经营活动，扰乱市场秩序，情节严重的行为"是在前三项规定明确列举的三类非法经营行为具体情形的基础上，规定的一个兜底性条款，此类兜底性条款作为一种立法技术，在无法穷尽客观存在的各种不同情形时很好地堵塞了法律中的空当与疏漏，但也正是模糊的特性使其在适用时必须慎重。在适用兜底性条款时，如非法经营罪、寻衅滋事罪，必须坚持刑法的谦抑性原则，能够用其他的手段来处理的，比如说简单的行政处罚就能解决的，刑法就尽量不要出面干预，因为刑罚是非常严厉的处罚，对公民的权利影响非常大，也会剥夺公民的其他机会。最高人民法院将王力军案件指令发回重审，正是贯彻了刑法谦抑性的基本原则，同时也提醒各级司法机关在适用兜底性条款时应当特别谨慎，不能轻易地、人为地把一些似是而非的情况全部纳入到刑法的规范上来。

再审宣判后，王力军终于真正地笑了，全家老小的生活终于回到了正常的轨道。当天晚上吃饭的时候，王力军拿出了四瓶酒，他宣布："今天喝的是开心的酒。"喝到一半的时候，和着来看望他的好友老邱二胡的伴奏，王力军给我们唱起了祝酒歌，声音低沉，但满心欢喜。后来王力军接到许多邀请他去收粮的电话，很多是他以前一直收粮的村民。王力军也表示，今后还要继续收玉米和其他农副产品，不能让他的车和机器烂在院子里，要赚些钱养家，让日子好过些。

在 2017 年的全国两会上，最高人民法院院长周强向十二届全国人大五次会议作最高人民法院工作报告。在谈到服务保障经济社会持续健康发展时，他提及再审改判无罪的王力军。他说，巴彦淖尔市中级人民法院依法再审改判王力军无证收购玉米无罪，保障广大农民放心从事粮食收购，促进农产品流通。王力军的案件虽然不大，但它是关系到农民生产生活的问题，是基础的民生问题，而司法是为经济保驾护航的，应当保证经济发展，而不能制约经济的发展。最高人民法院主动发现错误，主动纠正错误，主动指令再审，充分体现出了"有错必纠"的法治精神和司法的人文关怀。

现在，王力军已从国家赔偿中获得了一定补偿，并再次以收玉米为生，过上了正常的生活。王力军是幸运的，但我们最大的希望是有更多的"王力军案"得到纠正，避免其他人经历这种遭遇。

王殿学

■ 评 议

纵观本案的诉讼进程，王力军在收玉米时被人举报称秤不公，被调查时发现有非法经营行为，移送公安机关侦查立案，后逐步经过审查起诉、审判、执行判决各阶段。王力军作为一个大半辈子与田地、与农作物打交道的人，突然被抓起来送上刑事法庭的被告人席位，怕得都不敢为自己辩解，拿到一审判决也没想过要上诉。

临河区人民法院以非法经营罪对王力军定罪处罚，依据的是《刑法》第225条第4项的规定，即"违反国家规定，其他严重扰乱市场秩序的非法经营行为"。该项是非法经营罪的兜底条款。一审法院认为王力军没有收粮资格和营业执照，违反了国家关于粮食收购的规定，并且经营数额达 21 万余元，已经达到入罪的标准，因而认定其构成非法经营罪。

非法经营罪兜底条款

在立法中，兜底条款的设置是为了避免法条列举不尽不能对相关法律行为予以规制，往往采用"其他"这一概括性字眼，置于条文最后一项，以便法官灵活适用。但在刑事法律中，兜底条款的开放性表述给了法官相当大的自由裁量空间，以至于在司法实践中非法经营罪这一兜底条款成了"万能条款"，许多不能准确界定性质的行为都被这一条款规制。

这种兜底条款的适用混乱从本质上讲还是对条文的理解出现了偏差，没有恪守刑法的解释原则。我国遵循罪刑法定原则，该条款的适用应当同时满足违反国家规定、其他非法经营行为和严重扰乱市场秩序三个要件才能成立非法经营罪。

违反国家规定是构成非法经营罪的前置性条件，正确把握"国家规定"的外延和内涵，是限定非法经营罪成立范围、避免该罪沦为"口袋罪"的第一道屏障。何为国家规定？《刑法》第 96 条已经明确规定，全国人民代表大会及其常委会、国务院这三个国家机关制定的法律法规才是非法经营罪条款中所称的"国家规定"。

其他非法经营行为是非法经营罪条款的最后一项，尽管此处作了概括性表达，我们也能推断出其指的是与前三项规定的非法经营行为具有同质性，一种长期的、违反市场准入规则、有一定范围的经营行为。

严重扰乱市场秩序既是对行为性质的界定，又是对严重程度的界定，因此要对该条款作实质解读，而不能单凭涉案数额就认定为"严重"。

本案中，王力军收玉米的行为虽然违反了当时的国家粮食流通管理有关规定，但从情节来看尚未达到严重扰乱市场秩序的危害程度，并不具备构成非法经营罪的社会危害性和应受惩罚性。但从法益保护角度来讲，王力军的行为非但没有侵害法益，反而促进了粮食交易。

刑法谦抑性原则

谦抑性原则又称必要性原则，即凡是适用其他法律或较轻的制裁方法，足以抑制某种违法行为、保护合法权益时，就不要将其认定为犯罪、规定较重的制裁方法。因为在任何国家和社会，刑罚的威慑力高于其他法律后果，只有重大的违法行为、侵犯的法益较为严重时，才由国家公权力代表人民的意志实施刑罚处罚，因而刑罚具有社会公信力。但如果处处适用刑罚，就会降低刑罚的公信力。国家应当运用多种手段进行社会管理，国家的威信就来自于对各种社会事务处理的妥当性，这既要求目的正当，也要求手段正当。如果对各种事项不分轻重地动用刑法，就会损伤国家的威信[1]。

本案王力军购销玉米仅发生在粮农与粮库之间，是当地甚至很多农业较为发达地区的农作物流转的普遍途径，不可能阻碍、破坏粮食流通的正常渠道，事实上也没有对粮食安全造成极大危害，并且王力军不存在囤积居奇、哄抬价格，谋取暴利以严重扰乱市场秩序的行为。

就像再审开庭最后的被告人陈述，王力军本人讲的那样——

"我叫王力军，本是一个奉公守法、本本分分的农民，没想到在 2016 年 4 月 15 日却成了一个高墙外的罪犯，这一结果让我以及

---

[1] 参见张明楷：《刑法学》（第 5 版），法律出版社 2016 年版。

家人非常痛苦和不解，也很无奈。变成了高墙外的犯人，人身自由受到了限制，不能自由地走出临河区，身心受到沉重的打击。我一直认为，我上门收购农民的玉米，为农民解决了卖粮难的问题。我提供的脱粒机及运输工具为农民减轻了体力劳动以及运输和到粮库排队的麻烦，为粮库及时回收农民的玉米起到了桥梁与纽带的作用。我家世世代代是农民，我深有体会，这应该是件好事，咋就犯罪了？"

我国粮食连续多年增产增收，全国不少省份存在着大量的粮食经纪人无证从事粮食收购现象，虽然这种行为具有一定行政违法性，但本案所涉粮食根本没有脱离国家的控制，收购行为没有扰乱国家制定的粮食收购价格，并且能够减少市场经济条件下的收购成本，因而具有帮助国家收购粮食的性质。更深入地考察，王力军的居间行为在客观上充当了玉米生产方（即粮农）与玉米收购方（即国有粮库）之间的桥梁，客观上减轻了粮农卖粮负累，在一定程度上激发了市场活力，促进了国家对粮食的收购，不仅没有严重扰乱市场秩序，还在相当程度上促进了当下供给侧改革，因而不具备所谓的严重的社会危害性，不应纳入犯罪的范畴来规制。

最高人民法院"有错必纠"，指令再审

王力军案一审判决作出后，被告人未上诉，检察院未抗诉，判决很快就生效了，也并没有太多人关注这个不起眼的小案件。直到2016年7月，《华西都市报》封面新闻一篇题为"探访贩卖玉米获罪农民：干这行的上千人都没有证啊"的深度报道，将王力军案引入大众视线。报道刊发后，引发全国媒体关注的同时，也引起了最高人民法院的关注。2016年12月16日，尽管王力军本人并未提出上诉，最高人民法院径直作出再审决定，指令巴彦淖尔市中级人民法院对此案进行再审。

在最高人民法院对本案指令再审后，最高人民检察院和内蒙古自治区、巴彦淖尔市、临河区三级检察机关对此案高度重视，就原审案件的事实认定、证据采信、社会危害性和刑事处罚必要性的认定进行了深入分析论证，积极与法院沟通联系，确保了本案再审程序的顺利启动。

2017年2月13日，巴彦淖尔市中级人民法院依法公开审理王力军非法经营案，并于次日作出无罪判决。

最高人民法院这次的罕见指令再审决定，在中国政法大学教授、博士生导师阮齐林看来，是"有错必纠"的法治精神的体现。阮齐林教授认为，最高人民法院越过两级法院，对基层法院的一审生效案件作出再审决定，体现了最高人民法院对全国案件审判工作的指导作用。"既然通过媒体发现这个案子有问题，且进行讨论以后，认为确有问题，那么就应该指令下级法院再审"。最高人民法院通过王力军案，进一步明确了非法经营罪的适用条件，防止本罪的滥用，贯彻了罪刑法定和刑法谦抑性原则。

从本案的一审处理结果来看，在我国，慎刑思想仍未深入人心，这不仅有悖于近现代以来刑法的精神追求和取向，也不符合时代、社会发展的需要。错案一旦形成，司法责任追究必须同步跟上，错案纠正是当前司法改革的重要内容之一。本案经由二审改判无罪，从王力军本人来看无疑是不幸中的万幸，于国家、社会而言，则具有个案推动法治进步的意义。

王力军案的改判，恰如中国政法大学陈光中教授所说："市场经济的本质属性要求刑法对经济自由保持谦抑性的价值取向。国家对于经济领域进行调整，对于介入方式、程度应慎重，以惩罚必要性为原则，尽量限制和减少刑罚权的适用。此案的改判，起到了通过个案监督进一步明确非法经营罪兜底款项适用条件的作用，有利于实践中对非法经营罪的正确把握和兜底款项的准确适用。"

本案的纠正，通过司法审查，严格避免了将一般行政违法作为刑事犯罪来处置，为类似案件的处置提供了参考，有助于我国刑事法律的正确、统一实施，也有助于我国经济社会发展纳入法治化轨道。唯有打击犯罪与保障人权并重，确保无罪之人不受法律追究，才能真正落实习近平总书记提出的"努力让人民群众在每一个司法案件中感受到公平正义"的要求。

医药代表的"挂靠"经营

——河北石家庄夏宜荣、吴恒、刘瑞君等人虚开增值税专用发票案[1]

■ 回　顾

　　医药行业中的医药代表在我国是个特殊职业群体。本案属医药行业中的业务员和医药代表涉嫌虚开增值税专用发票犯罪，历经一审、二审，发回原一审法院重审后再次上诉到二审，经过多方努力，三名原审被告人被改判无罪，历时 4 年 3 个月。

　　本案原审被告人夏宜荣于 2010 年初，在不具有药品经营资质的情况下，经原审被告人刘瑞君（河北国金药业有限公司业务员）介绍，与河北恒瑞阳光医药有限公司（以下简称"恒瑞公司"）法定代表人冯建秋商定，由夏宜荣联系生产厂家、配送公司和北京销售公司，恒瑞公司与厂家和配送公司分别签订合同，向厂家购进药品，第一笔购货款由夏宜荣支付，所购药品由厂家发送到恒瑞公

───────────────

　　〔1〕 鉴于本案系单位犯罪、共同犯罪，案情较为复杂，涉案人员众多，仅探讨最终二审改判无罪的三名原审被告人所涉罪名及相关事实。在此感谢夏宜荣二审辩护人彭宪华律师提供本案相关材料和辩护词、办案手记。

司或直接发送到夏宜荣指定的北京四家配送公司，刘瑞君根据夏宜荣提供的厂家相关手续及开票信息和进项发票到恒瑞公司办理相关手续和开票事宜，开好增值税专用发票后再邮寄给夏宜荣。恒瑞公司按所开具的增值税专用发票留存票面价 10% 的费用（刘瑞君从中提取 0.2% 的开票费作为好处费）。期间，恒瑞公司还为夏宜荣出具了相关委托手续，以便开展工作。

原审被告人吴恒直接与冯建秋商定一致，也采取上述方式进行业务活动。

刘瑞君、夏宜荣、吴恒等人先后因涉嫌虚开增值税专用发票罪于 2013 年被石家庄市公安局立案侦查并采取强制措施。

石家庄市桥西区人民法院于 2015 年 1 月 7 日作出一审判决，夏宜荣、吴恒、刘瑞君不服，提出上诉，二审法院裁定撤销原判，发回重审。原一审法院又于 2016 年 11 月 24 日作出判决，认定夏宜荣、吴恒的行为不但构成虚开增值税专用发票罪，同时构成非法经营罪，属牵连犯，根据重罪吸收轻罪的原则，应认定吴恒、夏宜荣构成虚开增值税专用发票罪，分别判处吴恒、夏宜荣 10 年、9 年有期徒刑，并处罚金各 50 万元；认定刘瑞君为赚取开票费用点数，实施了介绍虚开增值税专用发票的犯罪行为，构成虚开增值税专用发票罪，判处 10 年有期徒刑，并处罚金 20 万元。夏宜荣、吴恒、刘瑞君不服，再次提出上诉。

二审法院认为，在夏宜荣、吴恒与恒瑞公司的业务往来中，存在实际的药品购销活动，且二人与恒瑞公司属"挂靠"经营，被挂靠方恒瑞公司作为纳税人以其名义开具增值税专用发票不成立虚开增值税专用发票罪，一审认定夏宜荣、吴恒、刘瑞君构成虚开增值税专用发票罪属适用法律错误；同时，夏宜荣、吴恒虽然没有药品经营许可证，不能独立经营药品，但二人与恒瑞公司存在委托代理关系，是以恒瑞公司名义从事的药品经营活动，而不是独立从事药品购销活动的经营主体，因此也不成立非法经营罪。

2017 年 8 月 15 日，河北省石家庄市中级人民法院对此案作出终审判决，宣告原审被告人吴恒、刘瑞君、夏宜荣无罪。

■ 控　诉

河北省石家庄市桥西区人民检察院
起诉书

石西检公刑诉 ［2014］ 134 号

被告单位恒瑞公司，法定代表人冯建秋。

诉讼代表人王秋田，男，恒瑞公司股东。

被告人冯建秋，男，系恒瑞公司法定代表人……

被告人白建华，男，系恒瑞公司财务经理……

被告人冯锁春，男，系恒瑞公司业务员……

被告人夏宜荣，男，汉族，大学文化，个体经营。2013 年 6 月 6 日因涉嫌虚开增值税专用发票罪被石家庄市公安局刑事拘留，同年 7 月 11 日经石家庄市人民检察院批准，由石家庄市公安局执行逮捕。

被告人吴恒，男，汉族，大学文化，个体经营。2013 年 6 月 15 日因涉嫌虚开增值税专用发票罪被石家庄市公安局刑事拘留，同年 7 月 19 日经石家庄市人民检察院批准，由石家庄市公安局执行逮捕。

被告人郭新红，男，系恒瑞公司业务员……

被告人刘瑞君，女，汉族，大专文化，系河北国金药业有限公司业务员。2013年4月8日因涉嫌虚开增值税专用发票罪被石家庄市公安局取保候审。

被告人贾东跃，男，系恒瑞公司业务员……

被告人封丽华，男，系恒瑞公司业务员……

本案由石家庄市公安局侦查终结，以被告单位恒瑞公司、被告人冯建秋、白建华、冯锁春、夏宜荣、吴恒、郭新红、刘瑞君、贾东跃、封丽华等人涉嫌虚开增值税专用发票罪，于2013年9月3日向石家庄市人民检察院移送审查起诉。该院受理后，于次日已告知被告人有权委托辩护人，依法讯问了被告人，审查了全部案件材料，期间退回补充侦查二次，于2014年3月14日以被告单位恒瑞公司，被告人冯建秋、白建华、冯锁春、夏宜荣、吴恒、郭新红、刘瑞君、贾东跃、封丽华等人涉嫌虚开增值税专用发票罪向石家庄市中级人民法院提起公诉。经审查，石家庄市中级人民法院以管辖不符为由将该案退回石家庄市人民检察院，石家庄市人民检察院于2014年3月21日将该案改变至本院审查起诉。

经依法审查查明：

被告单位恒瑞公司为谋取不法利益，由法定代表人冯建秋组织，经和股东王秋田、冯立坡、赵彦哲（已死亡）开会研究后，决定以赚取开票费为目的，向外虚开增值税专用发票。恒瑞公司虚开的销项增值税专用发票按价税合计的9%至10%收取费用，并利用冯建秋、王秋田、冯立坡、王巧莲个人银行卡进行虚开增值税专用发票的转款和回款，具体计算开票费用由财务经理白建华、郜平负责，具体开票由吴香玲等人负责，具体业务联系由业务员冯锁春、封丽华、贾东跃、郭新红负责。恒瑞公司采取伪造销货清单、虚列现金收入、篡改会计账目等手段，自2010年1月至2012年5月，共涉嫌虚开增值税专用发票2 623份，金额228 551 830.24元人民币

（以下币种均为人民币），税额 38 792 434.82 元，价税合计 267 344 265.06 元。上述 2 623 份增值税专用发票已全部被抵扣税款。

1. ……

2. ……

3. 2010 年经过安志刚联系，由被告人刘瑞君介绍被告人夏宜荣和冯建秋认识并商定由恒瑞公司为进行实际药品经营活动的夏宜荣代开增值税专用发票，恒瑞公司按价税合计的 10% 左右收取夏宜荣开票费用（刘瑞君从中扣取 0.2% 的开票费作为好处），由刘瑞君负责恒瑞公司与夏宜荣之间的联系。2010 年至 2012 年间，恒瑞公司共向北京普仁鸿医药销售有限公司（以下简称"普仁鸿公司"）、国药控股北京康辰生物医药有限公司（以下简称"北京康辰公司"）、国药控股北京有限公司（以下简称"国药北京公司"）、国药控股北京天星普信生物医药有限公司（以下简称"天星普信公司"）虚开增值税专用发票 944 份，金额 79 299 270.48 元，税款 13 419 499.53 元，价税合计 92 718 770.01 元。

4. 2010 年由吴恒与冯建秋直接商谈，由恒瑞公司为进行实际药品经营活动的吴恒代开增值税专用发票，恒瑞公司按价税合计的 10% 收取吴恒开票费用，具体联系先后由封丽华、冯锁春负责。2010 年至 2012 年，恒瑞公司共向北京康辰公司、国药北京公司、天星普信公司虚开增值税专用发票 666 份，金额 58 049 183.91 元，税额 9 868 360.89 元，价税合计 67 917 544.80 元。

5. 2010 年下半年，经过安志刚联系，由刘瑞君介绍张永军（刑拘在逃）和冯建秋认识并商定由恒瑞公司为进行实际药品经营活动的张永军代开增值税专用发票，恒瑞公司按价税合计的 10% 收取张永军开票费用（刘瑞君从中扣取 0.2% 的发票费作为好处），刘瑞君负责恒瑞公司与张永军之间的联系。2010 年至 2012 年间，恒瑞公司共向普仁鸿公司、北京康辰公司、天星普信公司虚开增值税专用发票 410 份，金额 38 144 165.13 元，税额 6 484 508.62 元，价税合计 44 628 673.75 元。

6.……

认定上述事实的证据：鉴定结论、恒瑞公司等公司资料及增值税专用发票、记账凭证、会计账目、银行交易明细、税务机关证明、证人证言、被告人的供述及辩解等。

本院认为，被告单位恒瑞公司在没有真实货物购销的情况下为他人开具增值税专用发票，被告人冯建秋、白建华、冯锁春、郭新红、封丽华、贾东跃在没有货物购销的情况下为他人开具增值税专用发票，被告人夏宜荣、吴恒虽进行实际经营活动，但让他人为自己代开增值税专用发票，被告人刘瑞君介绍他人开具增值税专用发票，且虚开税款数额特别巨大，以上各被告人的行为已触犯《中华人民共和国刑法》第 205 条之规定，犯罪事实清楚，证据确实充分，应当以虚开增值税专用发票罪追究刑事责任。被告人夏宜荣、贾东跃犯罪以后自动投案，如实供述自己的罪行，根据《中华人民共和国刑法》第 67 条之规定，系自首，可以从轻或者减轻处罚。根据《中华人民共和国刑事诉讼法》第 172 条之规定，提起公诉，请依法判处。

此致

石家庄市桥西区人民法院

检 察 员：于恺

代理检察员：许志磊

石家庄市桥西区人民检察院

二〇一四年五月六日

■ 辩　护

原审被告人夏宜荣上诉及其辩护人彭宪华、辩护人安燕君辩护提出：上诉人的行为符合国家税务总局《关于纳税人对外开具增值税专用发票有关问题的公告》（2014 年第 39 号公告）和相关解读规定的"挂靠"，不属于虚开增值税专用发票，不构成犯罪。

原审被告人吴恒上诉及其辩护人蔡维霞辩护提出：

1. 上诉人的行为不构成虚开增值税专用发票罪。判断上诉人是否构成虚开增值税专用发票罪，应参照适用国家税务总局 2014 年第 39 号公告和相关解读以及国家税务总局给石家庄市中级人民法院出具的回复函。上诉人的行为符合国家税务总局《关于纳税人对外开具增值税专用发票有关问题的公告》及相关解读规定的"挂靠"情形，不构成虚开增值税专用发票犯罪。

2. 上诉人的行为不构成非法经营罪。上诉人的行为不属于《中华人民共和国刑法》第 225 条"未经许可"和最高人民法院、最高人民检察院《关于办理危害药品安全刑事案件若干问题的解释》第 7 条"未取得药品经营许可证"的行为。本案的实际药品经营主体是恒瑞公司，原判评判上诉人不是本案实际经营药品的主体缺少法律依据和证据支持。

原审被告人刘瑞君上诉及其辩护人王云肖、冯金娜辩护提出：根据国家税务总局《关于纳税人对外开具增值税专用发票有关问题的公告》及解读，夏宜荣、张永军挂靠恒瑞公司，以恒瑞公司名义进行药品经营，进行真实的货物交易，且向受票方如实开具了增值税专用发票，该种挂靠经营行为不应认定为虚开增值税专用发票，其帮助行为也不构成虚开增值税专用发票犯罪。

下文是夏宜荣辩护人彭宪华律师的具体辩护意见。

根据法律规定，北京市亚欧律师事务所接受被告人夏宜荣的委托，指派我担任被告人夏宜荣的二审辩护人，针对一审法院的判决，我发表如下辩护意见，请合议庭予以采纳。

一、一审法院认定事实错误、裁判证据不足

1. 一审裁判认定上诉人系没有药品经营资质的自然人，无法进入到药品的经营行业，为达到实际经营药品，获取高额利润，持恒瑞公司出具的委托书，自行联系药品生产厂家和药品经营企业，以恒瑞公司的名义自行出资购进药品，再以恒瑞公司的名义转卖给药品配送公司，让恒瑞公司"为其代开"增值税专用发票，将资金在恒瑞公司与受票公司之间进行空转，制造恒瑞公司与受票公司之间存在购销关系的"假象"，增加购进、出售药品的虚假流通环节，以达到抬高药品价格，赚取高额利润，造成国家税款损失。辩护人认为一审法院对该事实的认定错误。

（1）上诉人与恒瑞公司属于合作挂靠关系，上诉人以恒瑞公司的名义联系相关业务和出具相关发票，且又有恒瑞公司合法出具的授权委托书，该行为的责任主体必然是恒瑞公司，上诉人只是个授权代理人而已。再者，上诉人只有在以"自己"的名义出售了药品后才可能让"他人为自己代开"增值税专用发票，而在整个药品的购销环节中，上诉人没有以自己为主体销售或者购买过任何药品。因此，开具发票行为是恒瑞公司的具体行为，不应当认定是上诉人"让他人为自己代开"的行为。

（2）2009年，上诉人与冯建秋认识并商议，由上诉人为恒瑞公司联系药品生产企业、药品配送公司，以恒瑞公司的名义负责与药品生产企业和药品配送公司之间合同的签订及履行。实际操作中

也是如此，由恒瑞公司给上诉人的雇员陈虎出具授权书，对外以恒瑞公司的名义进行经营，所有的票据出具、合同签订均以恒瑞公司为主体，业务由恒瑞公司宏观上负责。

（3）国家税款损失的责任与上诉人代理恒瑞公司做医药推广并无刑法上的因果关系，不能因为恒瑞公司与辽宁中沈医药新产品有限公司（以下简称"辽宁中沈公司"）、辽宁协和实业有限公司（以下简称"辽宁协和公司"）及其他主体之间存在"虚开"增值税专用发票行为，造成国家税款损失，而让上诉人来承担责任。

2. 一审法院认为，上诉人与恒瑞公司临时形成了单纯的买卖增值税专用发票关系，不是发生在生产、经营环节中真正意义上的"挂靠"关系，不符合国家税务总局《关于纳税人对外开具增值税专用发票有关问题的公告》相关解读中列明的"挂靠"情形。

辩护人认为，是否形成法律意义上的"挂靠"关系，应当从实质与形式两个方面考虑。本案实质上是由恒瑞公司控制着药品的购进入库、销售出库、随货通行跟踪。作为挂靠一方的上诉人是以被挂靠一方恒瑞公司的名义从事购销行为的，整个环节的纳税人也是被挂靠一方的恒瑞公司；形式上也是由恒瑞公司与药品生产企业及配送公司签订购销合同、出具增值税专用发票。上诉人只是在恒瑞公司授权书的授权范围内进行自己的业务推广行为，上诉人并不是经营流转过程中的一方当事人主体。因此，不论从实质意义上，还是从形式意义上，上诉人在整个药品的购销环节完全以"恒瑞公司的名义"从事"实际的经营活动"，纳税主体是被挂靠的"恒瑞公司"，上诉人的该行为完全符合国家税务总局《关于纳税人对外开具增值税专用发票有关问题的公告》解读中的"挂靠"行为。按照该规定，上诉人的行为不该按照犯罪来认定。

3. 一审法院认定石家庄市国税局出具的鉴定意见实为税务稽

查结论,该证据真实地反映了本案中恒瑞公司"虚开"增值税专用发票事实,从而采纳该"鉴定结论"。辩护人认为,一审法院的该认定明显错误,石家庄市国税局不具有出具"鉴定结论"的主体资格。

依据《中华人民共和国刑事诉讼法》第 144 条的规定,为了查明案情,需要解决案件中某些专门性的问题,应当指派、聘请有专门知识的人进行鉴定。依据全国人大常委会通过的《关于司法鉴定管理问题的决定》的相关规定,对于本案当中恒瑞公司向普仁鸿公司、天星普信公司、北京康辰公司、国药北京公司开具的增值税专用发票数量及发票数额的多少,应该委托具有资质的司法会计鉴定机构通过检查、计算、验证和鉴证方式对涉案的会计凭证、会计账簿、会计报表和其它会计资料等进行检验、鉴别和判断。石家庄市国税局出具的"鉴定结论"不符合证据的程序和实体要件,不能作为认定案件事实的依据。

二、一审法院适用法律错误,将不具有骗取国家税款的故意和目的行为认定为犯罪

一审法院以上诉人不具有药品经营资质,让恒瑞公司为其代开增值税专用发票,将资金在恒瑞公司与受票公司之间空转,制造购销关系的假象,抬高药价,赚取高额利润,造成国家税款损失,认定上诉人有骗取国家税款的故意。

辩护人认为,一审法院的该认定不符合刑法中虚开增值税专用发票罪的规定。一方面,从逻辑上讲,作为商人的上诉人,追求利益最大化无可厚非,且其追求利益最大化与国家税款损失之间没有法律上的因果关系。另一方面,依据《中华人民共和国刑法》第205 条之规定,构成虚开增值税专用发票罪,主观方面必须是故意,

即行为人有"虚开"的故意或者有不缴、少缴、骗取国家税款的故意，二者必居其一。设定本罪的目的就是通过打击"虚开"增值税专用发票的行为来保护国家的税收法律制度。可实际上，上诉人没有借抬高药价、赚取利润而偷逃、骗取国家税款的故意。因此，上诉人主观上不具有骗取国家税款的故意和目的，不符合虚开增值税专用发票罪的主观构成要件。

三、上诉人以恒瑞公司名义从事的医药购销行为客观上没有给国家造成实际税款损失

上诉人没有介绍他人"虚开"增值税专用发票行为，也没有利用"虚开"的增值税专用发票去抵扣国家的税款。依据最高人民法院《关于适用〈全国人民代表大会常务委员会关于惩治虚开、伪造和非法出售增值税专用发票犯罪的决定〉的若干问题的解释》第1条及最高人民检察院、公安部《关于公安机关管辖的刑事案件立案追诉标准的规定（二）》第61条之规定，追究构成虚开增值税专用发票罪的责任"限度"有二：要么有"虚开"的行为并且数额达到1万元以上；要么虚开增值税专用发票致使国家税款被骗取5 000元以上，仅在这两种情形下才予以追诉。本案中的上诉人既没有虚开增值税专用发票的行为，也没有因其"虚开"给国家税款造成损失。恒瑞公司从药品生产企业购进药品后，由恒瑞公司将药品出售给北京的四家配送公司，整个环节都有据实记录的货物出入库清单，票、货及款都能一致，未给国家造成税款损失。对于恒瑞公司与其他主体之间在购销过程中虚开而导致的国家税款损失，则不该对上诉人进行惩罚。

综上所述，辩护人认为，一审法院认定事实有误，裁判证据不足，适用法律错误，对上诉人判决没有坚持主客观相一致的定罪原则。请二审法院依法撤销原判，查清事实及证据后予以改判。

此致

石家庄市中级人民法院

彭宪华

■ 审 判

河北省石家庄市中级人民法院
刑事判决书

(2017) 冀 01 刑终 104 号

原公诉机关石家庄市桥西区人民检察院。

上诉人（原审被告单位）恒瑞公司，法定代表人冯建秋。

诉讼代表人王秋田，男，系恒瑞公司股东。

辩护人盛玉，河北三和时代律师事务所律师。

上诉人（原审被告人）冯建秋，男，系恒瑞公司法定代表人。

辩护人孙鹏飞，河北三和时代律师事务所律师。

上诉人（原审被告人）夏宜荣，男，因涉嫌犯虚开增值税专用发票罪，于 2013 年 6 月 6 日被石家庄市公安局刑事拘留，同年 7 月 11 日经石家庄市人民检察院批准，当日被石家庄市公安局执行逮捕，现羁押于石家庄市第二看守所。

辩护人彭宪华，北京市亚欧律师事务所律师。

辩护人安燕君，河北勤有功律师事务所律师。

上诉人（原审被告人）吴恒，因涉嫌犯虚开增值税专用发票罪，于 2013 年 6 月 15 日被石家庄市公安局刑事拘留，同年 7 月 19 日经石家庄市人民检察院批准，当日被石家庄市公安局执行逮捕，现羁押于石家庄市第二看守所。

辩护人蔡维霞，北京市铭基律师事务所律师。

上诉人（原审被告人）刘瑞君，女，系河北国金药业有限公司业务员，因涉嫌犯虚开增值税专用发票罪，于 2013 年 4 月 8 日被石家庄市公安局取保候审；2014 年 3 月 21 日被石家庄市桥西区人民检察院取保候审；2014 年 12 月 4 日经石家庄市桥西区人民法院决定，次日被石家庄市公安局执行逮捕，现羁押于石家庄市第二看守所。

辩护人王云肖、冯金娜，河北蓝天联合律师事务所律师。

上诉人（原审被告人）贾东跃，系恒瑞公司业务员……

上诉人（原审被告人）封丽华，曾用名封力华，男，系恒瑞公司业务员……

辩护人张围、裴金霞，河北太平洋世纪律师事务所律师。

原审被告人白建华，男，系恒瑞公司财务经理……

原审被告人冯锁春，男，系恒瑞公司业务员……

原审被告人郭新红，男，系恒瑞公司业务员……

……

经审理查明：

上诉人（原审被告单位）恒瑞公司成立于 2005 年，系经营中成药、化学原料药、抗生素原料药及制剂等的批发及其他食品饮料零售的企业。公司注册资本 100 万元，公司股东四人，股东冯建秋兼任恒瑞公司法定代表人，负责公司全面工作。2009 年底，冯建秋召集恒瑞公司股东会，四人共同研究，决定以赚取开票费为目的，对外开增值税专用发票，自 2010 年开始，恒瑞公司对外开的销项增值税专用发票按价税合计的 9% 至 10% 收取费用，进项增值税专用发票按价税合计的 7% 至 8.5% 支付费用，所赚取的费用由股东按出资比例分配……

恒瑞公司为掩盖所开增值税专用发票及因此所造成进项增值税专用发票与销项增值税专用发票的货品、数量不能对应的事实，采取了虚列现金收入、伪造销货清单、出库单的方法。从 2010 年 1 月至 2012 年 5 月，恒瑞公司以上述方式共向辽宁中沈公司、辽宁协合公司、普仁鸿公司、北京康辰公司、国药北京公司、天星普信公司、国药常州公司开出增值税专用发票 2 607 份，金额 228 520 145.92 元，税期 38 848 424.99 元，价税合计 267 368 570.91 元。上述 2 607 份增值税专用发票在案发前已被全部抵扣。

恒瑞公司具体实施了以下开具增值税专用发票的行为：

一、……

二、……

三、2010 年初，上诉人（原审被告人）夏宜荣在不具有药品经营资质的情况下，经安志刚联系，由河北国金药业有限公司业务员刘瑞君介绍夏宜荣和冯建秋认识并商定后，由夏宜荣出资并联系供货商、配送公司和销售医院，以恒瑞公司的名义与供货商和配送公司分别签订货物购销合同，夏宜荣先将购货款给付恒瑞公司，再由恒瑞公司将货款打给供货商购进货物。所购货物由供货商直接发到夏宜荣指定的北京四家配送公司，刘瑞君根据夏宜荣提供的供货商的随货通行、药检单、出库单等相关手续及开票信息和进项发票到恒瑞公司办理入库、出库手续和开票事宜，开好增值税专用发票后再邮寄给夏宜荣，配送公司向恒瑞公司支付货款后，恒瑞公司扣除开票费和下次进货款，将剩余货款回流给夏宜荣，恒瑞公司按所开具的增值税专用发票价税合计的 9.5% 左右收取夏宜荣开票费用

（刘瑞君从中提取 0.2%的开票费作为好处费），进项增值税专用发票恒瑞公司按价税合计的 8%左右支付费用。期间，恒瑞公司还为夏宜荣出具了相关委托手续以便开展工作。恒瑞公司向北京的配送公司开具的销项增值税专用发票相关内容，与所销售货物相符。

通过这种方法，2010 年至 2012 年，恒瑞公司共向普仁鸿公司、北京康辰公司、国药北京公司、天星普信公司开出增值税专用发票 930 份，金额 79 388 820.48 元，税款 13 496 099.53 元，价税合计 92 884 920.01 元。

四、2010 年，上诉人（原审被告人）吴恒在不具有药品经营资质的情况下，与冯建秋直接商定后，由吴恒出资并联系供货商、配送公司和销售医院，以恒瑞公司的名义与供货商和配送公司分别签订货物购销合同，吴恒先将购货款给付恒瑞公司，再由恒瑞公司将货款打给供货商购进货物。所购货物由供货商直接发到吴恒指定的配送公司，冯建秋安排该项业务先后由封丽华、冯锁春负责，封丽华、冯锁春根据吴恒提供的供货商的随货通行、药检单、出库单等相关手续及开票信息和进项发票办理虚假入库手续，并在恒瑞公司办理开票事宜，办好后再邮寄给吴恒。配送公司向恒瑞公司支付货款后，恒瑞公司扣除开票费和下次进货款，将剩余货款回流给吴恒。恒瑞公司按价税合计的 9.5%收取吴恒开票费用，进项发票恒瑞公司按价税合计的 7.5%左右支付费用。期间，恒瑞公司还为吴恒出具了相关委托手续以便开展工作。恒瑞公司向北京的配送公司开具的销项增值税专用发票相关内容，与所销售货物相符。

通过这种方法，2010 年至 2012 年，恒瑞公司共向北京康辰公司、国药北京公司、天星普信公司开出增值税专用发票 666 份，金额 58 049 184.03 元，税额 9 868 360.92 元，价税合计 67 917 544.95 元。

五、……

六、……

上述事实，有以下证据予以证实：

（一）恒瑞公司自 2010 年 1 月至 2012 年 5 月，经几名股东研究，决定以赚取开票费为目的，为他人开具增值税专用发票的相关证据；恒瑞公司及公司人员情况的相关证据；篡改会计账目及税款补缴情况的相关证据；各原审被告人归案情况及户籍证明；查封冻结涉案财产的证据……

（二）恒瑞公司为辽宁中沈公司开具增值税专用发票的相关证据……

（三）恒瑞公司为辽宁协和公司开具增值税专用发票的相关证据……

（四）恒瑞公司通过夏宜荣、吴恒、王高银（另处）、张永军（另处）等人为普仁鸿公司、北京康辰公司、国药北京公司、天星普信公司、国药常州公司开具增值税专用发票的相关证据：

1. 原审被告人陈述：冯建秋、封丽华、夏宜荣、吴恒、刘瑞君、白建华、冯锁春供述……

2. 证人证言：证人陈虎、何素君、安志刚、刘庄、孔平、丁梅华、杨波、刘明霞、韩静、曹鹏、卫红、张莉、王高银、沈帼、郜平、王巧莲等人的证言……

3. 书证材料

（1）2013 年 5 月 31 日石家庄市国税局鉴定结论：恒瑞公司为普仁鸿公司、天星普信公司、北京康辰公间、国药北京公司、国药常州公司等五户企业开具的 2 346 份增值税专用发票属于为他人开具与实际经营业务情况不符的发票，均为虚开的增值税专用发票；

（2）……

（3）-（7）恒瑞公司开具给北京康辰公司、天星普信公司、国药北京公司、普仁鸿公司、国药常州公司的发票相关材料；

（8）司法鉴定意见书：证明吴恒共经营 12 个品种，总计发票 666 份……夏宜荣共经营 20 个品种，总计发票 930 份……

（9）石家庄市中级人民法院关于《吴恒、夏宜荣的情况是否符合贵局 39 号文件挂靠情形的征询函》；

（10）国家税务总局办公厅关于答复河北省石家庄市中级人民法院有关涉税征询问题的函：证实吴恒、夏宜荣与恒瑞公司之间的关系符合挂靠情形，吴恒、夏宜荣是挂靠人，恒瑞公司是被挂靠人。

……

本院认为：

……

……

关于恒瑞公司通过上诉人（原审被告人）夏宜荣、吴恒、刘瑞君、王高银、张永军等人为普仁鸿公司、北京康辰公司、国药北京公司、天星普信公司、国药常州公司开具增值税专用发票的行为（即本院审理查明中恒瑞公司具体实施开票行为的第 3、4、5、6 项事实）是否构成虚开增值税专用发票罪的问题。

本院认为：一是，根据国家税务总局《关于纳税人对外开具增值税专用发票有关问题的公告》的精神，恒瑞公司作为纳税人，上述开票行为符合公告要求的三个必须同时满足的条件：纳税人向受票方纳税人销售了货物，或者提供了增值税应税劳务、应税服务；纳税人向受票方纳税人收取了所销售货物，所提供应税劳务或者应税服务的款项，或者取得了索取销售款项的凭据；纳税人按规定向受票方纳税人开具的增值税专用发票相关内容，与所销售货物、所提供应税劳务或者应税服务相符，且该增值税专用发票是纳税人合法取得并以自己名义开具的。本案中，存在实际的药品购销活动，作为纳税人的恒瑞公司向作为受票方纳税人的上述五公司销售了货物，上述五公司将货款汇到了恒瑞公司账户，恒瑞公司收取了所销售货物的款项。恒瑞公司开具的增值税专用发票相关内容与所售货物相符，开票内容属实，并且该增值税专用发票是恒瑞公司合法取得，也是以恒瑞公司名义开具的。故恒瑞公司向上述五公司开具增值税专用发票不属于对外虚开增值税专用发票。上述五公司作为受票方纳税人可以作为增值税扣税凭证抵扣进项税额。

二是，根据国家税务总局办公厅发布的《关于〈国家税务总局关于纳税人对外开具增值税专用发票有关问题的公告〉的解读》的精神，吴恒、夏宜荣、张永军、王高银与恒瑞公司的关系符合第二种情形中所列的第一种挂靠关系，即"以挂靠方式开展经营活动在社会经济生活中普遍存在，挂靠行为如何适用本公告，需要视不同情况分别确定。第一，如果挂靠方以被挂靠方名义，向受票方纳税人销售货物、提供增值税应税劳务或者应税服务，应以被挂靠方为纳税人，被挂靠方作为货物的销售方或者应税劳务、应税服务的提供方，按照相关规定向受票方开具增值税专用发票，属于本公告规定的情形。"本案中，吴恒、夏宜荣、张永军、王高银以恒瑞公司名义，向受票方纳税人上述五公司销售货物，因此，应当以被挂靠方恒瑞公司作为纳税人。在这种情况下，以恒瑞公司名义开具增值税专用发票，完全符合解读所说的挂靠关系。按照解读的说明，这种挂靠关系符合国家税务总局《关于纳税人对外开具增值税专用发票有关问题的公告》所说的不属于虚开增值税专用发票的情形，因而不构成虚开增值税专用发票罪。

三是，我院曾经就吴恒、夏宜荣的情况是否符合国家税务总局2014年第39号公告的挂靠情形，向国家税务总局去函进行了征询，国税总局办公厅在 2015 年 7 月 15 日《关于答复河北省石家庄市中级人民法院有关涉税征询问题的函》中明确："吴恒、夏宜荣与恒瑞公司之间的关系，符合挂靠情形，吴恒、夏宜荣是挂靠人，恒瑞公司是被挂靠人。"该答复从税务专业的角度，否定了吴恒、夏宜荣构成虚开增值税专用发票罪的定罪基础。

四是，《最高人民法院研究室〈关于如何认定以"挂靠"有关公司名义实际经营活动并让有关公司为自己虚开增值税专用发票行为的性质〉征求意见的复函》（法研〔2015〕58 号）第 1 条对国家税务总局《关于纳税人对外开具增值税专用发票有关问题的公告》予以了确认，即"挂靠方以挂靠形式向受票方实际销售货物，被挂靠方向受票方开具增值税专用发票的，不属于刑法第二百零五条规定的'虚开增值税专用发票'"。另外，该复函还认为，1996 年 10 月 17 日《关于适用〈全国人民代表大会常务委员会关于惩治虚开、伪造和非法出售增值税专用发票犯罪的决定〉的若干问题的解释》虽然未被废止，但该解释制定于 1997 年《刑法》施行前，根据我院《关于认真学习宣传贯彻修订的中华人民共和国刑法的通知》（法发〔1997〕3 号）第 5 条"修订的刑法实施后，对已明令废止的全国人大常委会有关决定和补充规定，最高人民法院原作出的有关司法解释不再适用，但是如果修订的刑法有关条文实质内容没有变化的，人民法院在刑事审判工作中，在没有新的司法解释前，可参照执行，其他对于与修订的刑法规定相抵触的司法解释，不再适用"的规定，应当根据现行《中华人民共和国刑法》第 205 条关于虚开增值税专用发票罪的规定，合理选择该解释中可以继续参照适用的条文。其中，该解释中关于"进行了实际经营活动，但让他人为自己代开增值税专用发票"也属于虚开的规定，与虚开增值税专用发票罪的规定不符，不应继续适用；如继续适用该解释的上述规定，则对于挂靠代开案件也要以犯罪论处，显然有失妥当。

综合以上论述，完全可以认定上述行为不构成虚开增值税专用发票罪。原判基于上述行为，认定恒瑞公司、夏宜荣、吴恒、刘瑞君构成虚开增值税专用发票罪属适用法律错误。恒瑞公司、冯建秋、夏宜荣、吴恒、刘瑞君及其辩护人对此所提相关上诉理由及辩护意见正确，本院予以支持。

关于上诉人（原审被告人）夏宜荣、吴恒、刘瑞君及王高银、张永军等人在不具有药品经营资质的情况下，通过挂靠恒瑞公司的方式，以恒瑞公司的名义向普仁鸿公司、北京康辰公司、国药北京公司、天星普信公司、国药常州公司销售药品的行为（即本院审理查明中恒瑞公司具体实施开票行为的第3、4、5、6项事实）是否构成非法经营罪的问题，本院认为，根据《中华人民共和国刑法》第225条的规定，具体到本案，需要弄清楚的是以下两点：一是，上述行为是否"违反国家规定"；二是，上述行为是否属"未经许可经营法律、行政法规规定的专营、专卖物品或者其他限制买卖的物品的"。

根据《中华人民共和国刑法》第96条及2011年最高人民法院《关于准确理解和适用刑法中"国家规定"的有关问题的通知》第1条，违反国家规定，是指违反全国人民代表大会及其常务委员会制定的法律和决定，国务院制定的行政法规、规定的行政措施、发布的决定和命令。"国务院规定的行政措施"应当由国务院决定，通常以行政法规或者国务院制发文件的形式加以规定。以国务院办公厅名义制发的文件，符合以下条件的，亦应视为刑法中的"国家规定"：有明确的法律依据或者同相关行政法规不相抵触；经国务院常务会议讨论通过或者经国务院批准；在国务院公报上公开发布。

原判以吴恒、夏宜荣、刘瑞君、王高银、张永军等人在没有药品经营许可证的情况下经营药品的行为属于无证经营药品为由，认定构成非法经营罪的依据，一是《中华人民共和国药品管理法》第14条（无《药品经营许可证》的，不得经营药品），二是最高人民法院、最高人民检察院《关于办理危害药品安全刑事案件适用法律若干问题的解释》第7条（违反国家药品管理法律法规，未取得或者使用伪造、变造的药品经营许可证，非法经营药品，情节严重的，依照刑法第225条的规定以非法经营罪定罪处罚）。由此可见，吴恒、夏宜荣、刘瑞君、王高银、张永军等人的上述行为是否属于无证经营药品行为，是能否认定上述人等构成非法经营罪的关键。对此，本院的意见是，吴恒、夏宜荣、刘瑞君等人的行为，不属于无证经营药品行为，不构成非法经营罪，原判认定构成非法经管罪适用法律不当，故吴恒上诉及其辩护人辩护所提相关理由正确，本院予以采纳。

具体理由如下：

1. 吴恒、夏宜荣、刘瑞君、王高银、张永军等人虽然没有药品经营许可证，没有独立经营药品的资格，不能独立经营药品，但他们与恒瑞公司之间存在委托代理关系，是以恒瑞公司名义从事的药品经营活动，而不是独立的从事药品购销活动的经营主体。如此认定，一方面与民商法关于委托代理关系的基本原理保持了一致。根据《中华人民共和国民法通则》和《中华人民共和国合同法》的相关规定，代理人以被代理人名义在授权范围内从事民事法律行为的，法律后果归于被代理人。这就意味着，代理人只能以被代理人名义签订合同，其本身不具有独立的合同主体地位。因为在法律上认定经营主体的时候，合同的主体地位以及合同的法律后果的归属，是关键性标准。在本案中，无论是与购买方还是销售方的合同,均是以恒瑞公司的名义签订的。如果出现了药品质量等合同方面的问题,在法律上承担责任的主体是恒瑞公司而非吴恒、夏宜荣、刘瑞君、王高银、张永军等个人。另一方面与财税法关于纳税人主体资格的基本规定,以及国家税务总局《关于纳税人对外开具增值税专用发票有关问题的公告》及其解读,以及国家税务总局办公厅给我院的回复保持了一致。根据《中华人民共和国发票管理办法》第 19 条的规定,"销售商品、提供服务以及从事其他经营活动的单位和个人,对外发生经营业务收取款项,收款方应当向付款方开具发票"。据此,从事经营活动的单位和个人,在其对外发生经营业务收取款项时,就应当对外开具发票,成为纳税人。也就是说,是否是经营活动的纳税人,是认定经营主体的重要标准。国家税务总局《关于纳税人对外开具增值税专用发票有关问题的公告》及其解读,以及国家税务总局办公厅给我院的答复,已经明确了吴恒、夏宜荣等人与恒瑞公司的挂靠关系成立。恒瑞公司属于纳税人,其开票行为合法正当。

2.《中华人民共和国药品管理法》《中华人民共和国药品管理法实施条例》及最高人民法院、最高人民检察院《关于办理危害药品安全刑事案件适用法律若干问题的解释》,这些"国家规定"均没有将上述行为确定为无证经营行为,故依照我国罪刑法定的刑法原则不应认定吴恒、夏宜荣、刘瑞君等人有罪。

综上所述……上诉人(原审被告人)夏宜荣、吴恒、刘瑞君的行为,依法应认定无罪,应当作出无罪判决……

经本院审判委员会讨论决定,依照《中华人民共和国刑事诉讼法》第 225 条第 1 款 1、2 项,第 195 条第 2 项,第 231 条,第 233 条,《中华人民共和国刑法》第 205 条,第 67 条第 1、3 款,第 25 条,第 27 条,第 30 条,第 31 条,第 45 条,第 47 条,第 52 条,第

53 条，第 63 条，第 64 条之规定，判决如下：

一、……

二、撤销石家庄市桥西区人民法院（2015）西刑初字第 00349 号刑事判决第 1、2、3、4、5 项，即对被告单位恒瑞公司、被告人冯建秋、吴恒、刘瑞君、夏宜荣的定罪、量刑部分；

三、……

四、……

五、上诉人（原审被告人）吴恒无罪；

六、上诉人（原审核告人）夏宜荣无罪；

七、上诉人（原审被告人）刘瑞君无罪。

本判决为终审判决。

审　判　长　李淑然

审　判　员　刘　斌

审　判　员　邵彩然

书　记　员　王　蕾

河北省石家庄市中级人民法院

二〇一七年八月十五日

附：本案适用的相关法条

2012 年《中华人民共和国刑事诉讼法》

第 225 条　第二审人民法院对不服第一审判决的上诉、抗诉案件，经过审理后，应当按照下列情形分别处理：

（一）原判决认定事实和适用法律正确、量刑适当的，应当裁定驳回上诉或者抗诉，维持原判；

（二）原判决认定事实没有错误，但适用法律有错误，或者量刑不当的，应当改判；

......

第195条 在被告人最后陈述后，审判长宣布休庭，合议庭进行评议，根据已经查明的事实、证据和有关的法律规定，分别作出以下判决：

......

（二）依据法律认定被告人无罪的，应当作出无罪判决；

......

第233条 第二审的判决、裁定和最高人民法院的判决、裁定，都是终审的判决、裁定。

《中华人民共和国刑法》

第205条 虚开增值税专用发票或者虚开用于骗取出口退税、抵扣税款的其他发票的，处3年以下有期徒刑或者拘役，并处2万元以上20万元以下罚金；虚开的税款数额较大或者有其他严重情节的，处3年以上10年以下有期徒刑，并处5万元以上50万元以下罚金；虚开的税款数额巨大或者有其他特别严重情节的，处10年以上有期徒刑或者无期徒刑，并处5万元以上50万元以下罚金或者没收财产。

单位犯本条规定之罪的，对单位判处罚金，并对其直接负责的主管人员和其他直接责任人员，处3年以下有期徒刑或者拘役；虚开的税款数额较大或者有其他严重情节的，处3年以上10年以下有期徒刑；虚开的税款数额巨大或者有其他特别严重情节的，处10年以上有期徒刑或者无期徒刑。

虚开增值税专用发票或者虚开用于骗取出口退税、抵扣税款的其他发票，是指有为他人虚开、为自己虚开、让他人为自己虚开、介绍他人虚开行为之一的。

第30条 公司、企业、事业单位、机关、团体实施的危害社会的行为，法律规定为单位犯罪的，应当负刑事责任。

第31条 单位犯罪的，对单位判处罚金，并对其直接负责的主管人员和其他直接责任人员判处刑罚。本法分则和其他法律另有规定的，依照规定。

■ 律师手记

接受委托 确定辩护思路

辩护人接收委托后，到石家庄市看守所会见嫌疑人，与其沟通了案件情况，随后至公诉机关提交了阅卷手续，取得了公安机关的起诉意见书和142本案件材料的影印本。

经过会见嫌疑人得知，是公安机关通知他去协助调查，其主动前往后被刑事拘留。辩护人认为，如果法院判定被告人有罪，该行为已经构成自首（该意见被原一审法院采纳）。经过阅卷，辩护人认为，医药代表是在医药行业中普遍存在的一个职业，这些医药代表过去和现在都存在，其经营行为与开票的公司主体形成一种挂靠或委托关系，开票公司是代开，而非虚开，不够成虚开增值税专用发票罪。

经过与嫌疑人会见沟通及阅卷分析案情后，辩护人确定了无罪辩护的辩护方向。辩护人初步判断，嫌疑人在本案中不是一个适格的经营主体，其没有参与实际经营，不存在让他人为自己虚开增值税专用发票等行为。

案件移送法院进入审判程序后，辩护人主动与主审法官沟通两次，表明其辩护观点及无罪立场，主审法官表示尊重辩护人的意见，会在庭审中给予辩护人充分表达辩护观点的机会，并表示该案件最终是由审委会来决定有罪与否。

远赴成都调研类似案件

公安部督办的四川"7.10"虚开增值税专用发票案，其性质与本案相同。辩护人远赴成都井研县公安局，在该案辩护人的帮助下，向井研县公安局办案警官进行了咨询，得知该案经四川省公安厅请示公安部后已经结案，并没有移送公诉机关提起公诉。

辩护人又在井研县公安局办案警官的指引下找到四川省公安厅具体督办该案的警官，询问该案件不移送公诉机关的报送和审批决定是否经过公安部的文件批示。督办警官告知，该案件只是得到口头回复，并没有书面文件，但涉案的几个嫌疑人均没有移送公诉机关。

与国家税务总局制定 2014 年第 39 号公告的工作人员探讨本案性质

在该案件一审期间，国家税务总局制定发布了《关于纳税人对外开具增值税专用发票有关问题的公告》及解读。辩护人找到了制定该文件的国家税务总局货物和劳务税司的工作人员，特别针对本案向他们进行请教。工作人员根据辩护人的阐述和相关材料得出结论：本案夏宜荣的客观行为与国家税务总局 2014 年第 39 号公告解读第 2 条规定的情形类似，即"如果挂靠方以被挂靠方名义，向受票方纳税人销售货物、提供增值税应税劳务或者应税服务，应以被挂靠方为纳税人。被挂靠方作为货物的销售方或者应税劳务、应税服务的提供方，按照相关规定向受票方开具增值税专用发票，属于本公告规定的情形"。辩护人与其商讨是否可以针对本案给法院出具一份文件，来说明夏宜荣的行为符合该文件规定的情形。国家税务总局工作人员明确表示他们不会向辩护人出具任何书面文件，但若审理法院以征询函的形式向国家税务总局发出司法征询函，他们是必须回复的。

一审法院没有采纳无罪辩护意见

经过一审的公开审理及庭审的质证，一审法院没有采纳辩护人认为被告人无罪的辩护意见，但采纳了辩护人认为被告人自首的意见，判处被告人夏宜荣 9 年有期徒刑，并处罚金 50 万元。

一审辩护人先后组织刑法、民法、税法专家召开三场专家论证会，邀请刑法专家陈兴良教授、张明楷教授、阮齐林教授针对一审判决进行了专家研讨会，与会专家一致认为，一审法院在被告人为实际经营主体进而要求他人为自己代开增值税专用发票的认定上存在错误。退一步讲，即使是夏宜荣让他人为自己代开增值税专用发票，也是如实代开，没有虚开行为，一审判决仅以夏宜荣与本案有牵连就将其定罪处罚，违背刑事审判的基本原则，认定存在错误。

邀请民法专家梁书文教授、杨立新教授、李显东教授针对一审判决中对夏宜荣与开票公司关系的认定进行专家讨论，与会专家一致认为，被告人夏宜荣与开票公司是委托代理关系或者是挂靠关系，根据国家税务总局第 39 号公告及其解读，夏宜荣与开票公司是一种委托经营关系或者挂靠关系，夏宜荣以被代理人的名义销售产品后让代理人开票不违反法律的强制性规定。故此，一审判决认定错误。

邀请财税法专家刘金友教授、陈瑞华教授、张苏彤教授对石家庄国税局出具的鉴定结论的合法性进行了专家论证，并出具了论证意见。与会专家一致认为，鉴定结论违背《中华人民共和国刑事诉讼法》第 144 条的规定，有违《中华人民共和国刑事诉讼法》确定的职权原则，不具有证据的合法性，依法应予以排除。

辩护人聘请陕西中金司法鉴定中心对夏宜荣是否涉嫌虚开增值税专用发票进行了司法会计鉴定。根据辩护人提供的有关材料，得出的鉴定结果是，不足以认定夏宜荣存在虚开增值税专用发票的行为。

申请二审法院向国家税务总局发函征询

辩护人向二审法院提交申请，申请法院以征询函的形式向国家税务总局发函，征询夏宜荣的行为是否符合第 39 号公告及解读。二审法院采纳了辩护人的意见，向国家税务总局发了征询函。国家税务总局接到二审法院的征询函后，以个案回复的形式向二审法院进行了回函，回函明确夏宜荣与开票公司是挂靠的关系。

二审法院接到国家税务总局的回函后，以部分事实不清并有新证据为由发回一审法院重新审理，原一审法院另组合议庭重新审理本案并增加一个新罪名——非法经营罪，但公诉机关并没有调整起诉书。发回重新审理后，一审法院依旧判处被告人夏宜荣 9 年有期徒刑。被告人夏宜荣上诉。

案件重回二审

再次上诉到二审法院后，辩护人多次找到主审法官讨论案件细节，并再次邀请陈光中教授、陈兴良教授、曲新久教授、刘剑文教授等知名专家参与专家论证会，针对被告人夏宜荣的行为是否构成虚开增值税专用发票进行论证。二审主审法官也咨询了相关专家。

本案经过 4 年 3 个月的诉讼进程，二审法院最终采纳辩护意见，改判被告人无罪。本案中，辩护人始终坚持无罪辩护的辩护思路，往返北京与石家庄近百次，先后聘请近 20 位法学界顶尖的专家学者对该案进行专家论证，聘请司法会计鉴定机构对会计专业问题进行司法鉴定，远赴成都调研同类案件的处理结果，这些努力的成果均被二审法院合议庭采纳。

彭宪华律师

■ 评 议

本案三名被改判无罪的原审被告人中,夏宜荣、吴恒是医药行业中的医药代表,刘瑞君是医药公司的业务员。事实上,在我国,医药行业较为特殊,医药代表和医药公司的业务往来也较为复杂。本案三名原审被告人涉嫌虚开增值税专用发票犯罪,案件历经一审、二审,发回原一审法重审后再次上诉到二审,经过多方努力最终改判无罪,历时4年3个月,其中反映出来的具体行业的运作模式、交易习惯与刑法相关条文的适用等相关问题值得我们深思。

增值税专用发票

在我国,增值税属于流转税税种,其征税对象是生产、销售商品或者提供劳务过程中实现的法定增值额,即对商品生产和流通中各个环节的新增价值或商品附加值进行征税。增值税的最大特征是以票计税、以票管税,实行发票注明税款抵扣制度。

增值税专用发票载明商品或劳务的销售额,价、税分计,载明了其销项税额;销项税额减去进项税额的差额部分,就是增值税一般纳税人的应纳税额。各个环节的纳税人通过增值税专用发票联系在一起,呈现不间断的链条式结构,对增值税的计算和管理起着决定性的作用。由于增值税专用发票上记载的金额即代表了可以抵扣的税款的数额,增值税专用发票实际上取得了类似货币的隐含价值。从理论上来说,一张100万元版的增值税专用发票,最高可以开具出169.98万元的进项税额。正是增值税专用发票的税款抵扣功能和其本身所包含的巨大经济价值,使其成为不法分子牟取暴利的对象,虚开增值税专用发票等非法活动迅速孳生和扩散。由此,如何规制此类犯罪行为便提上了日程。

何为虚开增值税专用发票

增值税专用发票的开具要求实际的应税销售、劳务或服务成立，且进行相应的款项给付，纳税人以自己名义开具合法取得的增值税专用发票与此交易相符。而根据《刑法》第205条规定，虚开行为则是指不满足以上三个要件而为他人、为自己、让他人为自己、介绍他人开具增值税专用发票的行为。因此，认定是否构成虚开增值税专用发票罪，首先要明确是否存在真实的销售、劳务或其他应税服务交易，其次要证实行为人主观上是否以抵扣或骗取税款为目的，以及客观上是否造成国家税款损失。

本案中，关于吴恒、夏宜荣、刘瑞君三名原审被告人是否构成虚开增值税专用发票罪的争议焦点在于，吴恒、夏宜荣作为医药代表，能否与恒瑞公司形成挂靠关系，即恒瑞公司与其开具增值税专用发票的几家企业是否存在真实的购销关系。原审法院认为，夏宜荣、吴恒系没有药品经营资质的自然人，无法进入药品经营行业，为了达到实际经营药品、抬高药价、获取高额利润的目的，与恒瑞公司临时形成了单纯的买卖增值税专用发票的关系，存在共同虚开增值税专用发票逃避国家税收的故意，构成共同犯罪，因此认定二人成立虚开增值税专用发票罪，介绍夏宜荣与恒瑞公司法定代表人达成业务的刘瑞君也被认定罪名成立。

但本案中，存在实际的药品购销活动，作为纳税人的恒瑞公司，向五家公司销售了货物并收取了所销售货物的款项，恒瑞公司开具的增值税专用发票相关内容与所售货物相符、开票内容属实，且该增值税专用发票是恒瑞公司合法取得的，也是以恒瑞公司名义开具的，故恒瑞公司向上述五家公司开具增值税专用发票不属于对外虚开增值税专用发票。

在案件审理过程中，国家税务总局制定发布了《关于纳税人对外开具增值税专用发票有关问题的公告》，专门阐述了类似医药代表在没有药品经营资质的情况下经营药品的地位和属性。本案辩护人在上诉到二审后，经过多次与二审法院沟通，推动二审法院以司法征询函的形式向国家税务总局进行司法征询。国家税务总局办公厅以个案的形式进行了公函回复，证实本案中吴恒、夏宜荣与恒瑞公司之间的关系符合挂靠情形，吴恒、夏宜荣是挂靠人，恒瑞公司是被挂靠人。该回复从税务专业的角度，否定了吴恒、夏宜荣构成虚开增值税专用发票罪的定罪基础。

在本案两次一审和两次二审期间，辩护人均全程参与案件办理，针对本案的具体争议问题，邀请国内知名的刑法专家、民法专家、税法专家召开了四场专家论证会，以专家论证意见的形式提交法庭作为定案参考，并针对侦查机关关于本案的认定数额做了专门的税务司法鉴定，以鉴定意见的形式提交法庭作为证据，在为原审被告人洗清罪名的同时，也推动了医药行业内有关挂靠形式的经营模式在司法实践中的认定。